三聯學術

极高明与道中庸

补正沃格林对中国文明的秩序哲学分析

唐文明　著

Classics & Civilization

生活·讀書·新知　三联书店

图书在版编目（CIP）数据

极高明与道中庸：补正沃格林对中国文明的秩序哲学分析/唐文明著．—修订本．—北京：生活·读书·新知三联书店，2023.9
（古典与文明）
ISBN 978-7-108-07665-6

Ⅰ．①极…　Ⅱ．①唐…　Ⅲ．①政治思想史－研究－中国－古代　Ⅳ．① D092.2

中国国家版本馆 CIP 数据核字 (2023) 第 117989 号

责任编辑　王晨晨
装帧设计　薛　宇
责任印制　宋　家
出版发行　**生活·讀書·新知** 三联书店
　　　　　（北京市东城区美术馆东街 22 号 100010）
网　　址　www.sdxjpc.com
经　　销　新华书店
印　　刷　北京隆昌伟业印刷有限公司
版　　次　2023 年 9 月北京第 1 版
　　　　　2023 年 9 月北京第 1 次印刷
开　　本　880 毫米 × 1092 毫米　1/32　印张 14.25
字　　数　284 千字
印　　数　0,001－6,000 册
定　　价　78.00 元
（印装查询：01064002715；邮购查询：01084010542）

"古典与文明"丛书
总 序

甘阳 吴飞

古典学不是古董学。古典学的生命力植根于历史文明的生长中。进入21世纪以来，中国学界对古典教育与古典研究的兴趣日增并非偶然，而是中国学人走向文明自觉的表现。

西方古典学的学科建设，是在19世纪的德国才得到实现的。但任何一本写西方古典学历史的书，都不会从那个时候才开始写，而是至少从文艺复兴时候开始，甚至一直追溯到希腊化时代乃至古典希腊本身。正如维拉莫威兹所说，西方古典学的本质和意义，在于面对希腊罗马文明，为西方文明注入新的活力。中世纪后期和文艺复兴对西方古典文明的重新发现，是西方文明复兴的前奏。维吉尔之于但丁，罗马共和之于马基雅维利，亚里士多德之于博丹，修昔底德之于霍布斯，希腊科学之于近代科学，都提供了最根本的思考之源。对古代哲学、文学、历史、艺术、科学的大规模而深入的研究，为现代西方文明的思想先驱提供了丰富的资源，使他们获得了思考的动力。可以说，那个时期的古典学术，就是现代西方文明的土壤。数百年古典学术的积累，是现代西方文明的命脉所系。19世纪的古典学科建制，只不过是这一过程的结果。随着现代研究性大学和学科规范的确立，一门规则严谨的古典学学科应运而生。但我们必须看到，西方大学古典学学科的真正基础，乃在于古典教育在中学的普及，特别是拉丁语和古希腊语曾长期为欧洲中学必修，才可能为大学古典学的高深研究源源不断地提供人才。

19世纪古典学的发展不仅在德国而且在整个欧洲都带动了新的一轮文明思考。例如，梅因的《古代法》、巴霍芬的《母权论》、古朗士的《古代城邦》等，都是从古典文明研究出发，在哲学、文献、法学、政治学、历史学、社会学、人类学等领域带来了革命性的影响。尼采的思考也正是这一潮流的产物。20世纪以来弗洛伊德、海德格尔、施特劳斯、福柯等人的思想，无不与他们对古典文明的再思考有关。而20世纪末西方的道德思考重新返回亚里士多德与古典美德伦理学，更显示古典文明始终是现代西方人思考其自身处境的源头。可以说，现代西方文明的每一次自我修正，都离不开对古典文明的深入发掘。正是在这个意义上，古典学绝不仅仅只是象牙塔中的诸多学科之一而已。

由此，中国学界发展古典学的目的，也绝非仅仅只是为学科而学科，更不是以顶礼膜拜的幼稚心态去简单复制一个英美式的古典学科。晚近十余年来"古典学热"的深刻意义在于，中国学者正在克服以往仅从单线发展的现代性来理解西方文明的偏颇，而能日益走向考察西方文明的源头来重新思考古今中西的复杂问题，更重要的是，中国学界现在已经超越了"五四"以来全面反传统的心态惯习，正在以最大的敬意重新认识中国文明的古典源头。对中外古典的重视意味着现代中国思想界的逐渐成熟和从容，意味着中国学者已经能够从更纵深的视野思考世界文明。正因为如此，我们在高度重视西方古典学丰厚成果的同时，也要看到西方古典学的局限性和多元性。所谓局限性是指，英美大学的古典学系传统上大多只研究古希腊罗马，而其他古典文明研究例如亚述学、埃及学、波斯学、印度学、汉学以及犹太学等，则都被排除在古典学系以外而被看作所谓东方学等等。这样的学科划分绝非天经地义，因为法国和意大利等的现代古典学就与英美有所不同。例如，著名的西方古典学重镇，韦尔南创立的法国"古代社会比较研究中心"，不仅是古希腊研究的重镇，而且广泛包括埃及学、亚述学、汉学乃至非洲学等各方面专家，在空间上大大突破了古希腊罗马的范围。而意大利的古典学研究，则由于意大利历史的特殊性，往往在时间上不完全限于古希腊罗马的时段，而与中世纪及文艺复兴研究多有关联（即使在英美，由于晚近以来所谓"接受研究"成为古典学的显学，也使得古典学的研究边界越来越超出传统的古希腊罗马时期）。

从长远看，中国古典学的未来发展在空间意识上更应参考法国古典学，不仅要研究古希腊罗马，同样也应包括其他的古典文明传统，如此方能参详比较，对全人类的古典文明有更深刻的认识。而在时间意识上，由于中国自身古典学传统的源远流长，更不宜局限于某个历史时期，而应从中国古典学的固有传统出发确定其内在核心。我们应该看到，古典中国的命运与古典西方的命运截然不同。与古希腊文字和典籍在欧洲被遗忘上千年的文明中断相比较，秦火对古代典籍的摧残并未造成中国古典文明的长期中断。汉代对古代典籍的挖掘与整理，对古代文字与制度的考证和辨识，为新兴的政治社会制度灌注了古典的文明精神，堪称"中国古典学的奠基时代"。以今古文经书以及贾逵、马融、卢植、郑玄、服虔、何休、王肃等人的经注为主干，包括司马迁对古史的整理、刘向父子编辑整理的大量子学和其他文献，奠定了一个有着丰富内涵的中国古典学体系。而今古文之间的争论，不同诠释传统之间的较量，乃至学术与政治之间错综复杂的关系，都是古典学术传统的丰富性和内在张力的体现。没有这样一个古典学传统，我们就无法理解自秦汉至隋唐的辉煌文明。

从晚唐到两宋，无论政治图景、社会结构，还是文化格局，都发生了重大变化，旧有的文化和社会模式已然式微，中国社会面临新的文明危机，于是开启了新的一轮古典学重建。首先以古文运动开端，然后是大量新的经解，随后又有士大夫群体仿照古典的模式建立义田、乡约、祠堂，出现了以《周礼》为蓝本的轰轰烈烈的变法；更有众多大师努力诠释新的义理体系和修身模式，理学一脉逐渐展现出其强大的生命力，最终胜出，成为其后数百年新的文明模式。称之为"中国的第二次古典学时代"，或不为过。这次古典重建与汉代那次虽有诸多不同，但同样离不开对三代经典的重新诠释和整理，其结果是一方面确定了十三经体系，另一方面将"四书"立为新的经典。朱子除了为"四书"做章句之外，还对《周易》《诗经》《仪礼》《楚辞》等先秦文献都做出了新的诠释，开创了一个新的解释传统，并按照这种诠释编辑《家礼》，使这种新的文明理解落实到了社会生活当中。可以看到，宋明之间的文明架构，仍然是建立在对古典思想的重新诠释上。

在明末清初的大变局之后，清代开始了新的古典学重建，或可称为"中国的第三次古典学时代"：无论清初诸遗老，还是乾嘉盛时的各位大师，虽然学问做法未必相同，但都以重新理解三代为目标，以汉宋两大古典学传统的异同为入手点。在辨别真伪、考索音训、追溯典章等各方面，清代都取得了巨大的成就，不仅成为几千年传统学术的一大总结，而且可以说确立了中国古典学研究的基本规范。前代习以为常的望文生义之说，经过清人的梳理之后，已经很难再成为严肃的学术话题；对于清人判为伪书的典籍，诚然有争论的空间，但若提不出强有力的理由，就很难再被随意使用。在这些方面，清代古典学与西方19世纪德国古典学的工作性质有惊人的相似之处。清人对《尚书》《周易》《诗经》《三礼》《春秋》等经籍的研究，对《庄子》《墨子》《荀子》《韩非子》《春秋繁露》等书的整理，在文字学、音韵学、版本目录学等方面的成就，都是后人无法绕开的，更何况《四库全书总目提要》成为古代学术的总纲。而民国以后的古典研究，基本是清人工作的延续和发展。

我们不妨说，汉、宋两大古典学传统为中国的古典学研究提供了范例，清人的古典学成就则确立了中国古典学的基本规范。中国今日及今后的古典学研究，自当首先以自觉继承中国"三次古典学时代"的传统和成就为己任，同时汲取现代学术的成果，并与西方古典学等参照比较，以期推陈出新。这里有必要强调，任何把古典学封闭化甚至神秘化的倾向都无助于古典学的发展。古典学固然以"语文学"（philology）的训练为基础，但古典学研究的问题意识、研究路径以及研究方法等，往往并非来自古典学内部而是来自外部，晚近数十年来西方古典学早已被女性主义等各种外部来的学术思想和方法所渗透占领，仅仅是最新的例证而已。历史地看，无论中国还是西方，所谓考据与义理的张力其实是古典学的常态甚至是其内在动力。古典学研究一方面必须以扎实的语文学训练为基础，但另一方面，古典学的发展和新问题的提出总是与时代的大问题相关，总是指向更大的义理问题，指向对古典文明提出新的解释和开展。

中国今日正在走向重建古典学的第四个历史新阶段，中国的文明复兴需要对中国和世界的古典文明做出新的理解和解释。客观地说，这一轮古典学的兴起首先是由引进西方古典学带动的，刘小枫和甘阳教授主编的"经典与解释"丛书在短短十五年间（2000—2015）出版了三百五十余种重要译著，为中国学界了解西方古典学奠定了基础，同时也为发掘中国自身的古典学传统提供了参照。但我们必须看到，自清末民初以来虽然古典学的研究仍有延续，但古典教育则因为全盘反传统的笼罩而几乎全面中断，以致今日中国的古典学基础以及整体人文学术基础都仍然相当薄弱。在西方古典学和其他古典文明研究方面，国内的积累更是薄弱，一切都只是刚刚起步而已。因此，今日推动古典学发展的当务之急，首在大力推动古典教育的发展，只有当整个社会特别是中国大学都自觉地把古典教育作为人格培养和文明复兴的基础，中国的古典学高深研究方能植根于中国文明的土壤之中生生不息茁壮成长。这套"古典与文明"丛书愿与中国的古典教育和古典研究同步成长！

2017年6月1日于北京

目　录

导　论　1

第一章　秩序哲学与古典文明研究　15

第二章　《秩序与历史》中的历史哲学与奥古斯丁　51

第三章　《秩序与历史》前三卷中的中国文明问题　82

第四章　历史理解上的新进展与《秩序与历史》的新定向　112

第五章　对轴心时代说的解构与天下时代说的提出　162

第六章　意识的平衡与失衡　199

第七章　对中国天下的专门分析　241

第八章　由多个天下的存在而引发的历史哲学问题　299

第九章　精神突破与教化模式　335

第十章　三才之道与中国文明的平衡艺术　394

参考文献　435

导　论

在沃格林的思想历程中，发生过两次重要的突破性转变。第一次是1951年他在芝加哥所做的沃尔格林讲座，成果即是让他在美国政治学界声名鹊起的《新政治科学》。《新政治科学》确定了沃格林成熟时期的思想内核——尤其表现为他以"灵知主义的增长"来论断现代性的本质这一点，也为他其后写作《秩序与历史》打下了重要的理论基础。《秩序与历史》第四卷《天下时代》的出版与前三卷的出版相隔了17年之久，沃格林的第二次突破性转变就发生在这一时段。《天下时代》没有满足之前已经开始关注沃格林的很多人的预期，甚至引起了不少人的强烈失望，尤其是那些因高度肯定基督教的天下主义从而持有明确的西方文明中心论信念的学者，原因正在于在《天下时代》中沃格林放弃了原来的西方文明中心论，反而承认在人类历史的发展和变迁过程中有多个天下的存在。而中国，正是作为不同于西方天下的另一个天下的典型代表，出现在《天下时代》的理论分析脉络中。从这一事实我们多少能够窥见沃格林对中国文明的研究在其思想发展过程中的位置与意义。

沃格林如是描述他投身于中国文明研究的过程：

第二次世界大战期间，我的视野变得更宽了，因为中国已经变成时髦的话题。考虑到我的语言能力，系里决定让我来教中国政治。这就让我投身于中国历史的研究。由于不理解中国的经典就很难谈论当代中国的观念，我开始学习中文，学到足以理解经典的字义，尤其是孔子和老子的经典。[1]

沃格林将他开始着手中国文明研究的那段时间（1940—1945）称为自己思想发展的"彷徨期"乃至"瘫痪期"，[2]也表明其时他对中国文明的认识还缺乏后来写作《秩序与历史》前三卷时的理论支撑，更不用说他在《天下时代》中更为成熟的理论拓展了。不过，从现有文献看，沃格林对中国文明的认识与分析在不同时期仍呈现出一定的连续性，而雅斯贝尔斯、韦伯等人关于中国文明的看法对他的影响始终可见。

在《秩序与历史》前三卷中，中国文明作为理解西方文明的一个并不那么重要的参照物不时出场，主要是为了说明人类历史上两种不同秩序之间的差异。在1974年出版的《天下时代》中，中国文明则是作为理解西方文明的一个至关重要的参照物而出场的。值得一提的是，在1958年返回慕尼黑大学并创建政治科学研究所之后，沃格林曾指

---

〔1〕 沃格林：《自传体反思录》，桑多兹编，段保良译，华夏出版社，2018年，第84页。沃格林在路易斯安那州立大学教授中国政治思想的课程近十年。

〔2〕 沃格林：《自传体反思录》，第84页。

导了两项关于中国文明的研究，即彼得·韦伯–谢弗（Peter Weber-Schaefer）的《天下与皇权：中华帝国政治神学研究》（*Oikumene und Imperium: Studien zur Ziviltheologie des chinesischen Kaiserreichs*，Munich: List，1968）与彼得–约阿希姆·奥皮茨（Peter-Joachim Opitz）的《老子：〈道德经〉中的秩序思辨》（*Lao-tzu: Die Ordnungsspekulation im Tao-te-ching*，Munich: List，1967）。根据沃格林的自述，这两项研究构成他关于中国天下的分析背景。[3]

关于沃格林的中国文明研究，学术界的关注非常少。韩国学者权徐善喜（Seon-Hee Suh Kwon）的博士论文《沃格林与老子：求索秩序》从"朝向超越的开放性""人性""知识"与"政治社会"四个方面展开对沃格林与老子的秩序

---

〔3〕 沃格林：《天下时代》，叶颖译，译林出版社，2018年，第374—375页注释。在沃格林弟子戈布哈特（Jürgen Gebhardt）教授的指导下，刘沐恩在德国埃尔朗根–纽伦堡大学获得博士学位。在其博士论文《解释与体验：沃格林的秩序理论作为一个经验阐释的范式》（Muen Liu, *Interpretation and Experience: Eric Voegelin's Theory of Order as a Hermeneutic-Empirical Paradigm*, Doctoral Dissertation of Friedrich-Alexander-Universität Erlangen-Nürnberg, 2021）的第四章"沃格林秩序理论的中国体验"，刘沐恩将沃格林已出版的著作与一些未发表的手稿结合起来进行考证，相当清晰地还原了沃格林对中国文明的研究过程。概而言之，他将沃格林对中国文明的研究分为四个阶段：第一个阶段从20世纪20年代到1945/1946年，是沃格林对中国文明偶然涉猎的阶段；第二个阶段从1945/1946年到1953年，是沃格林对中国的语言、历史和文献进行初步研究的阶段；第三个阶段从1953年到1962年，是沃格林对中国文明进行深度研究并取得丰富成果的阶段；第四个阶段是从1962年到1973年，是沃格林对中国文明最后定论的阶段，其标志就是《天下时代》中"中国天下"一章的写成。

思想的跨文化比较研究，对于我们从沃格林的视角理解老子的思想有一定的参考价值。根据导言部分的陈述，她是有感于老子思想之于中国文明的重要性以及沃格林在《秩序与历史》中虽论及老子但对老子的分析相比于对孔子的分析太过简略才选择这一题目的。她大概并未注意到沃格林1969年再次返回美国前就已出版的奥皮茨的德文著作《老子:〈道德经〉中的秩序思辨》，在参考文献中只列出了奥皮茨和塞巴联合主编的一部为沃格林庆祝八十寿辰的纪念性论文集。[4] 2020年出版的英文著作《沃格林的亚洲政治思想》，第一部分聚焦于中国，一共有四篇文章，只是稍微涉及了沃格林对中国古典文明的基本看法，重点则是基于沃格林的理论洞见而对中国现代以来的政治思想和政治现象进行批判性分析。[5] 刘沐恩的博士论文《解释与体验:沃格林的秩序理论作为一个经验阐释的范式》第四章，以"关于沃格林的中国研究的一些重要问题""沃格林中国叙述的范式转换""《天下时代》三元结构中的中国秩序""对沃格林中国叙述的进一步反思"四小节，对沃格林的中国文明研究进行了提纲挈领的论述，尤其是对沃格林的中国文明研究过程的

---

〔4〕 Seon-Hee Suh Kwon, *Eric Voegelin and Lao-Tzu: The Search for Order*, Doctoral Dissertation of Texas Tech University, 1991. 所列为庆祝沃格林八十寿辰的纪念性论文集: Opitz, Peter J. and Sebbar, Gregor, eds. *The Philosophy of Order: Essays on History, Consciousness and Politics*, Stuttgart, Germany: Klett-Cotta, 1981。

〔5〕 Lee Trepanier (ed.), *Eric Voegelin's Asian Political Thought*, Lexington Books, 2020.

考证部分非常翔实。[6]

本书的切入点和聚焦点都是沃格林对中国文明的秩序哲学分析，从而也必然扩展到对沃格林秩序哲学的全面探讨。如果对沃格林秩序哲学的全貌缺乏清晰的把握，那么，即使是读过《天下时代》的学者，也往往难以充分认识到沃格林的第二次突破性转变在他的中国文明研究中的重要意义，更不用说只读过《秩序与历史》前三卷的学者了。在《秩序与历史》前三卷中，沃格林判定中国文明为宇宙论秩序的文明，这当然意味着其时沃格林对中国文明的评价不怎么高。在《天下时代》中，沃格林则承认"中国天下"与"西方天下"是平行存在的历史现象，意味着他对中国文明的看法发生了一个质的变化，不过，因文献不足而导致的理解上的谨慎使他维持了"发生在中国的精神突破是不完全、不彻底的突破"这一看起来与《秩序与历史》前三卷非常接近的判断。对于未能窥见《天下时代》之堂奥的读者来说，

<hr />

[6] 刘沐恩特别提到奥皮茨的长篇论文《中国插曲：对埃里克·沃格林〈天下时代〉之中国章的历史背景的批注》（"Die Chinesische Episode: Anmerkungen zum werksgeschichtlichen Hintergrund des China-Kapitels in Eric Voegelin's *The Ecumenic Age*," Occasional Papers/Voegeliniana, vol.99, pp.1–64, Munich: Eric-Voegelin-Archiv, Ludwig-Maximilians-Universität München, 2015），是他的这一研究最重要的参考文献。另外，或许值得一提的是张灏的中国思想史研究，虽然不是聚焦于沃格林的中国文明研究，也不是完全基于沃格林的理论洞见而展开的中国思想史研究，但由于在一定程度上受到沃格林的影响，从而呈现出对中国思想的沃格林式阐释，尤其表现在张灏对中国现代思想史的研究中，特别是他对乌托邦主义的警惕和对低调民主的提倡等。参见唐文明：《乌托邦与古今儒学》，《读书》2019年第8期。

过分留意这一判断很容易造成一个误解，即误认为沃格林在《秩序与历史》前三卷与第四卷对中国文明的看法差别不大。实际上，本书的研究正是在"沃格林不同时期究竟如何看待中国文明"和"我们应当如何评价沃格林的中国文明研究"这两个连带性问题的吸引下展开的。

本书聚焦于《秩序与历史》，尤其是《天下时代》，补正沃格林对中国文明的秩序哲学分析。"补正"这一组合词，恰当地表达了本书的基本倾向和主要旨趣。概而言之，本书高度认同沃格林的秩序哲学理路，在梳理沃格林秩序哲学全貌的基础上，就沃格林对中国文明的秩序哲学分析进行必要的补充和重要的修正，并由此引申出关于中国文明的一系列看法。顾名思义，"补充"针对的是原有分析的不充分性，比如沃格林在分析中国天下时对三代秩序的语焉不详；"修正"针对的则是原有分析的不正确性，如沃格林关于中国的精神突破不完全、不彻底的断言。

第一章论述沃格林如何用以柏拉图、亚里士多德为代表的西方古典哲学为范本提出秩序哲学的概念，关联于他如何将之用于对不同文明的阐释与分析。通过提出"原初存在共同体"这一符号化表达，沃格林指出，神、人、世界与社会是构成人类秩序的四大实在，这四大实在在人的体验中以结构性存在的方式呈现出来。这意味着沃格林对人类社会的政治秩序的沉思从未脱离过哲学的视野。实际上，他是将柏拉图、亚里士多德等人的整个哲学——用我们一般的分类来说，至少包括形而上学与政治哲学——概括为秩序哲学。在后来的沉思中，沃格林将秩序哲学区分为两部分，即意识哲学与历史哲学。一言以蔽之，意识哲学是秩序哲学的核心，历史哲学是秩序哲学的主干。在意识哲学中，沃格林以作为存在之根基的神为宇宙的整饬原理，强调人朝向神性根基的参与体验，并基于人的参与体验发展出一种非常独特的实在论——我将之概括为"体验实在论"，从而为其历史哲学奠定理论基础。

第二章论述沃格林的历史哲学，关联于奥古斯丁对他的影响。沃格林区分了人类历史上的两种社会秩序体验，一种是宇宙论秩序，其特点是将作为存在之根基的神体验为宇宙内的神，另一种是对宇宙论秩序的突破，其特点则是将作为存在之根基的神体验为超越的神。沃格林所谓的历史，首先就是指人类社会从前一种秩序到后一种秩序的进展过程。对于后一种秩序，沃格林并未给出一个统一的术语，而是分别将作为这种秩序之典范的以色列文明和希腊文明概括为救赎论秩序和人类学秩序。我提出用"心性论秩序"来概括后一种对应于超越的突破的秩序，因为这种秩序正是通过心灵这个"超越的感枢"建立起来的。[7] 这一章的主要观点是，如果说作为秩序哲学之核心的意识哲学主要来自沃格林对柏拉图、亚里士多德等古典哲人思想的阐发，那么，作为秩序哲学之主干的历史哲学则几乎完全笼罩在奥古斯丁对沃格林

---

〔7〕 "生存论秩序"似乎也是一个可能的概括，但既然宇宙论秩序也关联于人的生存，那么，"生存论秩序"就不是对后一种秩序的恰当概括。

的深刻影响之下。沃格林将奥古斯丁的历史哲学概括为"双重天下主义"，而他自己在《秩序与历史》中的工作几乎完全可以看作在新的处境下重构奥古斯丁式历史哲学的努力。不过，需要注意的是，沃格林并不是以一个基督教神学家的身份或立场来肯定奥古斯丁的，他对奥古斯丁的理解和解释正是以他的秩序哲学为理论基础。

第三章论述了沃格林在《秩序与历史》前三卷中对中国文明的看法。从《秩序与历史》前三卷的分析来看，沃格林一方面承认在中国发生了精神突破，另一方面又将中国文明的秩序判定为宇宙论秩序，对于这两方面的不一致所构成的可能的疑问，我称之为"《秩序与历史》前三卷中的中国文明问题"。通过梳理和分析《秩序与历史》前三卷（其实主要是第一、二卷）中涉及中国文明的全部细节性讨论，我在第三章结尾给出了一个"文明进展次序图"，读者从中可以非常直观地看出其时沃格林究竟如何看待中国文明的秩序阶次。顺此，我也对《秩序与历史》前三卷中的中国文明问题给出了一个在我看来较为合理的回答。

第四章论述沃格林思想历程中的第二次突破性转变。我从两个方面展开对沃格林这次突破性转变的分析：首先是历史溯源论的发现，使沃格林对单线历史观有了更为彻底的批判；其次是关于历史中的体验和符号化的等价物理论的提出，这是与历史溯源论的发现密切相关的一个重大理论突破，沃格林由此意识到必须对他原来的理论——尤其是历史哲学部分——做出重要的修正。

第五章论述沃格林在《天下时代》中提出的天下时代说，关联于他对雅斯贝尔斯提出的轴心时代说的彻底解构。沃格林认为，雅斯贝尔斯的轴心时代说仍属于现代建构，仍未摆脱单线历史观。在对轴心时代说彻底解构的基础上，沃格林提出了他的天下时代说。沃格林分别阐述了精神突破、帝国建构和历史编纂在人类历史进程中的重要意义，从而将由这三者构成的三元组合作为"使意义呈现于历史之场域中的可理解性模式"，即所谓"历史的构型"。关联于帝国建构现象，沃格林区分了现实层面的天下与精神层面的天下，并指出了精神突破与帝国建构之间的复杂关系。关联于历史编纂现象，沃格林刻画了历史意识何以成为一种社会内部构造、维持召唤性秩序的精神力量。至于天下时代说的理论归宿，正是经过沃格林独特解释的奥古斯丁式的双重天下主义，正如前面已经提及的。值得强调的是，天下时代说中最为重要的理论内涵是对作为历史主体的普遍人类的捍卫以及与此相关的对构成了普遍人性的超越之爱的凸显。

第六章基于天下时代说重新处理沃格林特别关注的灵知主义问题。"超越"与"开端"是沃格林后来发展出的针对灵知主义的一对分析性概念，由此，超越意识与开端意识的平衡就成为朝向超越的召唤性秩序的一项内在要求，而灵知主义也就被刻画为超越意识与开端意识的失衡。沃格林指出，西方文明的平衡设准是由柏拉图确立的，相比之下，基督教正典也深受灵知主义的影响。沃格林简明扼要地分析了保罗书信与《约翰福音》中的灵知主义因素，这与其在《新政治科学》中的"现代性的本质是灵知主义的增长"这一论断直接呼应。在这一章中，通过对沃格林不同时期有关灵知主义论述的全面分析，我指出，沃格林对保罗书信与《约翰福音》中的灵知主义因素的揭示与其将现代灵知主义思潮区分为进步主义与乌托邦主义——还有作为二者之结合的行动神秘主义——存在着明显的对应。顺此，我们对灵知主义议题在《天下时代》中的意义将会有更为清晰、深入的认识。

第七章论述《天下时代》中沃格林对中国天下的专门分析。沃格林非常敏锐地从《白虎通》关于帝、王之别的表述中提炼出了一个观点，即认为三代以前的秩序是宇宙论秩序，三代已降的秩序则是心性论秩序；又从孟子关于王、霸之别的言说中概括出天下与国的不同原则：天下以王道为原则，尚文、尚德；国以霸道为原则，尚武、尚力。更进一步，沃格林指出，儒教经典中的循环史观在原则上与维柯的循环史观并无多少不同。鉴于他对维柯历史哲学的高度评价，这一类比意味着他对儒教历史哲学的高度评价。在这一章中，我特别指出孔子对三代循环的建构是理解儒教文明之独特性的关键，而我所做的最重要的补充工作，正是对孔子的三代循环建构的重新解释，尤其是对三代质文问题的重新梳理，以及对儒教经典中关于三王之道的言说的重新理解。至于沃格林基于奥古斯丁的双重天下主义而对中国秦汉帝国的政教关联方式的批判性认识，在认可其包含着深刻洞见的同时，我也指出了另一个面向上的可能理解。

第八章论述由多个天下的存在而引发的历史哲学问题。

沃格林历史哲学的最后定论可以简要概括为：历史的根源是人的体验性意识，历史的结构是终末论的，历史的主体是普遍人类。在《天下时代》题名为"普遍人性"的最后一章，沃格林首先总结了从西方天下时代中得出的关于人类历史的诸多洞见，然后分析由多个天下的存在而引发的历史哲学问题，特别是关于人类历史的绝对纪元和对历史奥秘的疑问等问题。不同文明中的人对人类历史有着不同的体验，因而对人类历史的绝对纪元也有着不同的体验。既要捍卫普遍的人类历史，又要直面多元的人类体验，难免会在人类历史的绝对纪元问题上产生看起来无法化解的争执。不过我们应当想到，有了关于体验与符号化的等价物的理论，此类争执就不难化解。概而言之，既然对人类历史的不同体验都指向普遍人类，那么，这些不同体验以及相应的对人类历史的绝对纪元的不同体验在关于实在的真理层级上就是等价的。也就是说，既然关于人类历史的绝对纪元的不同体验都指向普遍人类，那么，这些不同体验对所有人类都是同等有效的。事实上，在《天下时代》的最后一章中，沃格林也是相当轻松地回答了这个问题。由多个天下的存在也不可避免地引发了一系列对历史的奥秘的疑问——关联于存在的神性根基，沃格林将之概括为单数的、大写的疑问（the Question）。在沃格林看来，对于此类疑问，重要的并不在于如何回答，恰恰在于基于其不可回答性而明确承认历史的奥秘。在具体分析时，沃格林依其分析框架列举了巴比伦、印度和犹太教的三个不同例子，而没有论及中国。我则尝试将屈原的长诗《天问》作为中国文明中对历史的奥秘产生疑问的一个范例，对其进行了一番沃格林式的秩序哲学分析。另外，对于保持疑问的反面——即禁止疑问——在现代灵知主义思潮中的呈现，是沃格林写作《天下时代》之前就已经处理过的一个主题。我在这一章中对这一批判性主题也进行了较为详细的对照性论述，以期凸显大写的疑问的重要意义。

第九章就沃格林对中国文明的分析所遗留下的三个重要问题展开进一步论述。可以说，沃格林对中国文明的分析是他提出天下时代说的一个重要组成部分，但他至少遗留下三个重要问题：首先，沃格林将中国文明厘定为一种没有彻底摆脱宇宙论秩序的人类学秩序，这一点尚需更深入的探讨；其次，沃格林的天下时代说将人类社会从宇宙论秩序到心性论秩序的变迁理解为一个历史性的进展过程，而从中国文明内部的参与者视角来看，由皇、帝、王、霸所代表的历史变迁则可能被刻画为一个历史性的倒退过程，这至少从表面上看起来对沃格林关于中国文明的论述乃至于其核心洞见提出了严重的挑战；最后，沃格林虽然承认中国文明中强烈的历史意识，但他并未对中国文明中的历史意识的来源问题进行深入探讨。我对这三个问题的回答都聚焦于中国文明中执着的宇宙论关切。具体来说，我将中国文明的秩序厘定为一种以宇宙论风格表达出来的心性论秩序，并从由皇、帝、王、霸构成的历史哲学中分析出了沃格林意义上的历史性进展，将中国文明史上的超越的突破断自皇的时代，最终将中国文明的精神内核刻画为一种"回返的形而上学"，相对于犹太–基督教文明的"逃离的形而上学"和希腊文明的"完善的形而上学"。从神显的符号来说，相对于以色列文明的灵性神显和希腊文明的智性神显，呈现于中国文明中的是更为具象化的感性神显。我也明确指出，这三种类型的神显恰恰与沃格林所谓原初存在共同体的四个结构成员中的前三个分别对应：当神、人和宇宙分别成为表达秩序真理的特殊区域，我们就得到了三种类型的神显。根据分析的结果，我还在这一章的最后做了一个"历史性文明类型表"，有助于读者非常直观地看到本书最为宏观的一个结论：就其原初形态而言，中国文明是艺术性文明的典范，相对于以色列文明作为宗教性文明的典范和希腊文明作为哲学性文明的典范。

第十章基于对"三才之道"这个中国文明内部的秩序符号的分析，扼要地探讨了中国文明中的平衡艺术。鉴于平衡问题与宇宙体验之间的密切关联，探讨中国文明中的平衡艺术也意味着试图对中国文明中执着的宇宙论关切给出一个更为深入的解释。我首先将沃格林的"意识的平衡"这一议题扩展为"教化的平衡"，然后仔细分析了《中庸》中赞美圣人之道的一段经文，从而得出结论，中国文明中的平衡艺术是全方位的，且正是这种全方位的平衡追求决定了中国文明的宇宙论风格，既表现在宇宙论风格的体验和符号化表达上，也表现在宇宙论风格的教化模式上。关于平衡的艺术最凝练的一个表达"极高明而道中庸"正出现在我所分析的那一段经文中。

需要说明的是，我将本书的标题定为"极高明与道中庸"，设想的英文意译正是"Leap in Being and the Art of Balance"。也就是说，在我的理解中，"极高明"就相当于沃格林所说的"存在的飞跃"，"道中庸"至少其中一个含义相当于沃格林所说的"平衡设准"。中间之所以用一个"与"来联结，正是为了凸显如下这一点：在发生了存在的飞跃的各大文明中，对应于飞跃路径的多样性和复杂性，求得平衡的方式与机制也是多样的、复杂的。至于在中西文明的灵知主义之缘中，中国文明将如何通过持续不断地向西方文明进行深度学习从而获得自身的更新，这就是一个更为宏大的历史性课题了，本书的研究当然也从属于这个宏大的历史性课题。

第一章　秩序哲学与古典文明研究

在《秩序与历史》第一卷《以色列与启示》导论的一开头，沃格林说：

> 神、人、世界和社会，构成一个原初存在共同体（a primordial community of being）。这个四元结构的共同体既是又不是人类体验的对象。就人们通过参与共同体存在的奥秘而认识这一共同体而言，它是体验的对象。然而，这一共同体并不以外部世界的对象的方式呈现出来，它只是通过参与其中这一视角才能被认识。就此而言，它不是体验的对象。[1]

"原初存在共同体"是沃格林就人类历史上的秩序变迁所提出的一个基本概念，对于我们理解《秩序与历史》的整个研究计划至关重要。我们知道，就形而上学的历史演变而言，康德从沃尔夫的学生鲍姆嘉通那里继承了在中世纪，尤其是

---

[1] 沃格林：《以色列与启示》，霍伟岸、叶颖译，译林出版社，2012年，第40页。

15

在西班牙晚期经院哲学中所形成的学术传统，即将形而上学区分为一般形而上学（metaphysica generalis）与特殊形而上学（metaphysica specialis），其中前者是指关于一般存在者之存在的学科，即存在论（ontologia），后者则是指分别以神、人的心灵和作为世界整体的宇宙为对象的三门学科：理性神学（theologia retionalis）、理性心灵学（psychologia rationalis）和理性宇宙论（cosmologia rationalis）。[2]对照一下可知，沃格林笔下的神、人和世界，正是西方形而上学所研究的三个特殊对象。[3]既然原初存在共同体是沃格林的秩序哲学的基石，那么，由此不难窥见沃格林的秩序哲学与西方形而上学传统之间的某种关联。

在康德所叙述的西方形而上学传统中，神、人的心灵和作为世界整体的宇宙，它们作为超感性的对象不可能通过经验去感知，而只能通过理性去把握，所以，神学、心灵学与宇宙论都被冠以理性之名；但康德最终将神的存在、灵魂不朽和对应于宇宙论的先验自由作为实践理性的三个认定[4]，从而实现了形而上学的实践哲学转向，也表明了神、人和世界这三大特殊的存在者与人的实践活动（即人的生存）的本真关联。在沃格林这里，神、人和世界作为实在都

---

〔2〕 详细分析见海德格尔：《康德〈纯粹理性批判〉的现象学阐释》，溥林译，商务印书馆，2021年，第15页以下。

〔3〕 沃格林也是将人聚焦于人的心灵。

〔4〕 "认定"（postulate）犹言理性的信仰，详细的分析见唐文明：《隐秘的颠覆：牟宗三、康德与原始儒家》，生活·读书·新知三联书店，2012年，第168页。

是人在其生存中的体验对象，而理性的把握则被归于对体验的智性阐释，可以说是体验寻求理解的产物。因此，与其说沃格林以神、人、世界和社会为构成原初存在共同体的四大成员表明他的秩序哲学深受西方形而上学传统的影响，倒不如说，沃格林和西方形而上学传统一样，都把握到了人的生存的根本，尽管沃格林基于他的秩序哲学批评西方形而上学传统未免于对生存真理的教条主义扭曲。

如果说作为宇宙整饬原理的神是原初存在共同体的根基所在，那么，原初存在共同体最关键的结构性要素则是人的参与体验。参与意味着人身处其中，"在这部存在的戏剧中扮演一个角色"。[5] 也就是说，对于原初存在共同体而言，人并不是一个置身事外的外部观察者，而是一个同时认知着、行动着的内部相关者。人在参与中体验着、在体验中参与着这个存在共同体，这就是人的生存（human existence）。人的生存——或者说人的参与体验——在秩序哲学中的重要意义，由此也可见一斑。[6]

---

[5] 沃格林：《以色列与启示》，第40页。

[6] 沃格林对人的生存的参与性的关注可以追溯到他的第一部著作《论美国心灵的形式》第一章"时间与存在"，参见 Eric Voegelin, *On the Form of the American Mind* (*CW*, Vol.1), translated by Ruth Hein, edited by Jürgen Gebhardt and Barry Cooper, Louisiana State University Press, 1995。另外，如果将沃格林笔下的神、世界和包括了人的社会分别对应于《易传》中的天、地、人，那么，我们可以得到一个理解，沃格林所谓的秩序哲学与儒教传统中的三才之道非常类似——而在三才之道中恰恰也是以"参与体验"来确定人的位置和意义，所谓人与天地参。详见本书第十章的分析。

围绕着人的参与体验，我们对人的生存可以有如下简要理解。首先是关于存在的奥秘。"奥秘"正是从人的认知角度提出来的一个符号。存在的奥秘可以从各个角度或各个部分来看，如宇宙的奥秘、人自身的奥秘等等，但归根结底是神的奥秘。[7] 人的认知冲动意味着"人对存在的参与不是盲目的，而是由意识指引的"，也就是说，人在生存之中时时感受到一种"反思性的张力"。但对于存在的奥秘，人永远不可能全部认知。对此，沃格林指出，"苏格拉底关于无知的反讽已经成为意识到这一盲点的典型范例"。[8]

这种"对整体的无知"或者说"终极的、本质上的无知"导致了一种生存的焦虑，根本上来说是一种比生死问题更深刻的对存在的焦虑。[9] 对存在的焦虑一方面关乎认知：人对存在的秩序具有强烈的认知冲动且的确能够获得相当多的知识，但并不能够摆脱根本上的无知，从而感到焦虑；另一方面关乎行动：参与本来就是一种行动，通过意识的反思、沉思与召唤，人把自身"构建为存在共同体中的一个可被辨识的成员"，从而体验到对存在的义务，但生存的流逝

---

〔7〕 在非对象性的理解中，"神"与"奥秘"基本上是同义语，如《易传》说："不测之谓神。"

〔8〕 沃格林：《以色列与启示》，第41页。在中国文明中可以看到类似的体验和意识，如《中庸》中说："虽圣人亦有所不知焉。"《庄子》中说："我生而有涯，而知无涯。以有涯随无涯，殆已！"

〔9〕 关于存在的焦虑亦可参见 Eric Voegelin, "Anxiety and Reason," in *What is History? And Other Unpublished Writings* (*CW*, Vol.28), edited with an introduction by Thomas Hollweck and Paul Caringella, Louisiana State University Press, 1989, pp.52–110。

让人体验到自己可能难以很好地履行对存在的义务——甚或以各种方式脱离乃至完全脱离对存在的参与，从而感到焦虑。[10]

从认知一面说，排解生存的焦虑就在于尽可能地理解存在的秩序，尽可能地把握存在领域中各方的关系和张力，于是，各种符号就被创造出来，"尝试使本质上不可知的存在秩序变得尽量可知"，[11]或者更笼统地说，人通过创造各种符号来表达自己的参与体验，成就自己的参与生活。如此说来，人在对存在秩序的认知上所取得的历史成就，就表现为漫长的符号化过程；而《秩序与历史》的研究主题就是人的参与体验及其漫长的符号化过程。不难看到，这一研究既是历史的，又是哲学的：就其试图回顾人的参与体验及其漫长的符号化过程，尤其是试图刻画其中的进步与倒退而言，这一研究是历史的；就其试图对人的参与体验及其符号化方式提供一种智性阐释（noetic interpretation）而言，这项研究又是哲学的。[12]

---

[10] 关于这种生存的焦虑，沃格林说："生存的焦虑不仅是在生物灭亡这一意义上的对死亡的恐惧；它是一种更深刻的恐惧，即随着生存的流逝，我们将失去在参与存在时的微薄立足之地——当生存持续时，我们体验到它是属于我们的。在生存中，我们扮演了神性存在这一更伟大的戏剧中的角色，以便为了永恒而救赎不稳定的存在，而神性存在进入还在流逝的生存中。"见沃格林：《以色列与启示》，第44页。另，儒教传统中"操心"和"忧患"等符号所表达的，就是对存在的焦虑体验。

[11] 沃格林：《以色列与启示》，第44页。

[12] "智性阐释"是沃格林在1965年的演讲《何为政治实在？》中明确提出的一个用来理解政治科学的反思性符号，详见下文。

《秩序与历史》是一项对人类历史上的秩序原理及其变迁过程的哲学研究，而这项研究得以展开的理论基础，沃格林称之为秩序哲学。在《秩序与历史》第二卷《城邦的世界》第九章分析赫拉克利特的思想时，沃格林首次明确提出了"秩序哲学"（philosophy of order）的概念：

> 在我们看来，赫拉克利特关心的是一种秩序哲学，在其中，社会秩序和宇宙秩序是从心灵秩序这个体验的中心拓展而来的。既然宇宙的整饬原理（the ordering principle of the cosmos）被设想为来自一个智性实在，且心灵秩序被设想为宇宙秩序的一部分，那么，这三种秩序就被认为在存在论上相互关联。这个观念与晚年柏拉图在《蒂迈欧篇》和《克里底亚篇》中的观念非常接近。[13]

从这里的表述中我们能够清晰地看到，沃格林所谓的秩序哲学，聚焦于社会秩序、宇宙秩序与心灵秩序在存在论上的相关性，也因此必然涉及作为宇宙整饬原理的终极实在，即作为存在之根基（the ground of beings）的神。而在《秩序与历史》第三卷《柏拉图与亚里士多德》中，沃格林明确用"柏拉图的秩序哲学"来称呼我们现在一般而言的柏拉图的政治

---

[13] 沃格林：《城邦的世界》，陈周旺译，译林出版社，2012年，第308页。"整饬原理"直译即"秩序化原理"。本书引用沃格林著作中译本，会根据自己的理解对译文有所改动，敬希读者留意，以下不再注明。

哲学。[14]因此可以说，基于作为存在之根基的神这一宇宙整饬原理来看社会秩序如何在与宇宙秩序和心灵秩序的关联中被建构起来，这个问题规定了秩序哲学的主要内容。

沃格林认为，秩序哲学的典范，就是经由柏拉图、亚里士多德而创立的政治科学，其核心关切，当然就是社会秩序的建构问题。在发表于1959年的《科学、政治与灵知主义》一文中，沃格林对柏拉图、亚里士多德意义上的政治科学的主题有过一个简明的描述：

> 就主题而言，政治科学并不玄妙，它离日常问题并不遥远，所关注的是人人都会问的那些事情的真理。什么是幸福？人怎样生活才幸福？什么是美德？什么是正义？一个社会的疆域和人口规模多大才最合适？什么类型的教育最好？政府的职能是什么？政府应采取何种形式？所有这些问题都是从人在社会中的实际生存处境之中提出来的。哲人与普通人没有什么不同，就社会秩序而言，他所提的问题无非是他的同胞们都会提的那些问题。[15]

政治科学既然被冠以"科学"之名，那么，其目的必然是追

---

〔14〕 沃格林：《柏拉图与亚里士多德》，刘曙辉译，译林出版社，2014年，第140、199页。
〔15〕 沃格林：《科学、政治与灵知主义》，见《没有约束的现代性》，张新樟、刘景联译，华东师范大学出版社，2007年，第22页。

求真理。这是沃格林始终强调的。在出版于1952年的《新政治科学》中，沃格林明确地将科学研究理解为"为了求得关于各种存在领域之性质的真理的研究"，从而将科学定义为"对实在结构的真理性阐述，是人在其世界中的理论取向，是人理解其自身在宇宙中的地位的重要工具"。[16] 于是，我们也就能够理解科学分析与一般而言的形式分析的区别：

在我们提到科学分析方法的时候，我们想要强调它与形式分析之间的不同。通过形式逻辑的分析，我们至多只能指出某个意见的内在逻辑矛盾，或者不同意见之间的相互抵触，或者某个结论的得出是否有效。而科学分析法则不同，它使得判定某个意见所隐含的前提是否具有真理性成为可能。它之所以能这样做完全是基于这样一个假定：关于存在的秩序的真理——各种意见当然也指向它——是可以被客观确定的。而柏拉图–亚里士多德式的分析正是基于科学可以超越意见而通达存在的秩序这样一个假定来进行的。科学分析的目标是要认识存在的秩序、存在的等级层次及其相互关系、存在领域的基本结构，尤其是人的本性以及人在存在大全中的地位。这种分析是存在论导向的，正是由于这一事实，这种分析才具有科学性，导向一

---

[16] 沃格林：《新政治科学》，段保良译，商务印书馆，2018年，第11、12页。

门秩序的科学。[17]

引文的最后一句话表明，沃格林的"秩序哲学"，除了可以称为"政治科学"之外，也可以称为"秩序科学"（science of order）。另外，我们很容易看到，在沃格林区别科学分析与形式分析的简要论述中，真理与意见的对立已然清晰地呈现出来。真理和意见一样都来自社会，而真理与意见的对立，既意味着真理的历史性，也意味着真理的批判性。就前者而言，需要理解的是科学与人的前科学存在之间的关系：

> 科学始于人的前科学存在，始于人对一切存在领域的原初把握，这些领域对人而言是确定的，因为人自身的本性就是它们的缩影。从这一原初的、充满激情的认知性参与中，出现了通向以理论性的态度对存在的秩序的冷眼旁观的艰难之道。[18]

以追求真理为目的的科学沉思是艰难的，因为它需要与各色各样的意见做斗争。不过，科学虽然是对存在秩序的理论性沉思，但根本上来说并不脱离人对一切存在领域的原初把握。可以说，人对一切存在领域的原初把握为科学研究奠定了笃实的基础。就后者而言，政治科学从其诞生之日起就被

---

[17] 沃格林：《科学、政治与灵知主义》，见《没有约束的现代性》，第23页。
[18] 沃格林：《新政治科学》，第12页。

赋予了针对社会失序状况而进行治疗的重要功能：

> 每个社会都有一套独立于政治科学的对其自身的理解，所凭借的是形形色色的符号，有时是高度殊显化的语言符号；这种自我理解在历史上先于政治科学即亚里士多德意义上的"*episteme politike*"的出现几千年。因此，政治科学的产生，并非始于一块可以在上面刻下其概念的白板，而是必然始于社会的自我阐释这一肥硕的机体，并依靠对社会上先前存在的符号的批判性阐明而维续。当亚里士多德撰写《尼各马可伦理学》和《政治学》时，当他构造城邦、宪制、公民、各种政体、正义、幸福等概念时，他并不是发明这些术语并赋予它们随意的含义，他只不过是拾起他在当时社会环境中发现的符号，仔细地考察它们在日常用语中的各种含义，而且通过他的理论标准来衡量和阐明这些含义。[19]

真理的历史性与批判性一定程度上也清晰地透露出政治科学与历史哲学的紧密关联。《秩序与历史》往往被认为是一部历史哲学著作，这当然是正确的，但其探讨的主题正是不同文明中的人类社会的秩序建构问题。于是可以说，沃格林的秩序哲学来自于对不同文明中的人类社会的秩序建构

---

[19] 沃格林：《新政治科学》，第33页。

的历史研究，而就其又能够广泛地运用于对不同文明中的人类社会的秩序建构的历史研究而言，其最终的理论形态正是一种历史哲学。早在《新政治科学》的导论部分，沃格林就开门见山地指出，"一种政治理论，若是深入到原理层面，就必须同时是一种历史理论"，其原因在于，"人在政治社会中的生存，是一种历史性的生存"。[20] 人的生存的历史性意味着必须紧密关联于历史来理解人的生存秩序，这是柏拉图创立政治科学时的实际情况，也是实证主义时代之前西方文明史上的一个智性共识：

> 穷究一个理论问题，深入到政治诸原理与一种历史哲学的诸原理的交汇之地，如今已不常见。尽管如此，这种做法却不能视为政治科学中的创新，而毋宁说更像是一种重建，如果人们还记得，今天被割裂开来耕耘的两块土地，在柏拉图创立政治科学（political science）时却是密不可分地结合在一起的。这种浑然一体的政治理论诞生于希腊社会的危机。在危机时刻，社会秩序摇摇欲坠，分崩离析，处于历史之中的政治生活的诸多根本问题，就会比在相对稳定的时代更易进入人们的视野。此后，人们可以说，使政治科学局限于描述现存制度以及解释制度背后的原理，亦即让政治科学沦为现存权力的婢女，是承平形势下的典型

---

〔20〕 沃格林:《新政治科学》，第8页。

做法，而把政治科学扩而充之，使之成为关于在社会与历史中的人的生存的科学和关于一般秩序原理的科学，是具有革命性和关键性的伟大纪元中的典型做法。极而言之，西方历史上有过三次这样的纪元。柏拉图和亚里士多德创立政治科学，标志着希腊的危机；圣奥古斯丁的《上帝之城》，标志着罗马和基督教的危机；黑格尔的法哲学和历史哲学，标志着西方危机的第一次大地震。[21]

由此可见，"新政治科学"作为"关于在社会与历史中的人的生存的科学和关于一般秩序原理的科学"，其实一点儿都不新，因为它是要弘扬创立于柏拉图和亚里士多德的最古老的政治科学传统——沃格林以"回到对原理的意识"来刻画他的这一呼吁。或者顺着文意更体贴地说，"新政治科学"的"新"，是相对于实证主义时代的政治科学而言的"新"。这自然显示出沃格林建言立说的时代处境。实际上，在强调了"回到对原理的意识"在政治科学研究中的重要意义之后，沃格林就对实证主义时代丧失了对原理的意识的智识现状进行了一针见血的批判性分析。

概而言之，实证主义对政治科学的毁灭源于其方法论假设。实证主义者主张，"对实在的研究，只有在运用自然科学的方法时才有资格成为科学，以其他术语表述的问

---

〔21〕 沃格林：《新政治科学》，第8–9页。

题是虚假问题，尤其是不该问不能用关于现象的科学（the science of phenomena）的方法来回答的形而上学问题"。[22] 也就是说，政治科学本来是一门关于本质的科学，而实证主义者则主张用关于现象的科学来代替，这意味着"在原则上歪曲了科学的含义"。[23] 具体来说，可以从三个方面来刻画实证主义对政治科学的摧残。

第一个方面是比较容易辨认的，即因实证主义方法论而导致的毫无真正理论分析的材料堆积现象。一旦丧失了对原理的意识而以自然科学的方法作为判断理论相干性的唯一标准，"有关事实的一切命题都会被提到科学的位置"，于是就会出现"理论上未被消化、或许不可消化的事实的堆积"这一智识怪象。[24] 第二个方面相比于第一个方面更为隐蔽，但也更为严重，即由于理论原理方面的缺陷而导致的对历史文献的破坏性解释：

> 许多备受尊敬的学者，以渊博的学识致力于对历史材料的融会贯通。他们的努力在很大程度上实属白费，因为他们用来别择和阐释材料的原理，缺乏坚实的理论基础，而是出自时代精神、政治偏好或个人癖好。属于这一类的有：许多希腊哲学史，它们主要是想从原始文献中找出希腊哲学对西方科学基础的贡献；

[22] 沃格林：《新政治科学》，第11页。
[23] 沃格林：《新政治科学》，第13页。
[24] 沃格林：《新政治科学》，第14、15页。

许多有关柏拉图的论著，它们在柏拉图身上发现了一个新康德主义逻辑学的先驱，或者按照时代流行的政治风尚，发现了一个宪政主义者、一个乌托邦主义者、一个社会主义者，或者是一个法西斯主义者。……破坏是通过阐释进行的。原始文献的内容会被尽量正确地转述，然而这种转述却会造成一幅完全错误的图画，因为许多本质性的部分被忽略了。它们之所以被忽略，是因为未经批判的阐释原理不允许把它们视为本质性的要素。[25]

第三个方面与前两个方面紧密相关，即实证主义的方法论自觉，沃格林将之刻画为：通过从理论转向方法而歪曲理论的相干性。从理论转向方法的核心主张就是我们早已熟悉的事实与价值的区分，这构成了实证主义的理论基石。关于事实与价值的区分，沃格林尖锐地分析道：

仅当实证主义的教条被接受为原理，这个区分才是有道理的；而只有那些不谙熟古典和基督教关于人的科学的思想家，才会接受实证主义的教条。因为无论古典的还是基督教的伦理学和政治学，均不包含"价值判断"，而是经验性地和批判性地阐述来自作为一般存在论之组成部分的哲学人类学的秩序问题。仅

---

〔25〕 沃格林:《新政治科学》，第16页。

当作为一门科学的存在论已经丧失，相应地，伦理学和政治学不再能够被理解为能够尽人之性的那种秩序科学（sciences of the order），这一知识领域才可能被当作一个主观的、未经批判的意见场域而变得可疑。[26]

换言之，只要在区分事实与价值的前提下将古典学问归于价值判断的名下，就意味着从根本上否认存在着"一门关于人与社会秩序的科学"（a science of human and social order）。[27]

就实证主义对政治科学的摧残而言，沃格林的批判性分析自然不能回避对韦伯的评价。对此，一方面，沃格林指出，实证主义的方法论运动"在马克斯·韦伯及其作品中达到了其内在逻辑的终点"，[28] 因为正是韦伯明确地捍卫了事实与价值的区分；另一方面，沃格林也表达了对韦伯的极大敬意，认为韦伯靠着自己的文化素养和敏锐直觉把握到了人类历史变迁中的重要现象：

> 由于实证主义的余毒并不允许接纳一门关于本质的科学（a science of essence），一门真正的科学（a true episteme），秩序的原理不得不作为历史事实被引介。韦伯构筑他的对秩序科学的实证主义逃避的社会学大厦时，并不严格地认为所有"价值"是平等的。他并没

---

[26] 沃格林：《新政治科学》，第17–18页。
[27] 沃格林：《新政治科学》，第18页。
[28] 沃格林：《新政治科学》，第19页。

有沉溺于收集无益的废物，而是展示出他对人类历史中"重要"现象的明智的偏爱；他能很清楚地分辨主要的文明与不那么重要的枝节的发展，也能很清楚地分辨"世界宗教"与不重要的宗教现象。当缺乏合理的理论化原理时，他让自己接受"祖先权威"和他自己对卓越事物的敏感性的引领，而不是接受"价值"的引领。[29]

对于韦伯在实证主义前提下又诉诸对传统的尊重这一方法论上的弥补，沃格林甚至猜想，如果韦伯严肃地从事希腊和中世纪的形而上学研究，那么他就一定会"与秩序科学相遇"。[30]总之，对实证主义的批判性分析最终以这样一个呼吁作为结论：应当掉过头来，重新发现形而上学与哲学人类学的合理性。换言之，秩序哲学绝不可能"把'第一科学'（scientia prima）排除在理性领域之外"，[31]因此当务之急就是，"必须重获对存在论的理解以及形而上学的思辨技艺，尤其是，必须重建作为一门科学的哲学人类学"。[32]

沃格林对秩序哲学的深入沉思，在《何为政治实在？》一文中得到了更为全面、系统的表述。这篇长文扩展自1965年9月6日沃格林在德国政治科学协会年会上的报告，后收入《记忆》第三编，而以"意识的秩序"为第三编的题

---

〔29〕 沃格林：《新政治科学》，第26页。
〔30〕 沃格林：《新政治科学》，第25页。
〔31〕 沃格林：《新政治科学》，第28页。
〔32〕 沃格林：《新政治科学》，第28–29页。

目。〔33〕在这篇沃格林自己曾表示"暂时满意"的长文中，以"智性阐释"为核心词汇，"政治科学"获得了一个新的定义性表述：

> 政治科学的内核（core），乃是对人、社会、历史的智性阐释；它以对秩序的批判性知识为标准，去与盛行于它周围社会中的秩序构想相对质。〔34〕

"智性阐释"是相对于"非智性阐释"（non-noetic interpretation）提出来的：

---

〔33〕 在《记忆》的前言中，沃格林对"秩序哲学"做了如下沉思性论述："秩序哲学是一个过程，通过这个过程，作为人的我们在意识的秩序中寻找我们的生存秩序。柏拉图让'回忆'（anamnēsis）这一符号主导了这种哲学。不过，被忆起之事乃是已被遗忘之事；而且，我们忆起被遗忘之事——有时需要很大努力——是因为它不该被遗忘。不该被遗忘之事，通过回忆被带入到知识的在场，而在与知识的张力中，遗忘将它自身显现为无知状态，即柏拉图意义上的心灵的agnoia（无明）状态。知识与无知，在生存意义上就是有序与无序这两种状态。不过，唯是因为所遗忘之事是以遗忘这一情态而存在的知识，所以遗忘之事才能被忆起；知识，通过它在遗忘中的在场，触发生存的不安，这种不安又推动着遗忘上升到知识这一情态。遗忘与知识是意识的两种情态，前一情态可以通过回忆转化为后一情态。回忆是意识的活动，通过它，所遗忘之事，即潜在于意识中的知识，从潜意识提升到意识的在场。"沃格林：《记忆》，朱成明译，华东师范大学出版社，2017年，第394-395页。我建议书名翻译为"回忆"而不是"记忆"，因为"记忆"更强调"记取"的活动，"回忆"则更凸显"回归"的方向，而沃格林在该书中援引柏拉图和奥古斯丁等人谈论的正是"回忆"这一主题。以下正文论及这一主题一律用"回忆"，引中译本仍用《记忆》之名。

〔34〕 沃格林：《记忆》，第394-395页。

任何人，当他尝试以智性的、批判的方式去阐释人、社会、历史时，都会发现，这个领域已经被其他各色阐释所占据。因为，每个社会都由对其秩序的自我阐释建构起来；这也是为何，历史中的每个已知社会都产生出各种符号（神话的、启示的、启示录式的、灵知的、神学的、意识形态的等等），并通过这些符号来表达自身的秩序体验。这类可在政治实在中找到的自我阐释行动，我将其称为非智性阐释。[35]

非智性阐释就是产生于每个实际社会中、用来表达这个社会中的人们对其所处社会的秩序体验的那些原发性的符号体系。在把握智性阐释与非智性阐释的关系时，首先需要注意的正是智性阐释相对于非智性阐释而出现的历史维度：

从历史层面来看，各种非智性阐释早于智性阐释成千上万年。智性阐释的最早情形发生在希腊哲学的语境中，且正是在这一语境中，智性阐释获得了政治科学之名。各种非智性阐释不仅在时间上先于智性阐释，甚至在后者出现之后，仍然是社会自我阐释的形式，而且总是试图与智性阐释相碰撞。没有哪个社会，其建构性自我理解是智性的。这种关系的特殊性做出了这样的暗示：出于有待后面考察的某些原因，智性

---

〔35〕 沃格林：《记忆》，第395页。

阐释可能作为非智性阐释的某种矫正或补充而起作用，却不能替代它们。[36]

智性阐释在时间上出现于非智性阐释之后，在功能上起矫正或补充非智性阐释的作用。智性阐释的这两个方面的特点，其实就是我们一般而言的哲学的历史性与批判性，与我们前面所概括的真理的历史性与批判性也只是描述角度上的差异而已。就前者而言，哲学来自希腊人的精神突破，因而是一个具有纪元意义的历史性事件。这是沃格林在《秩序与历史》第二卷和第三卷详细分析过的一个主题，后来他在《时间中的永恒存在》一文中又以更为理论性的话语专门论述过。就后者而言，哲人正确地将自己的身份定位为"城邦的牛虻"，目的是通过哲学的批判性反思与理论性沉思矫正或补充周围社会的秩序，而绝非颠覆周围社会的秩序。

顾名思义，智性阐释是指人凭借其天生禀赋的智思而对人类社会的秩序现象加以阐释的行动。[37]因此，就其工作内容来说，智性阐释主要是对具体的秩序现象的研究。不过，也应当指出，对具体秩序现象的研究，又是以对智性活动本身——也就是意识活动——的分析为基础的，因为"正是意识让社会和历史中的人的秩序变得可理知"。[38]实际上，

---

〔36〕 沃格林：《记忆》，第395页。

〔37〕 国内沃格林研究中，聚焦于智思与秩序的关系的是周洁2013年在复旦大学完成的博士论文《努斯与秩序》。

〔38〕 沃格林：《记忆》，第3页。

在《记忆》一书的前言一开始，沃格林就以"意识哲学乃是政治哲学的核心"这样的说法明确地表达了这一点，并通过一个简要的回溯说明这是他从年轻时刚刚进入学术界开始就一直关心的一个重要理论问题：

> 社会与历史中的人类秩序问题，起源于意识的秩序。因此，意识哲学乃是政治哲学的核心（centerpiece）。
>
> 在20年代时我就已明白，政治科学陷入了新康德主义认识论、各种价值关涉方法、历史主义、描述性制度主义以及对历史的意识形态思辨，唯有借助一种新的意识哲学，这种糟糕状况才能得到克服。在《论美国心灵的形式》（1928），尤其是论时间与生存那一章中，可以找到我当时已知最重要的一些意识理论的讨论。这个首次尝试的批判性结论现在仍然成立，但那时我尚缺乏哲学和历史方面的知识，因此这个尝试并未实质性地超出单纯的批判。自那时起，厘清一种意识理论的各种努力就没有间断。数十年间，在各种变换的尝试——处理各种秩序现象，又将秩序现象还原为意识的逻各斯——中得以延续。这些努力的结果乃是这样一个洞见：与某种预先给定的结构相关的普遍有效命题这种意义上的意识理论是不可能的。因为，意识不是一种可以从外部进行推演的给定之物，而是一种参与到存在根基之中的体验，而且，唯有通过对参与本身的沉思性诠释（exegesis），才能令参与的逻各

斯达成明晰。理论的幻象必须让位于沉思过程这一实在，而且，这个过程必须贯通增进着体验与洞悉的诸阶段。意识是增进着对本己逻各斯之洞悉的过程。[39]

前面已经提到，秩序哲学在运用于对不同文明中的人类社会的秩序建构的历史研究时所获得的最终理论形态是一种历史哲学。结合此处的引文，我们可以概括说，意识哲学与历史哲学共同构成了沃格林的秩序哲学，其中意识哲学是秩序哲学的核心，历史哲学是秩序哲学的主干。

智思对于自身活动的分析，也就是对于意识活动的分析，沃格林用"智性诠释"（noetic exegesis）这一符号来表达："当意识——无论原因为何——试图变得对自身明晰时，智性阐释便得以出现。意识对其自身的逻各斯进行阐释的努力，我们将称之为'智性诠释'。"[40]智性诠释的要点在于阐明人对根基的参与性意识。既然沃格林认为智性诠释在柏拉图、亚里士多德所创立的古典哲学那里所呈现出来的原型尝试根本上来说是成功的，那么，他就有理由借助对古典哲学的自我意识的分析来完成对"意识自身的逻各斯的洞悉"。[41]

关于沃格林的意识哲学，大多数研究者都会提到，沃格林从柏拉图那里发掘出了一个"间际"（metaxy）的概念，

---

〔39〕 沃格林：《记忆》，第1–2页。

〔40〕 沃格林：《记忆》，第399页。朱成明用"智性阐释"与"智性诠释"来翻译"noetic interpretation"与"noetic exegesis"，本书从之。

〔41〕 沃格林：《记忆》，第2页。

用以表达意识处于其中的张力性结构。在《自传体反思录》中，沃格林将他早年研究威廉·詹姆斯的经历与他后来研究柏拉图的经历结合起来，简要地回顾了他在意识哲学领域的这一进展过程：

> 我发现，意识的核心是参与的体验，从而意味着与自己以外的实在的关联性存在。……如果人不能与他所体验的实在同体（consubstantial），就不能体验到这一实在。在哲学家当中，我从威廉·詹姆斯的彻底经验主义中找到了重要的确证。詹姆斯关于"'意识'存在吗？"这一问题的研究（1904）当时令我震撼，现在依然令我震撼，我认为它是20世纪最重要的一篇哲学文献。詹姆斯所谓纯粹体验，要么能够被置于主体意识之流的脉络之中，要么能够被置于外部世界客体的脉络之中。就这一点而言，詹姆斯触及了参与意识的实在（the reality of the consciousness of participation）。詹姆斯的这一根本洞见将体验认定为存在于参与的主体与客体之间的某种东西。后来我发现，同样类型的分析早已被柏拉图以更大规模做过了，其结果就是他的间际（metaxy）概念。体验既不在主体之中，也不在客体世界之中，而是居于二者之间（in-between），即意味着居于人与他所体验的实在的两极之间。[42]

---

〔42〕 沃格林：《自传体反思录》，第92—93页。

沃格林对间际概念的集中阐发最早是在1964年发表的《时间中的永恒存在》一文中。关联于"在其时间性维度中的人，如何可能拥有对永恒存在的体验？"这个问题，沃格林将"间际"作为表达"时间与永恒之间的张力"的一个重要符号。比如他说："存在体验并不发生在这个世内时间中，毕竟，从世内时间这一视角来看，体验到永恒殊难理解；毋宁说，它发生在它被体验到的地方，也就是所谓的'间际'（in-between），亦即柏拉图的metaxy，而且它既非时间，也非永恒。存在的张力本身、其产生、其消化、其诠释、其秩序效力、其瓦解等，实际上是作为一种过程被体验到，而这个过程发生于间际。"[43] 在《何为政治实在？》一文中，来自柏拉图的间际概念更是发挥了重要的理论分析功能。而且，关联于内在与超越这一对符号，沃格林在该文中还特别强调指出，间际"不是居于各种内在客体与超越客体中间的一个空置着

[43] 沃格林：《记忆》，第376–377页。迈克尔·弗朗兹在《天下时代》的编者导言中（中译本第27页）说间际概念首次出现在《时间中的永恒存在》一文，这是错误的。实际上，在《柏拉图与亚里士多德》中，间际概念已经被提及，并得到了简要分析，参见沃格林：《柏拉图与亚里士多德》，第118页。对间际概念在沃格林思想中的重要性的详细分析，可参见杜哲磊（Jarosław Duraj）去年刚出版的专著《间际在沃格林政治哲学中的地位》（Jarosław Duraj, *The Role of Metaxy in the Political Philosophy of Eric Voegelin*, Peter Lang Publishing, 2021）。杜哲磊还从对间际的分析中发展出了"间际论"（metaxology）这一术语，从而有"间际论阐释学"（metaxological hemenuetics）、"间际论哲学"（metaxological philosophy）等衍生性术语。既然将中国文明中的"三才之道"称为一种间际论哲学是非常恰当的（参见本书第十章的简要分析），那么，这些术语作为研究中国哲学的分析工具将是非常合适的。

的空间，而是神性实在与属人实在彼此参与的地方"。[44]

如果说"间际"是理解柏拉图意识哲学的关键性概念的话，那么，亚里士多德分析意识的关键性概念则是"智思"（nous）。亚里士多德认为，哲学起源于一种纯粹的求知欲，这种纯粹的求知欲正与因无知而导致的惊异乃至不安有关。沃格林顺此分析到，纯粹的求知欲意味着人的意识被存在的根基所推动，或者说表现了存在的根基对人的意识的牵引：

> 没有被根基牵引这种推动，就不会有对根基的渴求。反过来，没有渴求，就不会有困惑中的追问，而没有困惑中的追问，就不会知晓自身的无知。如果不安本身没有揭示出，人知道自身的生存植根于存在的根基之上，且这个存在根基不是人本身，那么就不会有无知的、催生对根基之求索的那种不安。在意识朝向其根基的张力中，一个方向性因素一直在场，亚里士多德把知识中的这个方向性因素称为智思（nous）。[45]

正如前面已经提到过的，既然秩序被体验到的那个位点就是具体的人的意识，那么，人对自身参与存在之秩序的体验，也就是人的秩序体验，就呈现为一种张力的体验。这种张力是"朝向根基的张力"，因为存在之秩序在作为参与

---

〔44〕 沃格林：《记忆》，第443页。

〔45〕 沃格林：《记忆》，第400—401页。

者的人的意识那里被把握为根基。因无知而带来的不安或焦虑既然基于人对自身参与其中的存在之秩序的肯认，那么，相对于由不安或焦虑而引发的积极的探寻而言，根基所起的作用就是一种方向性的牵引。在亚里士多德那里，这个牵引与探寻的结构正是通过神之智思（属神的"nous"）与人之智思（属人的"nous"）的关系表达出来的：

> 亚里士多德用来架构其对根基的渴求和被根基所牵引的智性诠释的，是两个被叫做 nous 的实体的彼此参与（metalepsis）。在亚里士多德的理解中，nous 不仅是人对其根基的那种知晓着的探寻能力，还是存在根基本身（它被体验为为探寻运动提供方向者）。……因此，两个实体的同名同义性所对应的，是属人的 nous 创生自属神的 nous。……亚里士多德……把意识之张力理解为两个 nous 实体之间的彼此参与。从属人的 nous 这方面来看，知晓着的追问和追问着的知晓，也就是智性活动，便是一种对存在根基的知晓着的参与；不过，这种智性参与之所以可能，乃是由于属神的 nous 先已经通过创生而参与到属人的 nous 中。[46]

---

〔46〕 沃格林：《记忆》，第401—402页。在儒教经典中，我们可以看到类似的参与体验及其符号化等价物：《中庸》正是以同名同义的"诚"来说天与人的关系，所谓"诚者，天之道也；诚之者，人之道也"。而孟子在转述同样的意思时则表述为："诚者，天之道也，思诚者，人之道也。"这充分说明了"诚"的活动首先要通过"思"。若再联系"心之官则思"的说法，我们能够勾勒出儒教传统中关于人的参与体验的符号化形式。

意识的逻各斯就是参与的逻各斯。神之智思与人之智思的彼此参与关系，清晰地表达了亚里士多德关于智性诠释的基本看法。因此，追随亚里士多德，我们能够区分出亚里士多德的智性诠释的三个维度：

> 首先，意识把已被给予了方向的智性（ratio）——即对根基的知晓着的追问这样一种张力——揭示为意识的实事结构。其次，意识把自身揭示为对关于朝向根基的张力的知识的显明。最后，意识把自身揭示为一个求索过程，该过程把显明度较低的真理阶段当成某个"过去"而留在身后。[47]

第一个维度，即指前述亚里士多德意义上的参与，即将人的认知活动厘定为人对作为存在之根基的神性存在的参与。很显然，这是从认知的意义来刻画人的参与。第二个维度，是从参与在自我理解的明晰性方面——也就是人对其参与活动的知识方面——来刻画人的参与。由于智性体验将自身作为最高层级的知识，所以这一维度也意味着从认知的终点来刻画人的参与，如沃格林所说：

> 一切参与，都包含着对自身及其特征的知识这一构件，而且这知识在以下事情上有各种不同程度：紧

---

〔47〕 沃格林:《记忆》，第409页。

敛性与殊显性、正路与迷途、敞开与自我封闭、顺从与反抗等等。知识在这些事情上有不同程度，那么参与便在自我理解的明澈性方面达到不同程度，一直到智性意识这里达到最大程度的显明。[48]

第三个维度则是从认知过程来刻画人的参与，由此也就引出了历史场域与意识结构之间的紧密关联："内在于参与这个实在之域的真理坡度的结构，我们将它说成是历史场域。"[49] 前面已经提到过沃格林秩序哲学中意识哲学与历史哲学的关系，可以说，指出"历史是由意识所建构"是为意识哲学与历史哲学的关系做了一个更为清晰的注解。关联于此，沃格林特别指出，亚里士多德关于意识的历史性的洞察——或者说，关于参与的历史维度的洞察——在现时代的思想氛围中完全被忽略了：

> 在我们时代，亚里士多德这个名字不会在我们心中唤起某个历史哲人的身影。不过，根据亚里士多德的分析，意识中的时间性之流是一个维度，在这个维度中，智思得以将自身确认为真理之在场，从而将神话确认为过去，这个分析是一个历史哲学层面的成就，至今也未被超越。[50]

---

[48] 沃格林:《记忆》，第407页。
[49] 沃格林:《记忆》，第408页。
[50] 沃格林:《记忆》，第415页。

与此相应，要真正理解"历史是由意识所建构"，

> 尤其重要的是要提到，历史在其中建构其自身的时间，并不对应于外部世界的时间，而是对应于对根基的渴慕与求索这个内在于意识的维度。[51]

对根基的渴慕与求索，用情感性的术语来表达就是那种对存在之神性根基的爱，从而也被建构为人的普遍本性、人的普遍本质：

> （人性）这个概念并非通过归纳法发展出来，而是用来表达那种对存在之神性根基的爱，即某个哲思着的人具体地将之体验为他的本质、他的本性的那种爱。适用于对本性的哲学体验的，也适用于对神之下的现在的灵性体验，即某个先知将那种爱体验为他的本质。被认识到的本性不仅仅是具体地体验到他的本质的那个人的本性，而且也是所有人的本性，这个陈述预设了这样的前提：所有人就他们作为人而言本质上都是相同的，无论他们是否从殊显化的意识显明中体验到自己的人类本质。[52]

---

〔51〕 沃格林：《记忆》，第415页。
〔52〕 沃格林：《记忆》，第403页。

也就是说，只有揭示出人与存在之神性根基的本真关联，才能理解人的本性或人的本质。或者更精确地说，人的本性或人的本质，其实来自于人对自身与存在之神性根基的本真关联的确认，从而也就是人对自身之本真所是（authentic being）的确认。就秩序哲学而言，对普遍人性的这一理解必然被推扩到社会秩序的建构问题上：

> （普遍人性）这个足以创建共同体的前提是如此重要，以至于在古典哲思的语境中，发展出了一些特别的符号，用于表达其内容。赫拉克利特以logos为人所共通（xynon），所有人都作为人而参与其中，并因此向他们要求某种同道（homologia）意识。对于亚里士多德来说，共通的要素是nous，因此，如果所有人都参与到nous中，所形成的共同体秩序便被符号化为同心（homonoia）。亚历山大采用"同心"作为其帝国宗教的根本符号；最后，圣保罗把"同心"引入对基督教共同体的符号化表达中。[53]

普遍人性是建构共同体的精神力量，这正是沃格林秩序哲学的一大要点。沃格林其实认为，基于普遍人性建构起来的共同体，才是真正的人类共同体，而人的社会秩序的历史进展，正以这种人类共同体的出现为目的。不难想到，既

---

[53] 沃格林：《记忆》，第403-404页。

然普遍人性来自人对存在之神性根基的爱，那么，由普遍人性所建构起来的共同体就是一种爱的共同体，其政治秩序就是一种爱的秩序。实际上，人对存在之神性根基的爱，也从根本上规定了沃格林在阐述他的秩序哲学时常常提到的哲学人类学的核心内容。比如在《科学、政治与灵知主义》一文中，沃格林在谈到作为政治科学的古典基础之一的哲学人类学时就明确地说：

> 在政治科学的建立过程中，一个决定性的事件是达致这样一种哲学认知：此世之中可辨认的各个层面的存在被置于一种超越的存在之源及其秩序之下。这一洞见本身是以人的灵性之魂（spiritual soul）朝向被体验为超越者的神圣存在的真实运动为根基的。正是在对世界与存在的超越之源的爱的体验之中，在对智慧的热爱之中，在对善与美的爱欲之中，人成了哲人。正是从这些体验之中出现了关于存在的秩序的景象。在心灵的这种敞开过程中——柏格森曾用这个隐喻来描述这一事件，存在的秩序变得清晰可见，甚至在柏拉图所说的心灵带着痛苦而敞开的超越中达致其根基和起源。[54]

人体验到自身对超越的神圣存在的爱，这意味着心灵

---

〔54〕 沃格林：《没有约束的现代性》，第24页。

的敞开，相反，人体验不到自身对超越的神圣存在的爱，就意味着心灵的封闭。无须赘言，后者正是沃格林针对现代性的秩序建构原理而提出"灵性病理学"（spiritual pathology）这个具有强烈批判性概念的意识哲学基础。不过，这里我们暂且不表沃格林对心灵封闭现象的意识哲学分析，而是将目光对准沃格林基于他的意识哲学如何看待实在这个根本性的问题。既然智性诠释的主题是参与，而参与是实在之间的参与，且参与本身也被体验为实在，那么，如何看待实在自然也是智性诠释的一个重要主题。概而言之，沃格林区分了"实在"的三重含义：

> 实在首先是指人通过参与其中而让他自身也变得真实的那种包蕴性实在（comprehending reality），而非某个与人遭遇的事物；其次，实在是指能够在那个包蕴性实在中辨识出来的"事物"：诸神、人，等等；最后，实在还指那些事物在那个包蕴性实在中的彼此参与。而且，就人来说，如果我们暂时把躯体生存的问题放在一边，既然参与是以意识的形式发生的，那么，我们可以把意识说成是人类参与的感枢。在意识的各种体验、回忆、幻觉以及符号化中，各种实在图景得以建立起来，在这些实在图景中，参与的各个端点——即神、世界、他人，还有那具体地参与着的人这几种实在——均找到其位置。在各种参与体验中，智性体验最终取得了其特殊位置，原因在于，它阐明了以下事情：朝向神性根基

的张力不仅是意识的实事结构，也是一切本身并非神性根基的实在的根本张力。[55]

　　包蕴性实在是对实在之总体性的一个符号化表达，既可以用来指涉宇宙论秩序中的实在结构，即《以色列与启示》导论一开始就提出的"原初存在共同体"，也可以用来指涉心性论秩序中的实在结构，即以一个超越的神作为存在根基的秩序结构。在怀特海的过程哲学的影响下，沃格林有时也使用"作为过程的实在"这一符号化表达。关联于此，必须指出的是，实在的总体性并不意味着实在的封闭性，而恰恰意味着实在的无限性，这是因为，一方面，相对于人的行动而言，总体性的实在总是动态的实在，另一方面，相对于人的认知而言，总体性的实在总是保持着无法解除的奥秘性。[56]实在的第二、三重含义意味着实在之实在性离不开人的体验，或者说，实在之实在性来自于人的体验，是一种因人活在其中而获得的实在性。就实在、体验与符号这三者之间的关系而言，一方面，实在被关联于这种参与式体验而呈现，也就是说，实在正是作为参与式体验的"对象"而被参与式地体验为实在的，另一方面，符号是用来表达这种参与式体验的，从而也以某种间接的方式指向

－－－－－－－－－－

〔55〕　沃格林：《记忆》，第422页。

〔56〕　这也是我为什么建议用"包蕴性实在"来翻译"comprehending reality"。朱成明将之翻译为"包举性实在"，意亦达。另，不难想到，在中文古典文献中，与"包蕴性实在"对应的语汇是"道"。

作为参与式体验之"对象"的实在。因此，我们可以恰当地将沃格林对实在的这种意识哲学沉思概括为体验实在论（experiential realism），正如他在《不朽：体验与符号》一文中高度凝练地提到的：

> 我们说一种体验到的实在，而不是说一种附着于符号之上的实在。体验创造了这些符号，当体验不再显现在那拥有它的人身上时，实在也就消失了，而正是从这种实在中，这些符号才获得了意义。[57]

也就是说，符号要么应当被理解为"沉思运动的语言标记"（linguistic indices of the meditative movement），对应于"使智性参与运动在语言层面对自身变得明晰"的智性诠释，要么应当被理解为"关涉各种现象"的类型概念（type concepts），对应于智性诠释基础之上的智性阐释。[58]无论如何，符号必须被放置在参与运动的语境中加以理解；脱离了参与运动的语境，符号没有任何意义。[59]以"内在"与"超越"这两个我们常常提及的符号为例，

---

〔57〕 见恩伯莱、寇普编：《信仰与政治哲学：施特劳斯与沃格林通信集》，谢华育、张新樟等译，华东师范大学出版社，2007年，第248页。正如我们前面引用的，理解沃格林的体验实在论的一个关键概念是"同体"（consubstantiality）。

〔58〕 沃格林：《记忆》，第440页以下。

〔59〕 可参见沃格林在《以色列与启示》的导论部分（题名为"秩序的符号化"）对符号与参与的关系的论述。

并没有某个内在世界或超越于世的存在作为实体而"实存"。相反，"内在"与"超越"是当智性体验将宇宙解离为实存着的事物及其神性根基时我们归派给原初宇宙体验中的诸实在之域的语言标记。这两个标记在沉思运动中彼此关联；它们不指代人们可就其"实存"而进行争论的各种"事物"，而是表示神性与非神性实在之域间的秩序关系；而这两种实在之域是根据智性体验才被认作"真实"的。[60]

或以"人"这个我们更多提及的符号为例，

我们用"人"来表示朝向根基之生存张力的内在一极。因此，没有什么"哲学人类学"可以让我们"正确地"将人理解为一种内在于世的存在。原因在于，"哲学"是朝向根基的沉思运动的另一个语言标记，而且，在哲学层面言说人，意味着将他理解为这样一种在参与中朝向根基而超越的实在。我们有着对"弃绝实在"和"异化"的各种体验，但我们体验不到一个不具有超越意识这种实在形式的人。因此，那些把人构想为非超越的、内在于世的存在的各种哲学人类学，都属于那类催生"次级实在"的教条论偏离。[61]

----

〔60〕 沃格林：《记忆》，第442页。
〔61〕 沃格林：《记忆》，第442页。

对意识的核心洞见——即上述智性诠释的三个维度——都来自对亚里士多德的分析。除此之外，沃格林也将他的分析扩展到了亚里士多德没有面对过、从而也没有讨论过的一些重大历史问题上。概而言之，亚里士多德之后的教条论形而上学，无论是采取哲学的形式还是神学的形式，都是"对实在的教条论偏离"；而现代以来的情势则更为离谱，以教条论意识形态为主导的秩序符号实际上来自人对存在根基的彻底反抗，"是由那些背向根基封闭自身的人所发展出来，意在阻碍与实在的接触"。[62]通过指出实在的视景性并揭示出意识的意向性之为对象化现象的起源，沃格林对发生在西方文明史上的三个主要阶段的教条论现象进行了犀利的批判性分析，此处不做详细展开。[63]

至此，我们对沃格林的秩序哲学及其实在理论有了一

---

〔62〕 沃格林：《记忆》，第457页。

〔63〕 沃格林：《记忆》，第423页以下。关于实在的视景性，沃格林说，"对于实在的洞见，是来自参与着实在的人之视景（perspective）的洞见"，而如果一个人"要从实在之外的某个立足点把实在摆置为纯粹的知识对象，那么，他将丧失这一洞见。不过，'视景'一词不能被理解（或者更应该说被误解）为主观主义者意义上那种视景，因为压根儿就没有多视景这回事，而仅有唯一的、由人在实在中之位置规定的那个视景。"意识的意向性乃是对象化现象的起源，沃格林的这一结论性看法也意味着他对现象学——尤其是胡塞尔——的批判。从意识的参与性本质出发，沃格林提出了"意识的显明性"（luminosity）这个重要的符号化表达，可以认为是与意识的意向性这个现象学的核心观念针锋相对。前面引文中出现了"显明"，其实已经暗示了这一点。另外，教条论现象的三个主要阶段是就张力过程而言的，分别是古希腊阶段、犹太–基督教阶段和现代以来的意识形态阶段。见沃格林：《记忆》，第454页以下。

个基本的认识。通过重述柏拉图、亚里士多德开创的古典哲学，沃格林发展出一系列新的符号，形成了他的秩序哲学架构。秩序哲学之所以能够成为分析人类历史上的秩序变迁过程的理论基础，之所以能够成为衡量不同文明的秩序层级的真理性标准，正是因为它以智性方式阐明了人类历史进程中的秩序原理。《秩序与历史》聚焦于西方文明的秩序原理及其变迁过程，本身就包含了对秩序哲学的诞生过程的研究。不过，正是在与西方文明相关联和相比照的语境中，包括中国文明在内的其他一些比较重要的非西方文明，也被纳入了基于秩序哲学的独到分析，尽管在很多问题上仍有待更详细、更深入的探讨。始终应当牢记的正是秩序哲学的古典根源。正如沃格林所指出的，由柏拉图、亚里士多德所创立的古典哲学，是发生在人类历史上的一个具有划时代的纪元意义的重大事件。当然，沃格林也明确地指出，秩序哲学"不可能靠对过去的哲学成就的文献复活而重建成一门严格意义上的理论科学；诸原理必须通过一种从时代的具体历史处境出发、把我们丰富的经验知识全部纳入考量的理论化努力来重新获得"。[64]这就要求我们必须充分发挥秩序哲学的阐释功能与批判功能，直面一百多年来中西文明深度交流这一"大事因缘"。

---

〔64〕 沃格林:《新政治科学》，第9页。

第二章　《秩序与历史》中的历史哲学与奥古斯丁

从人类秩序阐释的实际历史来看，沃格林认为，直面存在的奥秘，人类的认知冲动总是想将更多的东西纳入可知的范围，总是想将可知之物与本质上不可知之物区分开来，而这就意味着，人类的参与体验及其所主导着和对应着的符号化行为，都存在一个从紧敛到殊显化的过程——能且只能在这个意义上谈论历史的进步："符号化的历史是从紧敛体验到各种殊显化体验和殊显化符号的进步过程。"[1]由此，沃格林提出了能够标志人类历史上的伟大时代的"两种基本的符号化形式"：

> 其一是把社会及其秩序符号化为宇宙及其秩序的相似物；其二是通过与存在十分契合的人的生存秩序的类比来实现社会秩序的符号化。在第一种形式下，社会将被符号化为一个小宇宙；在第二种形式下，它则是被符号化为一个大写的人。[2]

---

[1]　沃格林：《以色列与启示》，第44页。"紧敛"与"殊显化"为直译，中文犹言"粗疏"与"精密化"。

[2]　沃格林：《以色列与启示》，第45页。

"小宇宙"与"大写的人"所表达出的两种社会秩序形式，在人类的求索经历中呈现为一个历史过程，因为前者是"最初的形式"，后者则随着前者的崩溃而出现。这就是秩序的历史中最为重要的篇章。"小宇宙"是将社会秩序类比于宇宙，是宇宙论秩序（cosmological order），"大写的人"则是将社会秩序类比于"与存在十分契合的人"的心性，因而是心性论秩序（psychological order）。[3] 从宇宙论秩序进展到心性论秩序，沃格林称之为"存在的飞跃"（leaps in being）。沃格林如是描述宇宙论秩序崩溃后向心性论秩序的飞跃性转变：

> 如果宇宙不是人的生存之持续秩序的源泉，那么，到哪里去寻找秩序的源泉？在此关头，符号化往往倾

---

[3]　"心性论秩序"是我建议使用的术语。既然沃格林在《秩序与历史》前三卷常常将两种秩序中的真理称为"宇宙论真理"和"生存论真理"，那么，心性论秩序也可以称为生存论秩序。但就沃格林在《秩序与历史》第四卷的思想转变来看，既然宇宙论真理与心性论真理被认为具有等价性，那么，"生存论真理"更适合作为对两种真理的统称，此即是说，宇宙论真理与心性论真理都是生存论真理。对于沃格林笔下的"psyche"或"soul"，我统一译为"心灵"，以与"心性"对应。在《新政治科学》中，沃格林区分了三种秩序真理和符号化形式，即宇宙论、人类学和救赎论，分别对应于古代近东和远东的帝国、希腊和罗马。既然心性论秩序是相对宇宙论秩序而提出的，那么，在沃格林那里，心性论秩序就包括人类学秩序和救赎论秩序，分别关联于寻求着神的人和寻求着人的神。参见沃格林：《新政治科学》，第81-82页。沃格林将这一区分贯彻了《秩序与历史》的写作中，比如在讨论柏拉图的《国家篇》时，沃格林就是用"人类学原则"来描述这一秩序的特征，见沃格林：《柏拉图与亚里士多德》，第136页。沃格林亦以"人类学秩序"来说中国文明，参见下文。

向于转向比可见的现存世界更具持续性的东西，即超越所有处在可感知的生存者之中的存在，而转向以无形方式生存的存在者。这种无形的神性存在超越世界上的所有存在，也超越世界本身，它只能被体验为人的心灵中的一种运动；因此，当心灵受命与未曾见过的神相契合时，心灵便成为秩序的典范，它将以类比自身意象的方式提供使社会获得秩序的各种符号。这种向大写的人的符号化的转变在哲学和宗教的殊显化——脱胎于从前更为紧敛的符号化形式——中得到彰显。[4]

神被体验为秩序的根源，在宇宙论秩序中也是如此。宇宙论秩序中的神内在于宇宙，因而社会秩序被类比于宇宙秩序而建构。但现实的危机体验会导致宇宙论秩序的崩溃，其结果就是一个超越宇宙的神在意识中的出现，而相应的则是能与这样一个更具超越性的神相契合的人的出现。[5]这个超越宇宙的新神的出现以及相伴随的能与这个新神相契合的新人的出现，就是存在的飞跃（leap in being）。很显然，存在的飞跃带来了新秩序。

　　沃格林对"存在"一词的用法以及他对人的意识的高度重视，都显示了现象学传统对他的影响。至于"飞跃"一

----

〔4〕　沃格林：《以色列与启示》，第45页。
〔5〕　区分宇宙论秩序与心性论秩序的关键在于是将神视为在宇宙之内还是宇宙之外，对这一点的强调见沃格林：《天下时代》，第127页。

词，按照沃格林的自述，主要是受到祁克果的影响："为了描述意识史中从紧敛到殊显化的真理的重大转变，我当时使用了'存在的飞跃'一语。'飞跃'一词，取自祁克果的Sprung。"[6] 在《恐惧与战栗》中，祁克果在分析亚伯拉罕杀子献祭的语境中提出了"信仰的飞跃"（leap of faith）的说法，而沃格林在分析以色列走向存在的飞跃的过程时也是将亚伯拉罕作为第一个标志性人物：

> 与耶和华所立之约显示了它自身的特殊性质。在亚伯兰的世俗处境中，正如我们所说的，没有任何变化。这个新的耶和华的领地还不是身在迦南的一个民族的政治秩序；当时它还没有越出亚伯兰的精神之外。这种秩序通过神的实在涌入人的精神而发源于此人，并且从这个原点扩展成为历史上的一个社会实体。在它发端的时候，它只是一个笃信神的人的生命；但是这个新的存在，建立在存在的飞跃的基础之上，孕育了未来。在亚伯兰的体验中，这个"未来"还没有被理解为来世——根据它的判断，人生活在他的现在。自然，耶和华的约已经是来世在时间中的闪现；但是作为超越的"未来"，其真正本质仍然被历史时刻上的一个辉煌的未来这种感觉上的类比所遮蔽。亚伯兰得到了神对于他将在迦南的领土上有无数后代并取得

---

〔6〕 沃格林：《自传体反思录》，第99页。

政治上的成功的应许。在这个意义上亚伯兰的体验是"未来主义"的。[7]

对于谁最初具有这种体验这个问题的解答将不得不依靠这个常识性的论据，即具有这种体验并且能够服从其权威的宗教人物不是天上掉下来的。把他的心灵向耶和华的话语敞开的那个人在精神上的敏感性，使这话语变成与当时的世界相对立的生存秩序所要求的信任和坚韧，以及把文明束缚的符号转变为神的解放的符号这种创造性的想象力——上述品质的结合是人类历史上伟大而罕见的事件之一。这个事件有一个名字就是亚伯兰。[8]

发生在亚伯拉罕心灵中的存在的飞跃，具体表现为与耶和华立约，相信耶和华的应许。这也就是我们一般所理解的朝向超越者的信仰。因此，存在的飞跃直接指向人对一个超越的神的信仰，或者说直接指向具体的人的超越性体验。如果关联于对人类多元文明的历史分析，那么，根据沃格林自己的看法，他在《秩序与历史》中提出的"存在的飞跃"，与雅斯贝尔斯在论述轴心时代时提出的"精神突破"（spiritual breakthrough）基本上具有同样的含义，尽管二者对人类多

---

[7]　沃格林：《以色列与启示》，第283–284页。
[8]　沃格林：《以色列与启示》，第285页。

元文明的历史分析存在着不小的差异。[9] 在《城邦的世界》的导论部分，沃格林明确引用了雅斯贝尔斯，基本上是将雅斯贝尔斯的"精神突破"与他所谓的"存在的飞跃"等同起来：

> 经由以色列先知和希腊哲学家，西方形成了存在的飞跃，这在佛陀的印度和老子、孔子的中国，都有平行的存在的飞跃。观察到这一点之后，这一理念就应运而生了。早在19世纪东方学家就已经观察到它了，当时还以为是文化传播的结果；到19世纪中叶，它就渗透到历史哲学家的著作中去了。今天，这种建构借

---

[9] 摩西·艾德尔（Moshe Idel）认为沃格林以宇宙之中的神与超越宇宙的神来刻画宗教发展的两个阶段的观点极有可能受到了犹太思想家革舜·索勒姆（Gershom Scholem）的影响。在出版于1941年的《犹太教神秘主义主流》一书中，索勒姆提出了宗教发展的三个阶段的观点，而沃格林的看法与他关于前两个阶段的看法非常接近，尽管也存在一些重要的差异。艾德尔指出，沃格林在《城邦的世界》中引用了索勒姆的这本书以及之前的另一本书，但极有可能在写作《以色列与启示》时就已经读过索勒姆的书。参见 Moshe Idel, "Voegelin's Israel and Revelation: Some Observations," in Glenn Hughes, Stephen A. McKnight and Geoffrey L. Price (eds.), *Politics, Order and History: Essays on the Work of Eric Voegelin*, Sheffield Academic Press, 2001, pp.299–326。鉴于沃格林的这个核心洞见至少在写作《新政治科学》之时已经确定，而提出类似观点的又不止一人，那么，也许更为妥当的结论是，以类似的两个阶段来理解宗教的历史发展大概代表犹太–基督教世界在这个问题上的一个较为普遍的倾向，其实质是以犹太–基督教传统中的宗教观念作为高级宗教的典范来理解宗教的历史发展。就以此类宗教进化论思想来构想某种普遍性的历史哲学来说，除了前面提到的雅斯贝尔斯，另外像黑格尔、汤因比等人都在同一行列，尽管各自的历史哲学构想仍呈现出种种差异。

助雅斯贝尔斯和汤因比的著作而大放异彩。[10]

在这个轴心时代，"人开始意识到宇宙、自身，也意识到自身的限度。他体验到了世界之可畏、自己之无能。他追问根本。他身处悬崖边缘，去争取自由，争取救赎。当意识到自己的限度，他就让自身成为最高目标，在自己内部的深奥中和超越的昭明中去体验绝对"。这个时代创造出了最根本的范畴，我们至今还根据它们来思考；这个时代奠定了世界宗教的基础，人们至今还赖之以生活。从各种意义上说，人类走向普遍。[11]

在研究轴心时代说的文献中，精神突破往往被刻画为"超越的突破"（transcendent breakthrough），如出身犹太裔的美国学者史华慈在1975年发表的论述轴心时代的文章就直接以"超越的时代"为标题，同样出身犹太裔的艾森斯塔特在1986年出版的著作《轴心时代文明的起源与多样性》中也强调了超越意识的出现对于理解轴心时代之特征的重要性。这一点当然是对雅斯贝尔斯关于轴心时代之特征的正确

---

〔10〕 沃格林：《城邦的世界》，第87–88页。沃格林也以历史哲学家为自我定位。

〔11〕 沃格林：《城邦的世界》，第88–89页。引文见雅斯贝尔斯：《论历史的起源与目标》，李雪涛译，华东师范大学出版社，2018年，第8–9页。引号后面的那段话其实也是雅斯贝尔斯的原文。

描述和解释，我们其实可以在沃格林这里更早地看到。上面引文中"与存在契合的人"与"心灵与未曾见过的神契合"说法稍异，其实都指向人的超越性体验这同一件事，即人的心灵与作为超越者的神的契合。在此意义上，心性论秩序就是基于超越性体验的秩序，而心灵，就是"超越的感枢"，或"存在体验的位点"。在此或许值得指出的是，在沃格林看来，不光以色列的启示的突破是基于超越性体验的秩序，希腊的哲学的突破，也是一种基于超越性体验的秩序。理由则是，超越的觉醒是发生在人的精神层面的心性论事件，故而也包含着人的觉醒，也就是说，与超越的突破相对应的，正是人的突破。这是我们理解超越的突破时必须注意的。[12]

由此可见，秩序的历史来自存在的飞跃，而存在的飞跃尽管作为文明进展到高级程度的一个标志，却是首先发生在某些具体个人的意识中。存在的飞跃以某种方式从某些具体个人的意识扩展到某个群体，进而影响到某个文明的形成，成为某个文明在高级程度上的标志，甚至影响到全人

---

〔12〕 沃格林曾明确谈到这一点："存在的飞跃，把神性存在体验为超越世界的，与把人理解为人性的是不可分割的。个人的心性作为超越的感枢必然与对超越的神的理解同步发展。"见沃格林：《以色列与启示》，第336页。张灏在《世界人文传统中的轴心时代》一文中曾对此有过辨析，也提到了史华慈和艾森斯塔特的观点，见张灏：《转型时代与幽暗意识》，任锋编校，上海人民出版社，2018年，第9页以下。另可参考我在对余英时《天人之际》一书的批评性书评《比较的陷阱与软性暴力》中的简要分析，载唐文明：《彝伦攸斁——中西古今张力中的儒家思想》，中国社会科学出版社，2019年。

类。因此，这个历史的过程也就是人类历史的秩序，只能从秩序的历史中得到理解。"历史的秩序来自秩序的历史"，出现在《以色列与启示》序言一开篇的这个纲领性的著名说法，背后隐含的意思正是以存在的飞跃为人类求索秩序的重要进程。在《天下时代》导言一开始，沃格林为了引出自己对前三卷的整体反思，对"历史的秩序来自秩序的历史"这句话做出了凝练而准确的概述，极有助于我们理解上的深化：

> 历史被视为一个对存在的秩序（人通过其生存参与其中）获得殊显化程度不断提升的洞见的过程。如果将人在社会中的生存的主要类型，以及与之相应的对秩序的各种符号化表达，按照它们的历史先后顺序加以呈现，那么，在这一过程中可被辨识出的那种秩序，其中包括对不断提升的殊显化的偏离与倒退，就将涌现。[13]

由存在的飞跃所带来的，首先是完全超越世界的神，而与之相对应的则是普遍人类或者说普遍人性。[14]因此我们说，既然沃格林始终以历史哲学家为自我定位，而普遍人性的觉悟或者说普遍人类的出现是历史意识成熟的标志，那

---

[13] 沃格林：《天下时代》，第47页。
[14] 在儒教传统中，孔子的"仁者爱人"就明显地表达了一种普遍人类的观念，而在孟子那里则更明确地出现了普遍人性的观念。

么，在《秩序与历史》前三卷所呈现出来的单线思考——这是他在第四卷所做的自我批评——就已经建构了一种普遍历史。[15]对于这种普遍历史在西方的呈现形态，沃格林曾有过非常清晰的表达：

> 以色列人的历史是最初的但不是最后的历史；它之后是基督教的历史，后者把它自身的形式拓展到以色列的过去中，并且通过圣奥古斯丁将其整合到它的神圣历史的符号体系之中。而且，与以色列的历史并行发生的，还有古希腊人同宇宙论形式的决裂，产生了作为在神之下新的生存形式的哲学；古希腊哲学的洪流进入了犹太–基督教的历史洪流之中，并且混合在一起。[16]

质言之，《秩序与历史》前三卷的核心观点其实是，秩序的历史开始于古代近东的宇宙论形式的文明，中经以色列和希腊的突破，最终汇合于基督教，呈现为由普世帝国的罗马与普世宗教的基督教会所构成的政教两极，而其思想上的完成形态无疑是奥古斯丁的《上帝之城》。当然，沃格林这

---

〔15〕 "在我当初设计研究计划时，我仍以一种惯常信念为指导。这种信念认为，将历史构想为一个有意义的、沿着一条单向时间路线前进的过程，这是以色列人和基督教徒取得的伟大成就，他们在创构这种历史观时深蒙那些启示事件的眷顾，而异教徒则因未获启示，永远无法摆脱时代循环论。"沃格林：《天下时代》，第54页。

〔16〕 沃格林：《以色列与启示》，第205页。

里在意的主要是基督教会，对"帝国因素"的高度重视是在《柏拉图与亚里士多德》之后才凸显出来的，尽管从一开始论述宇宙论形式的文明时这一主题就已经清晰地呈现出来了。而且，无论是从《秩序与历史》的前三卷还是后两卷，我们都能清楚地看到，沃格林一方面高度评价帝国这种政治组织形态在人类历史上的重要性，另一方面对帝国一直保留着强烈的批判态度。[17]

其实，在沃格林关于人类秩序与人类历史的研究规划中，奥古斯丁一直处于中心地位而发挥着奠基性的作用。阿塔纳西奥斯·莫拉卡斯在为《秩序与历史》第二卷的英文版所写的编者导言中曾明言，"沃格林与奥古斯丁的关系是显而易见的"。[18]在此我们通过梳理沃格林不同时期著作中论及奥古斯丁之处进一步申说此义。

就沃格林对历史与秩序的核心看法而言，奥古斯丁的重要意义在后来的《不朽：体验与符号》一文的一处论述中清晰地表露出来：

> 奥古斯丁就充分意识到，历史的结构和个人的生存结构是一样的；他毫不犹疑地反过来用历史的符号

---

〔17〕 叶颖2007年在北京大学完成的博士论文《普世秩序的多元表达——埃里克·沃格林与现代性背景下的帝国问题》聚焦于沃格林思想中的帝国问题。

〔18〕 沃格林：《城邦的世界》，第25页。

来表达呈现于个人张力状态中的实在。[19]

如前所述，沃格林的秩序哲学以一种关于人对自身的生存体验的结构分析——即他后来所谓的意识哲学——为基础，而其历史哲学又是以这种对意识的结构分析为基础。质言之，正是因为意识的结构呈现为从紧敛到殊显化的过程，从而历史的结构也呈现为从紧敛到殊显化的过程。对奥古斯丁的上述评论表明，秩序哲学虽然定型于柏拉图、亚里士多德，但奥古斯丁在其中也可能发挥了重要作用，尤其是就其中的历史哲学部分而言。

在较早的《政治观念史稿》第一卷《希腊化、罗马和早期基督教》中，奥古斯丁占据了最后一章，一开始的概括性评论是：

> 奥古斯丁是一位伟大的纪元性人物。他的生平和作品概括了罗马-基督教时代的四百年，而且标志着罗马-基督教时代的终结；他的作品是时代的终结，为西方基督教文明奠定了基础，直到今日仍是基督教思想的基础，对于天主教来说如此，而且由于它对路德和加尔文的影响，对于新教来说也如此。……作为基督教的政治学体系，《上帝之城》无论遭受了什么削弱，它

---

〔19〕 见恩伯莱、寇普编：《信仰与政治哲学：施特劳斯与沃格林通信集》，第279页。

> 仍是有关基督教政治生存的恢弘表达。[20]

认为奥古斯丁"为西方基督教文明奠定了基础",且"直到今日仍是基督教思想的基础",这种评价不可谓不高。沃格林对奥古斯丁的这一高度评价其实透露出,整个《政治观念史稿》正是以奥古斯丁的神圣历史建构为主脑的。[21]饶有意味的是,沃格林认为奥古斯丁的《上帝之城》,正是在"亚细亚的阴影"中写成的,而形成这一阴影的肇始性事件则是秦始皇统一中国:

> 建立在日耳曼诸部落大迁徙造就的种族基础上的西方文明,其根基与发生在亚洲的一些历史事件密不可分。驱使汪达尔人进入非洲以及西哥特人于410年洗劫罗马的巨大推动力,乃是基督纪元前221年秦始皇统一中国肇始的一系列历史事件最为西向的影响。中原帝国形成之后,长城以北的匈奴帝国也随之建立。截

---

[20] 沃格林:《希腊化、罗马和早期基督教》(《政治观念史稿》卷一),段保良译,华东师范大学出版社,2019年,第252—253页。

[21] 关于奥古斯丁的神圣历史建构,可参见吴飞:《心灵秩序与世界历史》,生活·读书·新知三联书店,2019年,第三部分。吴飞对奥古斯丁的思想持整体批评态度,原因是他将西方的现代性问题归罪于奥古斯丁,于是我们看到如下惊人论断:"现代西方的主要问题,必须由奥古斯丁来负责。他虽然保留下来了古典文明很多具体的遗产,但他终结了最重要的古典遗产,那就是希腊罗马的文明理想,而这恰恰是西方古典文明的灵魂。所以,他与古典文明的关系,我们概括为弑父娶母。"(见该书第496页)在我看来,这个论断对于奥古斯丁来说是不公平的。

至基督纪元1世纪末叶，两个帝国之间间歇性的战争以匈奴帝国的毁灭而告终；这便开启了北匈奴缓慢的西进运动，进而不断驱逐日耳曼诸部落，直到451年阿提拉在沙隆之战中落败才渐趋平息。这一事件在西方引发的伟大文学产物乃是《上帝之城》。圣奥古斯丁开始写作该书，是为了介入410年罗马陷落所引发的政治辩论；他在430年卒于希波，当时该城正处于汪达尔人的围攻之中。[22]

在《政治观念史稿》第六卷《革命与新科学》论述维柯的第三章，沃格林专门辟一小节论"维柯与圣奥古斯丁"，因为他注意到维柯为了"调和基督教神圣历史的普世意义与诸多文明世俗兴衰的有限意义"而"把'民族的'重演植入了奥古斯丁神圣历史的衰落期"。[23] 在其中我们的确看到了更为直接、清晰的表述，能够充分证明奥古斯丁的神圣历史建构在《政治观念史稿》中就已经是主导性的：

> 圣奥古斯丁的神圣历史本身是一次十分合理的尝试，它要在当时的历史知识基础上对人类精神史的一个关键时期进行体系性表述。以色列和基督教的历史

---

〔22〕 沃格林：《文艺复兴与宗教改革》(《政治观念史稿》卷四)，修订版，孔新峰译，华东师范大学出版社，2019年，第48–49页。

〔23〕 沃格林：《革命与新科学》(《政治观念史稿》卷六)，修订版，谢华育译，贺晴川校，华东师范大学出版社，2019年，第139页。

确实就是这样一个划定完好的阶段。小亚细亚曾经出现过许多游牧民族和神殿国家，但只有在一个例子中，历史上那里实现了精神的突破，而它就是由希伯来、以色列和犹太教相继承载下来的。同时，那里也出现不止一个高级宗教，但也只是在一个例子中，历史上在那里实现了逻各斯为人的罪孽而受难的代表。即便在今天，科学的进步使我们能在比奥古斯丁更为广阔的背景下看待以色列和基督教的历史，但人们理论上也提不出什么反对意见来批评这样的计划：它把宗教意识的演化作为人类的精神历史中最重要的事件分离出来，并且把它与各种文明的世俗进程区别开来。[24]

"把宗教意识的演化作为人类的精神历史中最重要的事件分离出来，并且把它与各种文明的世俗进程区别开来"，这个表述提供了一个极为重要的线索，表明了沃格林从《政治观念史稿》到《秩序与历史》始终不变的基本思路。就人类普遍历史的西方体验而言，基督的出现是人类普遍历史的顶峰，而基督之后的民族的历史进程就只能被归为神圣历史的"衰落期"。这种将奥古斯丁的历史哲学应用于奥古斯丁之后的历史阶段的做法，已经被维柯使用过，也规定了沃格林评判西方文明中古今巨变这一历史性断裂的基本尺度，诚如库珀在为《革命与新科学》所写的英文版导言中所概括的那样：

---

〔24〕 沃格林：《革命与新科学》，第142页。

神圣历史和世俗历史的两座城和两种爱彼此间存在着张力，这是奥古斯丁创造的召唤性观念，而维柯复兴了奥古斯丁的这一创举，这复兴本身就是一种重要的智识成就和灵性成就。此外，维柯用一种历史哲学的形式展现他的洞察，以此解释了奥古斯丁在文明周期中的地位；这既是因为他理解了衰落期（saeculum senescens）这个基督之后的时代，也是因为后来的人抛弃了奥古斯丁理解中所表达的观点。维柯在奥古斯丁非凡的召唤或自我解释之外，还加入了批判性解释的维度，而沃格林能挪用这一维度，在稍作改变后将其融入他自己的政治科学中。[25]

在《新政治科学》中，沃格林基于"一个世界历史范围内的文明循环的概念"来刻画灵知主义的世界历史后果，在其中基督的出现标志着这个文明大循环的顶点，也就是说，这是基于对以基督教为内核的西方文明的高度认可而做出的一个世界历史刻画：

西方社会中的灵知主义生长的独特的、压迫性的后果，暗示了一个世界历史范围内的文明循环的概念。一个超越各单一文明之循环的大循环的轮廓逐渐显现。这个循环的顶点以基督的出现为标志，前基督

---

[25] 沃格林：《革命与新科学》，第24–25页。

教的各高级文明构成它的上升的分支；现代的灵知主义文明构成它的下降的分支。前基督教的高级文明从体验的紧敛向心灵殊显化为感受超越的中枢推进；在地中海文明区，这个演化通过逻各斯在历史中的启示而达到了殊显化的极致。鉴于前基督教的文明向这个降临之极大值推进，它们的动向或许可称为"降临性的"。现代灵知主义文明与殊显化的趋向背道而驰，鉴于它是从最大值退却，它的动向或许可称为"退却性的"。……现代灵知主义迄今未耗尽它的动力。相反，在马克思主义的变种中，灵知主义把它的影响区域极大地扩张到亚洲，而灵知主义的其他变种，诸如进步主义、实证主义和科学主义，在"西方化"和落后国家的发展的名目下，渗透到了其他地区。可以说，在西方社会自身这一动力还没有耗尽，相反我们自己的"西方化"仍在有增无已。[26]

如前所述，奥古斯丁以"衰落期"来刻画后基督时代；而从这一点正可见到沃格林将现代厘定为灵知主义背离的思想基础。质言之，奥古斯丁的神圣历史建构正是沃格林批判现代性的思想基础和有力武器。尤尔根·戈布哈特在评论《新政治科学》中的这一主要观点时就明确点出了奥古斯丁的重要性："本书可以理解为一位奥古斯丁基督教徒的著作，他的

---

〔26〕 沃格林：《新政治科学》，第170页。

用意是重申奥古斯丁意义上的基督教秩序观念，直面灵知主义的异端邪说。"[27]而沃格林将基督的出现理解为世界历史大循环的顶点，可以说是十足的维柯式的看法。[28]

我们还可以非常直观地看到，沃格林将奥古斯丁《论真信仰》中的一句话写在了《秩序与历史》每一卷的扉页上，提示这项研究一直接受奥古斯丁的这个智识指引："对上帝所造之物的研究不应该运用徒劳而摧毁性的好奇心，而是应该朝着不朽而永恒的事物上升。"[29]如果我们对于沃格林的思想已经具有一定程度的熟悉，那么，一定能够感受到这句话正反两方面的寓意："徒劳而摧毁性的好奇心"是一个批评性的指引，矛头指向比如说被灵知主义俘虏了的现代历史哲学家，"朝着不朽而永恒的事物上升"则是一个建设性的指引，暗示着这个研究规划的思想归宿正是说出这个指引的那位伟大的历史哲学家。

更为直白的宣示出现在《城邦的世界》的导论中。在其中，沃格林特别谈到了伏尔泰以来对"奥古斯丁的历史建

---

[27] 转引自莫拉卡斯为《城邦的世界》所写的编者导言，见沃格林：《城邦的世界》，第25页。原文见 Jürgen Gebhardt, "The Vocation of the Scholar," in *International and Interdisciplinary Perspectives on Eric Voegelin*, eds. Stephen A. McKnight and Geoffrey L. Price, University of Missouri Press, 1997, pp.14-16。

[28] 《新政治科学》原本作为演讲所定标题为"真理与代表"，出版时题名为"新政治科学"（直译即"政治的新科学"），就是将这一著作直接关联于维柯的《新科学》，摆明了向维柯致敬，参见 Barry Cooper, *Eric Voegelin and the Foundations of Modern Political Science*, chapter 9, "Vico and the New Science of Politics," University of Missouri, 1999。

[29] 见《秩序与历史》各卷扉页。

构"的大肆攻击以及后来者在奥古斯丁的神圣历史建构"崩溃的废墟中"所提出的几种修正方案，前提当然是奥古斯丁的历史建构代表着西方人正统的历史意识。以至于莫拉卡斯在《城邦的世界》的编者导言中如是描述《秩序与历史》前三卷的"本来目标"：

> 《新政治科学》与在前三卷中所执行的《秩序与历史》的本来目标，其创新之处就在于重新皈依一个古老的传统。沃格林与奥古斯丁的关系是显而易见的，《秩序与历史》每一卷的卷首语，就是明证。……往大处说，沃格林力求使奥古斯丁那个超越王权兴衰的"神圣历史"概念，适应现代科学所提供的辽阔的历史地平线和历史资料财富。在他的新政治科学中，沃格林加入了基督教的新柏拉图主义传统，据他看来，希腊思想中最深刻的见解，与基督教神学的信条，从根本上是一致的。[30]

沃格林认为，伏尔泰从现象层面攻击奥古斯丁神圣历史建构虽然在一定程度上有效，但他企图代之以18世纪资产阶级的进步主义灵知则忽视了一个根本的问题，即普遍人类只能"通过上帝之下的在场的秩序体验来构建"，而这意味着普遍人类在历史上只能首先出现在西方。于是不难理解

---

〔30〕 见沃格林：《城邦的世界》，第25–26页。

沃格林在后面分析雅斯贝尔斯等人的观点时会断然否认有"非西方的历史哲学",且对历史哲学中的西方中心论做出了无比强势的辩护:

> 还有一个铁一般的事实,那就是历史哲学其实只是在西方兴起的。不存在什么非西方的历史哲学这回事。因为,历史哲学只能在一种地方兴起,在那里,人类由于在上帝之下的在场的生存而成为历史的。……历史哲学家不可能抛弃作为立场和标准的西方中心论,因为拿不出什么可以替代的东西。只要有人,就有历史,但历史哲学就是一个西方符号。[31]

"作为立场和标准的西方中心论",其典范性论述就是奥古斯丁的《上帝之城》,尽管沃格林认为奥古斯丁的论述仍有重要缺陷。[32]且关联于后来的著作而言,即使这种西方中心论色彩在《天下时代》中有较大程度的弱化乃至克服,其核心

---

〔31〕 沃格林:《城邦的世界》,第91、92页。当然,在此应当指出,沃格林对西方中心论的坚持,是出于理智的严谨,那种产生于宽容之名下的泛滥无所归的多元文明立场,正被沃格林批评为一种堕落:"每一个社会,无论它的秩序体验和秩序符号游弋于紧敛或殊显化的哪一种水平,都是为与存在的秩序相调适而奋战。然而,这种尊重,不能堕落为一种宽容,无视在追求真理和眼界方面存在的档次差异。"

〔32〕 除了在现象层面"广度不够"的批评之外,沃格林还提到奥古斯丁因"一成不变地沿袭"保罗的历史诠释方法而带来的缺陷,即基于神圣历史建构而对希腊、罗马的历史的贬低。这些批评延续了沃格林在《革命与新科学》中论及维柯与奥古斯丁时对奥古斯丁的批评。

论点并未发生根本性的改变。

　　至于沃格林何以认为以柏拉图为代表的希腊哲学与基督教神学的信条在根本上是一致的，也与奥古斯丁——这位基督教的柏拉图主义者——的影响有直接关系。我们知道，瓦罗将相对于基督教神学的异教神学区分为神话神学、城邦神学与自然神学三种。在《上帝之城》中，奥古斯丁接过这一区分，基于基督教的启示神学或所谓超自然神学对这三种异教神学分别做了批判性分析。奥古斯丁大力批判来自诗人的神话神学和城邦神学，认为"两者都下流，两者都该诅咒"，而对来自哲学家的自然神学则多有肯定，认为从自然哲学、道德哲学和逻辑学这三个部分都能看到，柏拉图所主张的是"与基督教所信仰的真理最为接近的哲学"。[33]可以

---

〔33〕奥古斯丁将神话神学与城邦神学关联起来加以批判，从如下这一段引文中可以见到其力度："前者播种诸神的虚伪下流的虚构故事，后者兴奋地收获；前者抛撒那些谎言，后者收集起来；前者在虚伪的罪行中追踪神事，后者把对他们的罪恶表演当成神事；前者虚构诸神的恶心故事，写进人间的诗歌，歌之咏之；后者把这些搬上献给诸神的庆典，舞之蹈之；诸神的下流行径，前者唱，后者爱；前者展览或虚构的东西，后者或是证实为真，或是明知为假也乐此不疲。"见奥古斯丁：《上帝之城》（上册），吴飞译，上海三联书店，2022年，第271页。奥古斯丁对柏拉图哲学的肯定见于《上帝之城》第八卷，简而言之，奥古斯丁是将柏拉图的哲思体验与摩西的信仰体验相提并论，在此我们继续引用莫拉卡斯在《城邦的世界》的编者导言中的话仍是非常合适的："对始于奥古斯丁的基督教柏拉图主义来说，柏拉图的宗教体验与摩西的没有实质区别。……奥古斯丁在《蒂迈欧篇》与《创世记》之间发现了一种对应关系。更根本的是，上帝回答摩西，'我自有永有'，这一回答所表达的难以言传的存在大全，据奥古斯丁说，正是柏拉图'热烈拥护、不遗余力去传播的信条'。因为，柏拉图坚持'与真正的存在相比，一切顺应〔转下页〕

说，沃格林正是以同样的方式"力图将希伯来和希腊对存在秩序的见识画上等号"的，尽管他并不像奥古斯丁那样的基督教卫道士完全站在基督教信仰的立场上。

莫拉卡斯已经指出，奥古斯丁对三种神学的批判性分析其实是沃格林"反复兜来兜去的重要主题"。[34]那么，如果将奥古斯丁基于基督教的启示神学或超自然神学而对三种异教神学的批判性分析与沃格林对人类追求秩序真理之历史进展的看法关联起来，我们能有什么发现呢？不难看到，被奥古斯丁所大力批判的神话神学和城邦神学，往往与宇宙论秩序及其紊乱乃至崩溃的历史体验有关，而哲学家的自然神学和基督教的启示神学或超自然神学，则是经历了存在的飞跃的心性论秩序的明确表达。在这个意义上，奥古斯丁对神话神学和城邦神学的批判，就不是仅仅在基督教信仰的立场上而被理解，用沃格林的术语来说，这种批判的背后其实表明了，不同类型的秩序的差异最为清晰地表现在对神的体验方式的差异上，而其中的进步与倒退的关系也正可以从中清晰地观察到。

从《秩序与历史》前三卷出版的1957年到第四卷出版的1974年，有长达17年之久。其间沃格林在1966年出版的

[接上页] 变化而创造出来的东西都是非存在'。哲学家，从词源学上，意思是爱智者，用柏拉图的话来说就是爱上帝者，这样，对奥古斯丁来说，柏拉图就可以跟摩西相提并论了。"见沃格林：《城邦的世界》，第27页。

〔34〕 沃格林：《城邦的世界》，第25页。

《记忆》一书对于我们理解沃格林政治思想史研究的哲学底色以及他从《秩序与历史》前三卷到第四卷的思想变化具有重要意义，正如我们前面已经提及的。在该书的前言中，沃格林以概述柏拉图从早期到后期的对话中关于回忆的洞见作为破题，其总结性的要点是：

> 回忆得以展开为某种关于意识的哲学：意识出于——被意识到与未被意识到，知识的潜在与知识的显在，知晓与遗忘，个人、社会以及历史生存中的有序与无序——这些张力中；回忆亦得以展开为某种符号哲学，在其中，上面所说的那些张力寻获其言说层面的表达。不过，人关于他自身相对于神性存在根基之张力的知识，仍然是那具体的意识的中心点：被回忆的，乃是那些起源、那些开端，还有人当下生存之秩序诸根基。[35]

沃格林在这个前言里想要表明的是，"回忆"是一个柏拉图式的主题，因为正是"柏拉图让秩序哲学处于'回忆'这一符号的主导之下"，[36]而其目的正是要阐明一种为历史哲学奠基的意识哲学以及与这种意识哲学相关的符号哲学。从上述引文最后那个重要的转折可以看到，张力的一方是生存着

---

〔35〕 沃格林：《记忆》，第8页。
〔36〕 沃格林：《记忆》，第6页。

的个人的具体的意识，另一方则是作为人的生存根基的神性存在。也就是说，如果回忆在知晓与遗忘的张力中运作，那么，回忆首先表现为人对作为其生存根基的神性存在的回忆，而其前提当然就是人对作为其生存根基的神性存在的遗忘。如果说在柏拉图那里这一点尚未呈现为明显的形态，那么，在基督教思想家那里，尤其是在他们对于"沉思"概念的理解中，这一点被清晰地呈现出来了。这就是沃格林引用《无知之云》作者的那句妙语所要表达的一个主要意思：

> 你必须将神的所有造物都埋葬在遗忘之云中，如此，思慕之心方得直指神本身。[37]

通过回忆以消除世界的内容，以便达到超越的极点，这正是奥古斯丁所说的通过回忆"让自身的思慕之心指向神"。我们知道，阿伦特在她的博士论文《爱与奥古斯丁》中，正是通过对奥古斯丁关于回忆的沉思的论述，提出了一个与"必死性"（mortality）相对的"降生性"（natality）概念。人的回忆首先意味着人思及自身的降生，也就是思及自身的被造，因此，人通过回忆，就首先朝向了让自己降生的造物主。人朝向让自己降生的造物主，也就意味着人回归到让自己降生的造物主那里，因此，回忆也就是回归，且这种回归造物主的行动也意味着人向自身的回归。人只有在这个意义

---

〔37〕 沃格林：《记忆》，第25–26页。

上理解自己的降生性，才能真正理解自己的本性，从而才能真正从必死性的焦虑中摆脱出来。[38]

以上分析表明，沃格林意识哲学中的回忆主题，不仅是柏拉图式的，更是奥古斯丁式的。上述沃格林对《无知之云》的引用见于《记忆》中所收的沃格林在1943年写给舒茨的信，其语境是批评胡塞尔在解读"笛卡尔的沉思"时所存在的重大缺陷。由此可以看到，沃格林对奥古斯丁式的回忆主题的领会与认同，发端很早，也被沃格林认为是他在自己的沉思道路上获得"决定性突破"的第一个关键时刻。[39]对于胡塞尔对笛卡尔的沉思的解读，沃格林最终仍是以奥古斯丁为衡定标准，因为他认为笛卡尔的沉思本质上仍是"奥古斯丁式的沉思"，尽管其中呈现出一些新东西：

> 故而，笛卡尔的我思有三重意涵，胡塞尔正确地识别出了两个：（甲）先验自我：它朝向世界之内容，其思慕之心在思中指向所思之内容；（乙）心理学自我，即作为世界之内容的心思：笛卡尔——胡塞尔批评得正确——让它溜进了先验自我。胡塞尔没有看到的，是"自我"的第三层意涵，而且这层意涵是前

---

[38] 阿伦特：《爱与奥古斯丁》，J.V.斯考特、J.C.斯塔克编，王寅丽、池伟添译，漓江出版社，2019年，第99页。中译本将"natality"译为"诞生性"，我建议译为"降生性"，以凸显其垂直感。

[39] "明确表达'决定性突破'的那些研究写于1943年，它们源自与舒茨的通信，迄今尚未发表。"见沃格林：《记忆》，第2页。

两者的基础。那就是奥古斯丁所谓的灵之灵这个意义上的"自我"，其思慕之心并非指向我思，而是指向超越。在第三层意涵上，沉思之过程取得了其基本意义。在奥古斯丁的思慕之心这一超越意涵中，"自我"同时确信其自身与神（不是教条论意义上的神，而是神秘的、直达根基之超越这种意义上的神）。胡塞尔意义上的自我论界域及其指向相反方向的思慕之心，只能仰赖此种确证之奠基——不管此种确证的思辨在形而上学层面采用了何种形式。[40]

---

[40] 沃格林：《记忆》，第29页。当然这并不意味着沃格林对笛卡尔的沉思在根本上持肯定态度，事实恰好相反，从后来的著作看，沃格林对笛卡尔的沉思有着非常尖锐的批评。特别是在发表于1971年的《福音与文化》一文中，对应于这里所提到的"我思的三重意涵"，沃格林说："确实，《沉思》仍然属于探寻的文化，但笛卡尔已经扭曲了这种运动，因为他将运动的参与者实体化，使之成为阿基米德式的观察者关注的对象，而这些观察者是站在这探问之外的。在充满了新式教条主义的形而上学的脑海中，那个把自己作为发问者加以体验的人，已经转变成了能思者，其存在必须从他的认知活动中推知；而那神，我们期盼并等待着他回答的神，他也变成了对象以便于对其存在进行存在论的证明。这种探寻的运动，更进一步说，对在神与人的间际性关系中存在的意欲，已经变成了一种意图证明其对象的认知活动；理性生活的启明性已经转变为推理的清晰性。这样，探寻的实在在《沉思》中遭支离，而其中的三个幽灵获得了自由，它们萦绕着西方世界直至今日。第一个幽灵，是那被抛到探问之外的神，他不再被允许回答问题：他处于从理性生活中退隐的状态下，已经凋零为非理性信仰的对象；在一个适当的间歇时刻，他被宣布已经死了。外在于这种运动的阿基米德式的观察者，他的认知活动是第二个幽灵：它已经肿胀成为一个具有黑格尔式的意识的怪物，正是这种意识造就了它自己的神、人和历史。最后一个幽灵是笛卡尔式的'我思故我在'中的那个人：他已凄惨地堕落于这个世界，如他所是的那样，他被简化为萨特的'我在故我思'中的事实与形象；[转下页]

对胡塞尔的批评最后被归结为，"他走上了……内在这条道路，且极其小心地为自身阻断了与超越相关的哲学问题"，而正是那些与超越相关的哲学问题"才是哲学的决定性问题"。[41] 如果说哲学意味着反思，也意味着沉思，而后者更是受到哲学影响的基督教世界的一个历史现象，那么，反思理应抵达沉思就是不言而喻的。质言之，在反思抵达沉思之处，反思才能摆脱单纯的破坏与逃离而走向更为积极的确认与挺立，这恰恰是因为，"在沉思的顶点，意识的思慕之心并非通过所思对象性地朝向世界之内容，而是非对象性地朝向超越的存在根基"。[42] 既然《记忆》一书的重要命意正是人对超越的存在根基的思慕之心，那么，我们就可以说，柏拉图的回忆说只有通过奥古斯丁的回忆说才能呈现出其最重要的意涵，从而为新的意识哲学奠基。实际上，从《记忆》的前言中不难看出，《记忆》就是沃格林对自己的沉思所做的一份记录，或者更具体地说是沃格林继承柏拉图和奥古斯丁而对自己的沉思所做的一份记录。

奥古斯丁式的沉思将人引向上帝，而这意味着人的双

[接上页] 那个曾经不仅可以证明其自身，甚至可以证明神的存在的人，现在已经变成了这样一个人，他被判定为自由，并且迫切希望自己因为编写一本刊物而被捕。"见恩伯莱、寇普编《信仰与政治哲学：施特劳斯与沃格林通信集》，第199–200页。

[41] 沃格林：《记忆》，第30页。

[42] 沃格林：《记忆》，第53页。在儒教传统中，我们可以从孟子评论舜时所说的"大孝终身慕父母"中看到这种指向超越的存在根基的思慕之心，特别之处在于，这种指向超越的存在根基的思慕之心首先落实于父母之身，参见唐文明：《仁感与应应》，载《哲学动态》2020年第3期。

重回归：回归上帝与回归本真的自我。通过这双重回归，人就成为一种新的存在类型，在奥古斯丁的基督教信徒体验中就是由爱、望、信所建构起来的新人格。[43] 在沃格林看来，这种新人格，正代表着历史性生存所达到的那种普遍性的人类。在《天下时代》中，这种新人格是通过对天下时代的历史主体的身份问题来思考的。而沃格林明确指出，对西方天下时代的历史主体的身份问题的思考，正是"在圣奥古斯丁那里达到顶点"：

> 他将朝向对神的爱的运动辨识为在生存中逃离现实层面的权力世界——他开始离开，也开始爱——并因此将上帝之城与世俗之城的"混合"视为历史的间际性实在。不过，在他撰写《上帝之城》时，他的那些伟大洞见从属于一种历史溯源论模式，它的单线历史在教会和罗马帝国的双重天下主义中来到其富有意义的终点。除开他当下的双重天下主义以外，历史别无意义，不过是等待那些终末事件的到来而已。[44]

---

[43] 沃格林指出，"信、望、爱"的神学美德在希腊体验中有其等价物，比如，在亚里士多德的伦理思想中，相应的等价物作为"生存的美德"，依次是明智、不朽与友爱。沃格林：《不朽：体验与符号》，见恩伯莱、寇普编《信仰与政治哲学：施特劳斯与沃格林通信集》，第293页。在儒教传统中，也不难找到类似的等价物，依次是诚、和、仁，依照传统的符号化方式可称之为天德。

[44] 沃格林：《天下时代》，第252页。

基于爱上帝而建立起的爱的共同体就是教会，而生活在这种灵性共同体中的就是具有普遍意义的人，而这也意味着秩序的历史发展到了终点。从历史的秩序来看，超越性体验作为一项历史的成就意味着身处其中的人为自己迎来了新神，从而也为历史迎来了与新神相对应的新人和新秩序。奥古斯丁的双重天下主义之所以成为历史秩序的终点，要点正在于这种新神（基督）、新人（基督教徒）和新秩序（教会）的诞生。

在《天下时代》第五章，关联于"意识的平衡"在作为神显体验的历史中的重要性，沃格林将保罗的灵性神显与柏拉图的智性神显对照阐释，认为在保罗的"复活者异象"中呈现出来的终末论意识更容易走向失衡，从而更容易走向颠覆性的自暴（egophany）之路，亦即灵知主义式的偏离之路，且颇有以柏拉图式的哲学来保护、成全保罗–奥古斯丁式的终末论意识从而使其不偏离于中庸之道的意思。[45]

因此，从历史哲学的角度看，沃格林的"秩序与历史"的研究规划，其实质意旨是在现代处境下重构奥古斯丁的双重天下主义，通过回忆唤起出现在西方古典文明中的正确的历史意识。至于这种重构背后的处境意识和现实关切，沃格林曾通过揭示斯宾格勒和汤因比的文明循环论背后的生存焦虑来说明：

> 斯宾格勒–汤因比的理论……揭示了对于我们的

---

[45] 参见 Bruce Douglass, "The Break in Voegelin's Program," in *Political Science Reviewer* 7 (1977)。

时代而言，历史正处在被文明的循环吞噬的边缘。对于文明衰落的担忧，根源在于被这种可能性——即如果人和社会颠倒了存在中的飞跃，并且抛弃了在神之下的生存，那么历史的形式，正如它可以获得的那样，也同样可以丧失——所激起的焦虑。固然，只要这种担忧激发起史学的极大进取心，那么历史的形式就没有丧失——至少没有完全丧失；但是当文明的机制极其野蛮地占据了最显著的地位，而正在浮现的历史是如此彻底以至于它实际上使历史变得没有意义，因为历史正在从文明中逃离。[46]

此处的"历史"，直接指向"一个社会的内在形式"，具体到最终以基督教的形式而被希腊和希伯来共同规定了的西方，关联于超越性体验的生存张力正是构成这一历史形式的社会秩序的精神根源，而让沃格林感到忧心的是，这一历史形式的社会秩序在同样关联于超越性体验的灵知主义的鼓动下已经发生了严重的偏离乃至有完全丧失的危险。这是沃格林在1952年的《新政治科学》中就已经对西方现代性所做出的总体诊断，表达了沃格林作为一个生活在现代的欧洲人对于欧洲文明和人类未来的最为强烈的智识关切。[47]

---

〔46〕 沃格林：《以色列与启示》，第208–209页。

〔47〕 "《新政治科学》乃是《秩序与历史》的绪论。"这是桑多兹为《秩序与历史》第五卷《求索秩序》所写的导言中所说，见沃格林：《求索秩序》，徐志跃译，译林出版社，2018年，第21页。

通过以上对奥古斯丁在沃格林思想中的重要地位的扼要梳理，可以看出，作为一个历史哲学家的沃格林的核心看法，早在《政治观念史稿》中已大体形成。从《政治观念史稿》到《秩序与历史》，中经《新政治科学》，沃格林的思想虽然呈现出一些明显的转变，且在《秩序与历史》前三卷和第四卷之间也呈现出一些更为重大的转变，但奥古斯丁式的历史哲学作为核心信念在沃格林的思想中始终未变。

第三章 《秩序与历史》前三卷中的
中国文明问题

基于以基督为绝对新纪元、以罗马-基督教的政教两极为最高峰这一奥古斯丁式的历史意识，中国文明在沃格林"秩序与历史"这一研究计划中自然谈不上有什么重要性。从沃格林关于人类社会的秩序与历史的核心思想看，无论是宇宙论秩序还是心性论秩序，中国文明都不具有那种鲜明的代表性和典型性。因此我们看到，在《秩序与历史》前三卷，作为宇宙论秩序代表的是古代近东帝国诸文明，占据了第一卷第一部分共三章的篇幅，而中国文明并未被作为一个专门的主题来探讨，只是在一些论述语境中出于"比较的目的"而被零散地提及。相比之下，即使是在《天下时代》中，沃格林因为思想的转变承认人类历史上有两个天下的存在，从而专门辟一章来论述中国文明，中国文明在沃格林"秩序与历史"论述中的边缘性地位也并未发生根本性的改变。当然，造成这种局面的一个重要因素是沃格林对中国文明的了解程度有限。

对于我们而言，如果我们充分意识到了沃格林思想的重要性，甚至高度认可桑多兹所说的正在或即将到来的政治思想史研究领域中的"沃格林革命"，那么，我们自然会关心沃格林怎样看待中国文明的问题，也自然会关心从沃格林的思想立场怎样看待中国文明的问题。虽然说《秩序与历史》前三卷只是在比较的语境中零星地提及中国文明，没有给予哪怕是一章的篇幅来专门讨论中国文明，但是，从这些零星的提及中我们还是能够清晰地勾勒出沃格林这一时期对于中国文明的整体看法。

沃格林将"存在的飞跃"理解为使得人类社会从宇宙论秩序转向心性论秩序的突破性的精神事件，且继承雅斯贝尔斯的看法，认为在中国文明中也发生了"平行的存在的飞跃"。如果仅就此推论，那么，他应当得出的结论就是，中国文明在其形成时所达到的秩序一定属于心性论秩序，而不是宇宙论秩序。但有充分的证据表明，在《秩序与历史》前三卷，沃格林基本上将中国文明断言为一种宇宙论秩序的文明。于是问题就是，沃格林对中国文明的断言是否存在矛盾？更直接地说，既然认为中国文明经历了存在的飞跃，而宇宙论秩序是没有经历存在的飞跃的各种文明的根本特征，那么，为什么又断言中国文明是一种宇宙论秩序的文明呢？这就是我所谓的《秩序与历史》中的中国文明问题。

在回答这一问题之前，让我们首先来看看沃格林在《秩序与历史》前三卷中是如何断言中国文明是一种宇宙论秩序的文明的。也就是说，我们首先需要分析沃格林所提出的、他认为能够支持这种断言的那些理据。

关于宇宙论秩序的符号化特征，沃格林在《以色列与启示》中有非常清晰的论述：

严格意义上的宇宙论符号化可以定义为通过宇宙类比的方式对政治秩序进行符号化。人和社会的生活被体验为这样的情景：决定宇宙的存在的力量同样决定着人和社会；宇宙类比既表达出这种知识，又将社会秩序整合入宇宙秩序之中。季节的节律、动植物生命中的繁殖力节律以及这些节律所依赖的天体运行，都必须被理解为类比的秩序。[1]

而更早时在《新政治科学》中，沃格林就基于他那个独特的代表概念而对宇宙论秩序及其对应的文明进行过清晰的描述，其中提到了"早期中国文献《尚书》"：

所有的早期帝国，无论近东还是远东，都把自身理解为一种超越的宇宙秩序的代表，它们中有些甚至把这一秩序理解为"真理"。无论人们从最早的中国文献《尚书》中还是从埃及、巴比伦、亚述或波斯等地的铭文中，都会无一例外地发现帝国秩序被解释为以人类社会为中介的宇宙秩序的代表。帝国是一个宇宙的类似物，一个反映大全世界之秩序的小世界。统治成为一种任务，其目的在于确保社会秩序与宇宙秩序相和谐；帝国的疆域以类比的方式代表着世界及其四方；帝国的伟大仪式代表着宇宙的节律；节日和祭祀

---

〔1〕　沃格林：《以色列与启示》，第85页。

是一种宇宙性礼仪（cosmic liturgy），一种对宇宙中的小宇宙（cosmion）的象征性参与；统治者自身代表社会，因为他代表在地上维持宇宙秩序的超越性权力。这样一来，"小宇宙"这一术语就获得了一种新的意义成分，成为宇宙的代表。[2]

《春秋》一开篇的经文是："隐公元年，春，王正月。"《公羊传》解释说："元年者何？君之始年也。春者何？岁之始也。王者孰谓？谓文王也。曷为先言王而后言正月？王正月也。何言乎王正月？大一统也。"即使不去结合董仲舒关于《春秋》"以元统天"的诠释，也能看到，"大一统"的政治秩序正是通过宇宙秩序的类比而表达的。[3]也就是说，乍看之下，我们也很容易同意沃格林的断言，即认为中国文明无论是在早期还是经过了周秦巨变之后，都是一种宇宙论秩序的文明。总结一下会发现，在《秩序与历史》前三卷，关于中国文明在1912年之前一直停留于宇宙论秩序的断言，沃格林分别从地理符号、政治符号和教化符号三个方面进行了论述和分析。

在《以色列与启示》中论述美索不达米亚的第一章，为了刻画宇宙论文明的特点，沃格林依据古代文献特别拎出一个"脐点"的概念。脐点"意为世界的中心，存在的超越

---

〔2〕　沃格林：《新政治科学》，第58页。
〔3〕　以元统天的思想来源是《易传》。

力量正是从这里流入社会秩序"，更具体地说，脐点是指宇宙与帝国这"两个独立的部分之间的物理连接点，亦即存在之流从宇宙进入帝国的接点"。[4] 在拎出脐点概念之后，沃格林不厌其烦地列举了希腊、巴比伦、苏美尔、以色列以及罗马等不同地区的文明中所具有或残留的实例来说明，最后提到了中国文明中的"中国"这个符号：

> 最后，为了强调脐点在各个宇宙论文明中的典型表现，我们应当想到中国人采用的符号"中国"（Chung Kuo）。它代表中央领地及国王所在地。"中国"被次等地位的封建诸侯国所环绕，后者又被蛮夷部落所环绕。在周朝早期，"中国"专指王室领地，而在秦汉两代，它的含义则转而指统一了的帝国，人类的其余部分作为野蛮的外部区域环绕着它。[5]

虽然对"中国"这个中国文明中的地理符号的分析是在论述美索不达米亚诸帝国时作为类似的参照提出来的，但是，按照他的文明优劣标准，沃格林实际上对"中国"这个

---

〔4〕 沃格林：《以色列与启示》，第72页。伊利亚德在提到比较宗教史上表达神圣与世俗两界的通道的符号时使用了"地球的肚脐"等类似说法，见伊利亚德：《神圣与世俗》，王建光译，华夏出版社，2002年，第12页。

〔5〕 沃格林：《以色列与启示》，第74页。伊利亚德也论述过类似观点。最符合伊利亚德的脐点概念的中国表述可能是屈原《天问》中的"昆仑悬圃"："昆仑悬圃，其尻安在？增城九重，其高几里？四方之门，其谁从焉？西北辟启，何气通焉？"

符号的评价更高。"美索不达米亚的各种符号十分刻板，很少有殊显化体验的痕迹，故而最适合用来阐述宇宙论神话中的典型要素。"[6] 相比之下，中国文明中的各种符号，虽然仍未彻底摆脱紧敛的宇宙论秩序，但在朝向突破宇宙论秩序的方向上已呈现出明显的迹象。在分析《申命记》所描述的从西奈山神谕中浮现出来的新秩序时，沃格林评论说，这"不只是以色列的秩序，而是全人类的秩序，以类比的方式通过一个帝国的符号加以表达，该秩序以王室领地为中心，周围环绕着各个行省。那正是使这种新的神意安排为一个民族——该民族即将与埃及及其宇宙论符号相决裂——所理解而要求的语言"。[7] 正是在此处他加了一个注，在注中又一次提到了"中国"这个符号，认为"中国"这个符号所表达的秩序与摩西在西奈山上所领受的帝国新秩序虽然都属于宇宙论符号，但也都达到典范性纯度（prototypical purity）：

> 这种建构，虽然乃是所有宇宙论帝国的典型特征，但也都达到了典范性纯度。后来中国人的"中国"概念，即位于中央的领土，也达到了一种类似的纯度。

沃格林将"中国"这个符号作为宇宙论意义上的脐点无疑是有道理的，而且他还明确指出，虽然经历了周秦之

---

〔6〕　沃格林:《以色列与启示》，第57页。

〔7〕　沃格林:《以色列与启示》，第572页。

变，"中国"这个符号作为宇宙论意义上的脐点这一点并没有改变。沃格林将"中国"这个符号与《申命记》中的"以色列"这个符号相提并论，认为二者所表达的秩序都处在即将与宇宙论符号相决裂的较高阶段，这一点也是颇具洞察力的。不难想到，沃格林这里对"中国"这个符号的分析其实指向我们常说的"夷夏之辨"，特别是夷夏之辨的地理意义。但问题是，我们不能仅从地理意义来理解夷夏之辨，从而也不能将夷夏之辨的地理意义始终不变地落实在某个固定的边界上。正如我曾经指出的，夷夏之辨有种族、地理和教化三重意义，而"在观念的实际运用中三者之间往往会构成张力"，其中以教化意义最为根本：

> 将夷夏之辨彻底简化为文教之辨与将之彻底简化为种族之辨一样错误，而且似乎前者流布更广。导致这两种错误的原因在于完全以静态的眼光看待民族的构成。华夏民族作为文教理想的承担者，在这一理想彻底实现之前的任何一个时刻，都是一个有地理边界和人种限度的族群，就此而言，我们不能不捍卫夷夏之辨的种族意义。但是，华夏民族的地理边界和人种限度在文教理想被不断弘扬的过程中又会被时时扩展、超越——这也就是我们常说的华夏民族实经多民族融合而形成的原因所在，就此而言，我们又不能不推重夷夏之辨的文教意义。动态地观之，一方面，民族因文教开化的程度而有界限；另一方面，民族因文教弘

扬的善果而得融合。在这个意义上，夷夏之辨实际上是一种以华夏民族的客观存在为实际依托、以超越民族界限的普世文教为最高理想的民族融合理论。而且，尊重差异、容纳多元文化也正是以夷夏之辨为基础的大一统之王道理想的题中之义。……之所以能够如此，是因为在以夷夏之辨为基础的大一统之王道理想中，无论是正性和合的宇宙秩序，还是推己及人的人伦秩序，都是具有普遍性的、超越于一切习俗的、放之四海而皆准的常理常道。[8]

以超越民族界限的普世教化为最高理想的民族融合论与以"修其教不易其俗，齐其政不易其宜"为核心宗旨的多元文明论，实际上是夷夏之辨的两个不同面向。其中尤其是"夷狄进于中国则中国之，中国退于夷狄则夷狄之"的夷狄中国进退论，充分表明了教化意义在夷夏之辨中的首要性。指出这一点，也就是指出夷夏之辨的地理意义必须基于其教化意义才能得到恰当的理解。更进一步说，既然夷夏之辨中的教化意义最为根本，从而高于其地理意义和种族意义，那么，夷夏之辨所表达出来的秩序就有可能突破了宇宙论秩序。换言之，沃格林把"中国"这个符号作为宇宙论意义上的脐点固然不错，但这并不意味着"中国"这个符号所表达的就一

---

[8] 唐文明：《夷夏之辨与现代中国国家建构中的正当性问题》，载唐文明：《彝伦攸斁——中西古今张力中的儒家思想》，第123-124页。这里用"教化"来代替原来所说的"文教"，意思并无实质性的改变。

定是他所谓的宇宙论秩序的文明。或者以沃格林的视角和立场来看，或许可能的情况是，正如以色列人突破了宇宙论秩序，但民族仍是其种族负担，希腊人也突破了宇宙论秩序，但城邦仍是其地理负担，中国人也突破了宇宙论秩序，但中国和华夏民族仍是其地理和种族负担。

同样是在论述美索不达米亚的这一章，沃格林指出，宇宙论文明在符号化表达上的一个显著特点是将王权统治类比于神对宇宙的统治。为了说明这一点不仅见于美索不达米亚文明，也见于其他宇宙论文明，沃格林举了中国和蒙古帝国的例子：

> 其他宇宙论文明（例如中国）也在他们自己的轨道内用他们自己的方式发展出了唯一世界君主的概念，作为统治宇宙的唯一神在人间的类比；基督纪元13世纪蒙古帝国的官方文档以充分的理性明晰性阐述了"天上一神，地上一帝"的原则。[9]

我们知道，沃格林很早就意识到"蒙古帝国建立对欧洲政治思想有重要意义"，并对蒙古帝国的政体理论进行过详细的研究，认为蒙古人的宇宙论帝国观念是"影响但丁在《论世界帝国》中提出的相应观念的因素之一"，而由欧洲史家所塑造的帖木儿形象则"很明显对马基雅维利关于'君主'的

---

[9]　沃格林：《以色列与启示》，第81页。

看法发生了某种影响"。[10] 在论述蒙古帝国对欧洲列强的归顺令中所呈现出来的世界君主观念时，沃格林引用了阿贝尔-雷慕莎的看法，指出这一世界君主观念的中国渊源：

> 阿贝尔-雷慕莎……提供了蒙古文书的一个集成，同时还加上了出自波斯伊尔汗国时期的一些材料。不过，他时不时对埋伏在书信文本下的一些法律概念作一些观察，并将它们与中国关于统治者及帝国的各种观念进行比较。……他也看到，大汗声称要成为整个世界的君主，并相应地把那些不服从其命令的列国君主当成叛贼。在阿贝尔-雷慕莎看来，这一建构衍生于中国的公法。[11]

看起来沃格林接受这一解释。于是，我们可以合理地推论，沃格林对蒙古归顺令中所呈现出来的世界君主观念的理解和分析也同样适用于沃格林对中国文明中的天子或皇帝观念的理解和分析。这个推论可以在《以色列与启示》中得到佐证。在前面提及的论述宇宙论文明中王权统治类比于神对宇宙的统治的语境中，沃格林还将《约伯记》留下的"从多神论向

---

〔10〕 沃格林：《文艺复兴与宗教改革》，第51、52页。沃格林对蒙古帝国的政体理论的研究主要是1937年发表的《人文主义者帖木儿的形象：对政治神话建构的研究》和1940年发表的《蒙古对欧洲列强的归顺令，1245—1255》，这两篇后经过扩充收入《记忆》，为其中的第八章和第九章。

〔11〕 沃格林：《记忆》，第257页。

唯一的、不可见的创造者转变的痕迹"与巴比伦的秩序相比较，以便"更好地分辨出追求理性化的斗争所经历的各个阶段"，其中则将"中国皇帝"（Chinese Emperor）与"巴比伦国王"相提并论，作为约伯寻找上帝之体验的对照物：

> 约伯在找寻他的上帝时，像巴比伦国王或中国皇帝一样向四方移动，但这种在空间的找寻却不再显示神的临在，因为大地已不再是神的天空的类比物。[12]

在《以色列与启示》第三章论述埃及的秩序时，沃格林又将"中国的天子"（the Chinese Son of Heaven）与埃及的法老相提并论，以证成他所谓的中国一直停留于宇宙论文明的断言：

> 在中国，周朝于战国时期解体，而这个动荡时代后来又让位于中国在秦汉两朝实现的帝国大一统。因此，这种制度进程类似于埃及的古王国、第一中间期以及随后的帝国重组的次序。贯穿这一进程，以及下迄基督纪元1912年的中国历史，宇宙论的符号体系一直都未被打破。因此，在中国和埃及，"静态的"宇宙论形式都盛行了大约三千年的历史，中国的天子对应于法老，都是作为宇宙—神秩序与社会之间的中介。[13]

---

〔12〕 沃格林：《以色列与启示》，第83页。
〔13〕 沃格林：《以色列与启示》，第113页。

也就是说，沃格林的观察是，虽然经历了惨烈的周秦之变，无论是秦以前的帝王、天子观念，还是秦以后的皇帝、天子观念，都是宇宙论秩序的符号化表达。而问题在于，中国文明中的"帝"、"王"、"天子"和"皇帝"等符号虽然可能都具有宇宙论含义，但这并不一定意味着这些符号所要表达的体验完全局限于宇宙论秩序。与此问题相关的是对"德"这个符号的理解。

在《以色列与启示》第一章，为了说明宇宙论文明的不同形态——这一点关联于"各个文明在朝着存在的飞跃这个方向发展时的潜能"的不同，沃格林比较了美索不达米亚、中国和迈锡尼文明，其中对中国文明的论述就集中于"天命"与"德"的符号：

> 在中国文明中，王朝的统治依赖于它拥有某种特定的德。就像天下所有的事物一样，德是会耗尽的；当它被削弱到会给人民带来苦难并引起革命动荡的时刻，一个新的有德者及其家族将会成功地推翻衰落的王朝。于是，王朝的兴亡被融入宇宙的秩序，因为上天的命令授权一个有德的家族进行统治，而在这个家族失德的时候也会授权推翻它。社会和宇宙保持契合有赖于天子及其王朝的德，而天的权力规定了各个王朝的兴亡。因此，虽然政治事件分享着各种宇宙力量的本性，但它们仍然只是人间争夺权力的斗争；天作为不受干扰的秩序，保持着至高无上的权威，而社会

则为了与天保持契合而展开斗争。在中国文明中，政治秩序被符号化为非人的宇宙力量运作的产物。[14]

沃格林这里的论述看起来中规中矩，尤其是就现代以来的思想史研究的一般解释而言。天命有德是对王朝更替的体验的符号化表达，这一点可以从多部经典中看到。值得注意的是沃格林在解释德的耗尽时使用了"就像天下所有事物一样"这个说法。这个说法并不那么清晰，但联系上下文可以断言，沃格林此处是把"德"理解为一种可累积亦可消耗的自然之物，即基于自然的禀赋而获得的事功的累积，既然"天命有德"被他认为是一种宇宙论秩序。因此不清楚的是，沃格林在此是否意识到德的观念与天命观念一样都是超越性的：德首先有"顺天"的含义，虽然其实现总是指向自然但并非仅仅是出于自然的美德，而是直接指向具体的个人与超越者之间时机化的独特联系。[15]

但无论如何，"天命"与"德"的符号还是让沃格林认为中国文明相比于美索不达米亚文明"朝着存在的飞跃的方向"进了一步，而又落后于以荷马史诗为其重要文献的迈锡尼文明：

---

[14] 沃格林：《以色列与启示》，第86页。这里的论述显然涉及儒教政治传统中至关重要的"革命"这一符号。

[15] 关于周人的德的观念的超越性含义，详细分析可参见唐文明：《隐秘的颠覆：牟宗三、康德与原始儒家》，生活·读书·新知三联书店，2012年，第一部分"道德的化约"。另外，在《秩序与历史》第四卷我们看到这样的论述："德是秩序的神性实质。"沃格林：《天下时代》，第377页。

在美索不达米亚，我们看到，各项符号化表达很早就实现了相互渗透，对政治秩序以宇宙论方式加以符号化，而对宇宙秩序则以政治方式加以符号化。这两种秩序的相互增强看来有可能使这套符号化表达变得特别坚固，殊显化体验难以使之解体。中国较为简单的宇宙论符号化表达在人世间留下足够的自由空间，从而在周朝没落时能够产生一种观念，认为社会秩序并不依靠天子，而是依靠由孔子的精神所塑造的顾问和政府。这是朝人类学方向迈出的一步，但并不是个彻底的突破。儒家的这种中间性立场反映在围绕着儒家是否一种"宗教"而进行的争论中。它并非"宗教"，因为它仍然局限于将儒家圣人视为一位同宇宙的道很好地保持契合的人，他能成为塑造社会秩序的力量，支持——或者取代——王朝的德。但是，儒家思想发现了心性的秩序，因此，依靠其在神性秩序之下所具有的自主性和直接性，它革命性地突破了宇宙论集体主义，包含了在更加有利的条件下可能会成长起来的"宗教"萌芽。在荷马史诗中，宇宙论符号化表达确实解体了，这或许是由于，较之其他文明通常的动乱时代，多利安人入侵和人口在地理上散居各处带来了深重得多的动荡不安。众神不再受到宇宙结构的约束，而当古希腊文明中出现了对于心性的发现时，人们发现自身直接处于一位超越的上帝之下。将希腊哲学同以色列和基督教在其历史道路上所取得的宗教洞见相糅合所需的前提条件已经准备就绪。[16]

中国文明在朝着存在的飞跃的方向上的发展超过了美索不达米亚文明而又不及迈锡尼文明，这个论断意味着，沃格林将中国文明放在一般的宇宙论文明与突破了宇宙论秩序的、以心性论秩序为其特征的历史性文明之间的那个位置。所谓"不彻底的突破"，就是指这个立论地带。出现了以圣人孔子所倡导的心性论秩序（即人类学秩序）取代原来以"天子"这一符号所表达的宇宙论秩序，这是中国文明比一般宇宙论文明更进一步的地方；但圣人仍被视为一位与宇宙自然之道保持契合的人，在沃格林看来这意味着中国文明还没有完全达到超越的突破所应当产生的心性论秩序。沃格林非常敏锐地注意到了儒家是不是宗教的争论——如我们所知，这是我们现在还在争论的问题，而且他也非常有洞察力地承认了儒家即使是不彻底的突破，但也"包含了在更加有利的条件下可能会成长起来的'宗教'萌芽"。其实，所谓"革命性地突破了宇宙论集体主义"的心性论秩序，所谓"在神性秩序之下所具有的自主性和直接性"的宗教萌芽，理解上的关键就在于"德"。如果德并非仅仅是自然之物，而是直接指向具体的个人与超越者之间时机化的独特联系，那么，从根本上来说"德"就不是一个宇宙论秩序的符号，而是一个心性论秩序的符号，或者说，是一个以宇宙论风格所表达出来的

---

[16] 沃格林：《以色列与启示》，第87—88页。

心性论符号。

此外，在《以色列与启示》论述阿契明帝国的第二章末尾，沃格林提到中国文明中的阴阳符号，以"原则的二元论"来论之，认为二元论必然对应于紧敛体验而非殊显化体验。[17]问题是，"阴阳"是中国文明中非常重要的一对符号，但不应当孤立地看待之。以《周易》而言，从太极到阴阳，再到四象或五行，再到八卦，再到六十四卦，其实仅从符号的角度看都是包含着进一步的殊显化的，并非紧敛于阴阳这两个原则。

从以上这些论述可以看到，沃格林通过对中国文明中关键性的地理符号、政治符号和教化符号的分析，来证成他所谓中国文明为宇宙论文明的观点。在《秩序与历史》前三卷，沃格林在一些语境中还将中国文明与其他文明做了简要比较，也有助于我们进一步了解这一时期沃格林对中国文明的整体看法。

在《以色列与启示》第一章论及古代近东的宇宙论秩序时，沃格林谈到各个宇宙论文明中表达其秩序的宇宙论神话的不同风格，并顺此对"不同文明所具有的展示其体验的潜能"做了一个总览性的描述，其中提到了中国：

> 就我们所知，当社会的发展超越了部落组织的水平时，宇宙论神话通常是这些社会创造的第一种符号形式。不过，曾经出现过的若干事例差异巨大，足以

---

〔17〕 沃格林：《以色列与启示》，第100页。

使我们明确无误地区分出神话的美索不达米亚风格、埃及风格和中国风格。而且，尽管不能确切展示，但非常有可能的是，风格上的差异与不同文明所具有的展示其体验的潜能有关——体验的展示最终导致存在的飞跃。在古代近东地区，美索不达米亚帝国在这个方面显然是最贫乏的，而埃及诸帝国前后相继的过程则展示出令人瞩目但最终夭折的发展。只有在叙利亚文明中的那些民族通过以色列实现了突破。[18]

因此可以看到，相对于中国被认为是不彻底的突破，埃及则被认为是夭折了的突破。在《以色列与启示》论及埃及的第三章，沃格林又将中国作为比照对象，认为中国文明所达到的高度，虽然不及希腊，但却是埃及所"无法媲美的"：

在中华文明的儒家学说中也出现了一种与宇宙论秩序在体验上的决裂。尽管这种决裂不像同时代的希腊哲学那么深刻，但它却具有重要的制度后果，这是埃及无法媲美的。对社会的宇宙秩序的幻灭，以及对这种秩序通过天子（the Son of Heaven）而得以维持的幻灭，导向了对自立人格作为一种秩序之源的发现。此前仅仅依赖参与宇宙秩序的圣人，圣人成为天子的竞争者。在符号领域，这种自立人格的新体验及其构

---

[18] 沃格林：《以色列与启示》，第56页。

建秩序的意志，在帝王资格向圣人的转移中变得显而易见。道和德——对两者的拥有使"君主"具有构建秩序的效能——现在变成了"君子"的心性中具有效能的力量。因此，孔子处理圣人和君主的方式是把两者融为一个与柏拉图的哲学王相当接近的符号。而且，与统治者一样，君子的社会效力也受同样的宇宙命数（cosmic fatality）的支配。君主具有德，能够通过命，即上天的命令，将宇宙之道（秩序）传达给社会；以同样的方式，圣人的智慧是否会被听取并接受，以便他能变成共同体中一种有效的构建秩序的力量，也要取决于天命。因此，圣人就不再是这样一个社会的成员，该社会作为一个整体只能经由统治者这个中介来接受命令。圣人本人就能够获得治国平天下之道，在充当道的中介方面，他就成为一个潜在的统治者和天子的竞争者——就我们所知，埃及人从未有过这样的观念。[19]

此处对中国文明的论述与前引论及"不彻底的突破"那一段意思基本一样，而表达更为清晰。与宇宙论秩序的决裂，或者说根本性的突破，在于以圣人为代表的秩序取代原来以天子为代表的秩序，而这种突破的实质则是导向以自立人格作为秩序之源的新原理。令人惊叹的是，沃格林在此处显示出

---

[19] 沃格林：《以色列与启示》，第113–114页。此处沃格林在注释中引用了葛兰言的《中国人的思想》与冯友兰的《中国哲学简史》。

异常深邃的洞察力，尤其表现在他提到圣人因其德之高明而"成为一个潜在的统治者和天子的竞争者"这一点上。仔细琢磨会发现，圣人成为一个潜在的统治者和天子的竞争者这一观念其实指向儒教历史上为大多数人所公认的孔子为至圣素王的看法。[20]

在高度肯定儒家学说的这一理性化潜能之后，沃格林笔锋一转，马上谈到儒家学说在构建新的秩序时的局限性，从前面的语脉中已经看到，这种局限性更多地被置于与希腊的对比中：

> 但是，皇权的符号（royal symbols）向圣人的这种转移也显示了儒家学说作为社会中一种新的构建秩序的力量的局限性。固然，通过人与宇宙之道之间的直接联系，人格已获得自主性，并可独立于社会的权威。不过，圣人的权威与天子的权威属于同样的宇宙论类型。体验的殊显化并没有像在柏拉图那里一样发展出一种与社会中盛行的信仰相对立的新神学；从根本上说，它并没有变成超越的。儒家学说没有导致帝国的宇宙论形式的断裂，因为它不是柏拉图所创立的那种意义上的哲学。由于在两种秩序体验之间没有根本的不相容，帝国甚至

---

[20] 这么说并不意味着沃格林对于孔子为至圣素王的儒教共识有清晰的了解，因为从儒教经典中的革命观念就可以合理地推论出沃格林的结论。而这也正好说明了几个命题之间的逻辑联系，因为革命观念正是至圣素王说的理论基础。

可以利用儒家学者作为官僚来支撑其宇宙论形式。[21]

圣人之所以为圣人，是因为有德。如果圣人的权威与天子的权威同样属于宇宙论类型，那就意味着"德"也是一个宇宙论符号。也就是说，这样理解之下的"德"不具有超越性。反过来说，如果"德"具有超越性，那么，"圣人"从根本上来说就不是一个宇宙论符号。这是我们在读到这里时应当做出的必要反思。而更进一步的追问则是：宇宙论秩序与心性论秩序是非此即彼的吗？

　　在基于轴心时代说的框架而对中国文明的研究中，很多学者都会强调，中国文明虽然像其他轴心文明一样经历了轴心突破，但相比于其他轴心文明，中国文明与其前轴心时代文明的连续性是最强的。沃格林在此处的看法与此类看法高度相似。但沃格林对中国文明的这一特点提出了一个雅斯贝尔斯至少未曾明言的批评，即中国虽然经历了精神突破，但这种突破并未带来彻底的秩序革命，并未彻底导向一种以普遍人性为目的的历史意识，也就是说，并未彻底导向像希腊或以色列那样的心性论秩序，更不用说作为希腊与以色列之合流的基督教那样的心性论秩序。做出这个判断的前提当然是，心性论秩序与宇宙论秩序根本上不相容。就"突破"或"飞跃"的含义而言，这一点似乎是必然的，因为既

────────────

〔21〕　沃格林：《以色列与启示》，第114页。中国与希腊的对比还有一处，沃格林曾将赫西俄德的人类起源和史诗神话与邹衍的五德终始说相提并论，见沃格林：《城邦的世界》，第224页。

然"突破"或"飞跃"意味着后一种秩序相对于前一种秩序的"突破"或"飞跃",那么,只有当后一种秩序表现为对前一种秩序的彻底决裂,也就是以根本上不相容的形式呈现出来,才意味着后一种秩序对前一种秩序的"突破"或"飞跃"。但问题是,"突破"或"飞跃"虽然作为心性论事件的确只能从人与神两个视角展开,但其呈现为教化的模式却不止这两个视角。换言之,希腊和以色列以及后来的基督教,并未穷尽精神突破的全部教化模式。

在《城邦的世界》中,我们还看到了中国与以色列或基督教的对比性论述:

> 诚然,存在的飞跃也在其他地方发生;但是中国人生存在宇宙大道之下,印度人生存在无宇宙论的觉悟之下,这都不是以色列或基督教在上帝之下的生存。中国和印度社会想必也意识到了普遍的人性,但是只有犹太教–基督教对启示的应答,达到了历史意识。[22]

意识到了普遍人性但未达到历史意识,其根源在于缺乏对一个超越的上帝的体验,这是沃格林此处对中国文明的定位性描述。既然在存在的飞跃所带来的历史观念中,普遍人性的觉悟或者说普遍人类的出现是历史意识成熟的标志,那么,意识到了普遍人性但并未达到历史意识,这是什么意思呢?

---

〔22〕 沃格林:《城邦的世界》,第91页。

从以上论述可以推知，沃格林在此的意思一定是，中国文明之所以停留于这一非典型状态，是因为这个文明在其进程中与宇宙论秩序的决裂不够彻底，且又止步于此。更直接地说，如果在这一点上与以色列或基督教相比，那么，最为明显的似乎是，在中国文明中似乎没有以色列或基督教文明中那种超越的救赎观念。但是我们也不难想到，这种看法显然忽略了中国文明中那种特有的历史意识，比如儒教传统中以回复三代为指向的历史意识。

可以肯定的是，无论三代是不是宇宙论秩序，回复三代的历史意识都是超越了宇宙论秩序的，因为回复三代的历史意识只能在与宇宙论秩序决裂之后提出。而且，关联于回复三代的历史意识的提出者孔子，如果孔子通过综合在他之前的历代圣王的政教传统——所谓"祖述尧舜，宪章文武"——而创立的普世教化是回复三代的全部依凭，那么，对于之后的历史而言，作为至圣素王的孔子及其所创立的普世教化，就其具有转化社会与自然的功能而言，与犹太–基督教传统中的救赎观念就可以相提并论，正如苏格拉底所创立的哲学教化就其对于城邦的净化功能而言也可以与前二者相提并论一样。孔子及其所建立的普世教化在现实世界发挥作用的方式是内在于宇宙之中，基于宇宙之自然而通过人文的力量使之得到完善，所谓"赞天地之化育"，所谓"人文化成"，因而可以称之为宇宙化育论或人文化成论。这当然与基督教意义上的救赎观念有很大不同。不过，儒教的宇宙化育论与基督教的上帝救赎论其不同处人们多能言之，其功能上的类似性却常被人们忽视。或者用沃格林的术语来说，孔子与耶稣那样的救世主，以及相应的宇宙化育论与上帝救赎论，在儒教与基督教两种文明的进程中是具有等价关系的符号。再往前推一步，孔子的至圣地位意味着他必然面对一个超越的上帝。这就意味着，正是至圣孔子将中国人带到了一个超越的上帝面前，从而也带领中国人达到了在上帝之下的生存，尽管回向自然的宇宙论关切始终是中国文明中的一个显著特点。

在《城邦的世界》中，沃格林在论述希腊的历史意识与悲剧的关联时还曾提出一个观点，即认为希腊"介乎中国与以色列之间"：

> 在希腊，历史产生于悲剧，但其他地方就不是这样。希腊的历史体验，以及它的符号化，可以通过与更加浑然一体的中国形式，与不那么紧敛的以色列形式相比较，更加精确地来定义。中国的历史意义不是生于悲剧体验，而是从有机力量盛开、凋落乃至衰亡的体验中生长出来的。这样一种力量可以活在家庭之中，在一个有限的时间内，让家庭成为宇宙秩序在社会中的载体。这样，历史编纂，就是对这种绵延不绝的生命力，也就是"王朝"的一部流水账。而且，王朝符号体系被嵌入更广泛的社会符号形式之中，成为一种普遍化的人类组织，类推及宇宙秩序。也就是说，它被嵌入到包括远东和近东在内一切宇宙论文明共有的符号化层面。诚然，中国的历史编纂中也有兴衰的悲剧，不过它还是紧敛地

包藏在宇宙论神话之中。与宇宙论神话的决裂，只有以色列做到了。这种决裂是如此彻底，以至于历史立竿见影，成为上帝选民的生存符号形式。尽管如此，以色列还是不得不背负启示这个"抵押"，因为，上帝之下的生存的普遍主义，依然是限于具体的人民。这样一来，选民的生存，通过基督，成为上帝之下的人类普遍历史的先声。希腊对悲剧历史的体验，具有一定程度的浑然一体性，介乎中国和以色列之间。[23]

说中国的历史意义"是从有机力量盛开、凋落乃至衰亡的体验中生长出来的"，无疑正是来自对"生生之道"的阐释。这也涉及我们惯常所能注意到的一个对比。生生的过程当然包含着衰亡，但中国文明中对生的关注毫无希腊人那样的悲剧意识。与此相关，与冲突相反的和谐被作为一个目的性指向而被确立。沃格林在此未能深思的是，如果仅仅停留于宇宙论秩序，那么，悲剧意识其实是无法克服的，因为我们在自然之中看到的一定是与生长时时相伴随的衰亡。换言之，只有秩序的来源超越于宇宙之上，才能彻底克服与生长、衰亡的自然体验相关的悲剧意识。至于历史编纂呈现为王朝的流水账，这也是乍一看就能注意到的一个现象，但不应忘记，与此相对的另一面是孔子作为绝对新纪元的历史意识。从沃格林的视角看，需要解释的应当是，为什么孔子作

---

[23] 沃格林：《城邦的世界》，第346–347页。

为绝对新纪元的历史意识并未导致以孔子的诞生为纪元的纪年法？如果说王朝纪年法或干支纪年法充分表明宇宙论关切在中国的历史意识中的重要性，那么，我们就需要思考孔子作为绝对新纪元的历史意识与来自生长、衰亡的自然体验的历史意识如何结合在一起的问题。

根据沃格林对各个文明在迈向秩序真理过程中所达到的高度的全部看法，我们实际上已经能够画出一个文明进展次序图，从中可以非常直观地看到中国文明所处的位置。这个次序图依照将各个文明从低级到高级的方向排列而画出：

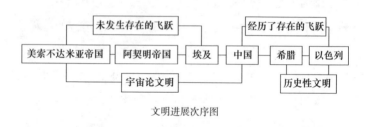

文明进展次序图

就存在的飞跃而言，次序图中列在中国之前的美索不达米亚帝国、阿契明帝国和埃及，都属于未发生存在的飞跃的文明，而中国、希腊和以色列则都属于经历了存在的飞跃的文明；就社会秩序的类型而言，则中国与次序图中列在中国之前的美索不达米亚帝国、阿契明帝国和埃及都属于宇宙论秩序，而希腊和以色列才达到了心性论秩序。换言之，在《秩序与历史》前三卷，沃格林基于他的奥古斯丁式历史建构和对中国文明的观察，一方面承认中国是一个经历了存在的飞跃的文明，另一方面又把中国文明划归在宇宙论文明的范围之内。于是，经历了存在的飞跃的宇宙论文明，就是沃格林在《秩序与历史》前三卷对中国文明之特性的一个最简要的概括。中国文明在人类文明进展过程中的特殊性也由此可见。当然，如果我们对宇宙论情有独钟，也可以说，沃格林是将中国文明厘定为宇宙论秩序的最高发展阶段，或者说是宇宙论文明在人类历史上出现的一种最为发达的形态，但仍须强调，就沃格林而言，以宇宙论秩序为特征的宇宙论文明相对于以心性论秩序为特征的历史性文明，始终意味着一种重大的历史性局限。[24]

---

〔24〕 这个次序图没有提及印度。在《秩序与历史》前三卷，沃格林常常将印度与中国相提并论，由此可以推断，他基本上将印度放在和中国差不多的位置上。除了上引他认为"印度人生存在无宇宙论的觉悟之下"，从以下断言可以看到他在《秩序与历史》前三卷中认为印度也属于宇宙论文明："中国和印度正在努力对本质上属于宇宙论的秩序进行必要的调整，以求适应由西方创造的政治或技术环境。"沃格林：《以色列与启示》，第24页。至于"无宇宙论的觉悟"的生存方式何以又是一种宇宙论秩序，如下这段批评黑格尔的灵知主义特质时所做的对比性论述也许有助于我们进一步理解："在体验方面，黑格尔的灵知与《奥义书》的思辨乃是一丘之貉，后者思考的是atman，也就是自我（意识，主体），与brahma，也就是超个人和超世的现实的一致性。精神在存在论上是上帝和人，同时又是两者的一致。围绕精神的运作属于宇宙论神话这一中介之内的一种思辨。在印度，它表现为前哲学的，而在黑格尔的灵知中，则表现为后哲学的，尽管对于其他人来说，印度的无宇宙论与黑格尔思辨的新教内在主义的确正好背道而驰。而且，类似的体验，及其相应的思辨式表达，都惊人地产生了类似的历史后果：从晚期《奥义书》走向了佛教的无神论救赎；从黑格尔，经过布鲁诺·鲍威尔和费尔巴哈，走向了马克思的无神论救赎。"见沃格林：《城邦的世界》，第86-87页。既然佛教在汉以后的中国社会发挥了巨大的影响，既然马克思主义在现代以来的中国发挥了巨大的影响，那么，应当想到，沃格林的这段话对于我们反思那种被现代灵知主义精神所浸染的"天人合一"〔转下页〕

从这个文明进展次序图也可以看出，虽然沃格林接受

[接上页] 论极有意义，对于我们反思中国的现代性遭际也极有意义。在《天下时代》第七章第五节，沃格林聚焦于《奥义书》而较为系统地分析了印度教在其天下时代的精神突破，认为印度教的精神突破表现为意识的不完全殊显化，其"缺点"有三：（1）没有完全突破宇宙论秩序；（2）缺乏类似于希腊或以色列那样的神显体验；（3）缺乏历史意识，因而在印度文化中没有出现历史编纂现象。可参见 Renaud Fabbri, "At the Root of Evil? Eric Voegelin and India," in *Aditi II (2019)*, https://voegelinview.com/at-the-root-of-evil-eric-voegelin-and-india/。可以看到，前两点与沃格林对中国文明的看法基本一致；而第三点，即有无历史意识，就成为沃格林区分中国文明与印度文明的关键，因为在《天下时代》中，沃格林基于中国很早就具备了发达的历史编纂这一点而将中国与以色列、希腊并列为三大历史性文明，而印度文明虽然也经历了自己的天下时代，但并不在历史性文明之列。而在论述印度教的精神突破的第一个缺点时沃格林也解释了其"无宇宙论的觉悟"何以未能摆脱宇宙论秩序："在印度教的文化中，后观宇宙论思辨（late-cosmological speculations）占据主导地位，它将宇宙视为一个有着开端与终点的'东西'，视为一个无限次地诞生与重生的'东西'，这削弱了历史意识。对宇宙的实体化与宇宙论思辨中那种错认的宇宙无限性，能够被确认为印度教对实在的体验的一个层面，这种体验尚未被纪元性事件所打破，像在希腊和以色列的智性和灵性神显中所呈现的那样。由此带来的结果是，婆罗门式实在体验并未发展出作为智性科学的柏拉图-亚里士多德式哲学的自我意识；在其自我理解中，它是 *darshana*，即一种从特殊思想者所在的位置来看待实在的方式。"见沃格林：《天下时代》，第430页。以上简要分析意味着，沃格林对印度文明的看法仍然需要深入探讨。一个可能的线索是，基于沃格林对原初存在共同体的结构论分析和其体验实在论立场，如果说在经历了存在的飞跃的各大高级文明中，以色列、希腊与中国因其启示、哲学与礼乐这三种不同进路的教化模式（其进路分别对应于原初存在共同体中的神、人与宇宙）从而代表了三种最具典型性的高级文明的话，那么，印度文明就是一种非典型性的高级文明，且其非典型性或许要从与实在论相反的现象论（phenomenologism）立场去理解。此处的现象论即可关联于"一种从特殊思想者所在的位置来看待实在的方式"加以理解。另，关于以色列、希腊与中国的教化模式的不同进路以及其典型性参见第九章"精神突破与教化模式"。

雅斯贝尔斯等人的看法认为中国文明也经历了存在的飞跃或精神突破，但他又认为，发生在中国文明之开端的存在的飞跃或精神突破是不彻底的，其不彻底的程度使得中国文明一直停留于宇宙论文明的层次。由此可见，虽然深受雅斯贝尔斯轴心时代说的影响，但沃格林对宇宙论秩序与心性论秩序的区分和雅斯贝尔斯的轴心文明与前轴心文明的区分并不完全对应。雅斯贝尔斯将区分的关键点放在是否发生了精神突破上，而沃格林则将区分的关键点放在是否摆脱了宇宙论秩序上。也就是说，在沃格林看来，即使发生了精神突破，也不一定能够摆脱宇宙论秩序。沃格林的历史哲学与雅斯贝尔斯的轴心时代说之间的这个并不那么根本性的差异，正是导致理解上的混乱的一个可能因素。

经过以上梳理，我们对沃格林在《秩序与历史》前三卷关于中国文明的立论地带有了一个比较清晰的把握。现在就让我们回到本章一开始提出的所谓《秩序与历史》前三卷中的中国文明问题。依照沃格林已有的论述，我们从他的断言中分析出来的表面上的矛盾可以得到合理的解释。事实上，在强调"存在的飞跃"的重要性的同时，沃格林也常谈到"存在的飞跃"的"不同档次问题"，正如前面已经提及的"各个文明在朝着存在的飞跃这个方向发展时的潜能"的不同。更直接地说，既然飞跃的历程是朝向关于存在秩序之真理的推进，那么，就存在"一个秩序的先后次序，环环相扣，要么向真理充分的符号化前进，要么倒退"。因此，对于那些经历了存在的飞跃的文明，在朝向秩序真理的推进过程中也仍然存在广度和深度上的差异：

> 平行的存在的飞跃，就其与宇宙论神话决裂的激进程度而言，可谓大相径庭，就其向关于存在秩序之真理推进的广度和深度而言，亦是如此。存在的飞跃平行地发生了，但并不在相同的级别上。[25]

既然沃格林强调秩序的获得是一个包含着前进与倒退、正对与偏离的斗争过程，那么，在静态的眼光中所看到的可能的矛盾就能够得到恰当的解释。稍作推论，沃格林在《秩序与历史》前三卷中的看法其实是，中国文明在其较早的历程中经历了存在的飞跃或精神突破，从而在雅斯贝尔斯的意义上前进到了轴心文明的行列，但在其稍后的历程中又由于某种或某些并不清楚的原因而倒退到了宇宙论秩序，且在现代以前一直滞留于宇宙论秩序，从未进到像西方那样的历史性生存。换言之，沃格林基于他所谓的存在秩序的真理，提出了一种评判各种文明孰优孰劣的标准，而且这种评判文明优劣的标准不仅涉及性质上的差异，还涉及程度上的差异。正是基于这个既涉及性质差异又涉及程度差异的文明优劣的评判标准，沃格林才断言中国文明虽然发生了存在的飞跃，但其中的飞跃不够彻底，远未达到西方的高度，以至于中国在被西方全方位地打开大门之前一直处于宇宙论文明的循环状态

---

〔25〕 沃格林：《城邦的世界》，第72页。

之中。

　　只要思想的嗅觉还足够灵敏，在此我们一定会嗅到一个在黑格尔那里已经表达得非常清楚的看法，即，中国没有历史，只有封闭于自然的不断循环。也就是说，虽然沃格林很早就将黑格尔钉在了现代灵知主义的耻辱柱上，但他在《秩序与历史》前三卷中对中国的看法却和黑格尔仍有一致之处。[26]不过，比这个真诚的西方中心主义更为严重的问题是，如果沃格林自己的思想框架存在着重要的缺陷——正如他后来思想变化时所做的自我反思所显示的，且与此相关，如果他在《秩序与历史》前三卷中对中国文明的解读存在着重大的失误——正如我在这一节所做的批判性分析所试图揭示的，那么，他在《秩序与历史》前三卷中对中国文明特性的判定就有可能存在着重大的失误。[27]

---

[26] 这么说并不意味着沃格林其时并未注意到古代中国发达的历史编纂现象，而是说，其时沃格林虽然知道古代中国存在发达的历史编纂现象，但还没有把中国文明看作一个历史性文明。

[27] 从1960年发表《历史溯源论》开始，沃格林对历史、历史编纂、历史意识等相关主题有了新的理解，相应地他对中国文明中的秩序的理解也开始发生较大变化，而其最终的观点呈现于《天下时代》中，即认为中国文明与希腊文明、以色列文明一样都是历史性文明，其显著标志就是这三个地方很早就出现了历史编纂。

第四章　历史理解上的新进展与《秩序与历史》的新定向

《天下时代》于1974年出版，此时离第二、三卷的出版已有17年之久。对于沃格林的研究规划在这期间何以"中断"，我们从上引布鲁斯·道格拉斯一文中已略知其要。引人注目的是沃格林在此期间在历史理解上的新进展以及与此相应的他对原来的历史分析构想的修正。正如迈克尔·弗朗兹在他为《天下时代》的英文版所写的"编者导言"中所说，由历史理解上的新进展而来的历史分析的新构想保留了原来构想中的基本原则。也就是说，由修正而来的新构想并不意味着沃格林放弃了原来的研究计划，而是意味着沃格林对《秩序与历史》的新定向。弗朗兹的这个澄清非常重要，主要针对的是在他看来错误的一些观点，这些错误观点认为，在《天下时代》中，沃格林断言原来的构想"不可行"，从而在很大程度上将之放弃了。但我们绝不能因此而忽视沃格林历史哲学中的这个重要变化，这不仅是因为我们所特别关心的是沃格林对中国文明的论述。实际上，作为一个能够充分直面人类多元文明这个重要事实的学者，我们有充分的理由高度认可沃格林的这个重要变化。

按照沃格林的自述，这一阶段他在历史理解上的新进展首先是在符号化历史的认知上的一个新发现，即"在古代东方的各个文明中，研究者将会遇到一种独特类型的思辨，它涉及社会的秩序、起源及其在时间中的过程"，沃格林将之命名为"历史溯源论"（historiogenesis）。[1]按照沃格林的定义，历史溯源论是"一种关于社会秩序的起源和原因的思辨"，是将历史从当下溯源至宇宙过程中的某个时间点作为历史的起点而形成的一种单线历史论述，或者反过来说，是将宇宙过程中的某个时间点作为历史的绝对起点而一直延续到当下乃至未来的某个终点的一种单线历史论述。于是，历史溯源论就包含两个并非同质的部分：第一个部分是关于历史的绝对起点，即"让政治统治在某个绝对的起源时间点，作为宇宙秩序本身的一部分跃入生存"，第二个部分则是关于历史如何从绝对起点延续到当下乃至未来的某个终点的论述。对历史的绝对起点的言说往往离不开神话语言，而对历史如何从绝对起点延续到当下乃至未来的某个终点的论述则又呈现出智性思辨的形式，因此，历史溯源论就是一种"神话思辨"，或者说是一种介于神话与哲学之间的符号形态，"历史编纂、神话诗以及智性思辨，都可被识别为这个相当复杂的符号化表达中的成分"。[2]

关联于原初存在共同体的诸结构成员，即神、人、世

---

[1]　《记忆》的中译者朱成明将之译为"史源论"，《天下时代》的中译者叶颖将之译为"历史创生论"，我建议译为"历史溯源论"，以凸显从某个当下溯源至宇宙过程中的某个时间点这一含义。

[2]　沃格林：《天下时代》，第116–117页。

界和社会，历史溯源论与神谱论（theogony）、人类溯源论（anthropogony）、宇宙溯源论（cosmogony）"同属一类"，都是来自对原初存在共同体的结构成员的起源的追问，因为人作为追问者，"从对参与的体验中出现了关于神、人和宇宙的起源的问题；与此相似，从对社会领域的体验中，出现了关于社会及其秩序之起源的问题"。[3]对应于原初存在共同体的四个结构成员的四种溯源论，"并不局限于它们各自所源出的那片实在领域，而是将来自存在的其他领域的资料也纳入它们的建构范围"，也就是说，它们往往是"相互渗透"的，从而使"所有存在领域的根基的终极导向性均得以显明"。[4]

沃格林分析了这四种思辨的可能组合情况，如果我们对原初存在共同体的四个结构成员进行一些简单的关联性分析，那么，或许还可以看到历史溯源论在四种溯源论中可能具有的独特的综合性质。既然作为创造者的神是对宇宙和人的起源问题的答案所在，而社会秩序的形成和历史的诞生与开展又是以人为践行者而出现在宇宙过程之中，那么，历史溯源论作为对社会秩序的起源与原因的思辨，就更有可能将其他三种溯源论综合在自己之内，从符号化的实际历史来看

〔3〕 沃格林：《天下时代》，第117页。
〔4〕 沃格林：《天下时代》，第118—119页。比如沃格林举例说，"美索不达米亚史诗《埃努玛－埃利什》的宇宙溯源论既是一种神谱论，又是一种人类溯源论，并很可能包含对控制河流、获取可耕地等文明成就的暗示"，也就是说，一定程度上也包含了历史溯源论的色彩。

往往还"展现出一种吞没所有其他类型神话思辨的趋势"。[5]换言之，对历史进行溯源的思路可能是，要回答历史的起源，或者说社会的起源，必须同时回答人的起源和宇宙的起源，而要回答人和宇宙的起源，就必须回答神的起源。这一点也在理论层面解释了历史溯源论的发展何以"晚于在存在的其他领域中进行的思辨"。[6]

这个简单的分析有助于我们进一步理解历史溯源论的独特性。溯源论式的历史建构将历史的起源回溯到宇宙过程中的某一个或一系列关键时刻，这意味着溯源论式的历史建构其实是一种宇宙论风格的符号化表达。因此，沃格林首先在宇宙论文明中辨识出这种类型的思辨——他举的一个典型的例子是苏美尔列王表：

> 这种符号化表达所具有的智性维度，并没有反映一种充分殊显化的智性意识之光；就那些现实层面的资料的相关性而言，它们更多的是被一种仍然从属于宇宙论神话的思辨所照亮。神话诗和智性思维结合成一个有塑造力的单元，处于紧敛的宇宙论和殊显化的智性思维之间的一个位置上。[7]

既然历史溯源论也是一种历史观念，反映出持论者的历史意

---

[5] 沃格林：《天下时代》，第154–155页。

[6] 沃格林：《天下时代》，第122页。

[7] 沃格林：《天下时代》，第121–122页。

识，那么，对比于《秩序与历史》前三卷的分析，这一辨识首先意味着一个新的发现，即在宇宙论文明中也有清晰的历史意识与历史观念。也就是说，历史意识与历史观念不再像先前那样被认为是心性论文明的专属，尽管在宇宙论文明与心性论文明中呈现出来的历史意识与历史观念的明显差异在很大程度上仍然能够支持先前对两种文明的类型差异的分析。[8] 既然历史溯源论是一种宇宙论风格的符号化表达，那么，这是否意味着历史溯源论只是宇宙论文明特有的符号现象而在心性论文明中就不再有了呢？通过对黑格尔历史哲学与苏美尔列王表的对比性分析，沃格林不仅明确给出了否定的回答，而且得出了更为惊人的结论。[9]

对比性分析始于方法论上的一个批判性揭示，即"将'时间长度'具象化为在其表面承载其意义的一个实体"。沃格林指出，之所以说那是一种谬误，是因为"事件的相关性是被那些参与其中的人的智性意识所体验到的，而不是被那个作为每个人都能观察到的对象的'时间长度'呈现出来的"。[10] 对时间长度的实体化误解导致的一个结果就是那种具有溯源论特征的单线历史建构，即将一些本来并非线性排列的事件置于单一时间路线之中，而这正是黑格尔历史哲学

[8] "我原本以为那种单线历史（unilinear history）连同对其意义的各种强调是由殊显化事件产生的，其实只是一种宇宙论的符号化表达。"见沃格林：《天下时代》，第54页。

[9] 对黑格尔历史哲学与苏美尔列王表的对比性分析是在将《历史溯源论》收入《天下时代》时增加的，不见于收入《记忆》中的《历史溯源论》。

[10] 沃格林：《天下时代》，第122页。

与苏美尔列王表的共同点：

> 黑格尔和孔德认定，到了他们所在的时代，一种真正的历史哲学已成为可能，因为历史过程的时长已经最终提供了所有必需的资料，使一个哲学家能最终宣布历史从开端到终结所具有的意义。恰恰是这种谬误，经常被现代的思辨者们当作一块帷幕，用来隐藏他们工作的真实动机。

> 苏美尔帝国是由多个地方王朝统治下的城邦组成的复合体，每当其中某个并不总是相同的城邦通过征服性的扩张而对其他城邦取得优势地位时，就会在这些城邦之上叠加一个帝国组织。一个带有批判性的历史学家必须叙述这些城邦的平行历史，以及优势地位的各种变迁，但列王表的作者们则将这些平行的城邦王朝前后相继地置于一条单一的统治者世系中，一直延续到在他们自己的时代恢复了的帝国为止，从而建构起一种单线的苏美尔历史。[11]

那么，产生这种具有溯源论特征的单线历史建构的动机是什么呢？诉诸人的体验，沃格林指出，无论是生活在古代美索不达米亚的苏美尔列王表的作者们，还是生活在现代欧洲的

---

[11] 沃格林：《天下时代》，第122、123页。不难看出，苏美尔列王表中的单线历史特征，在儒教传统对三代历史的建构中也存在。

黑格尔，都被一种由帝国秩序的兴衰而引发的焦虑所驱动，都试图通过想象克服这种焦虑。不消说，这种跨越古今的单线历史建构是"对历史实在的蓄意扭曲"，是"对历史实在的暴力行为"，其建构手段在黑格尔那里和苏美尔列王表的作者们如出一辙。伏尔泰已经终结了由奥古斯丁确立的西方传统的历史溯源论建构，其中的一个重要原因正是"中国与印度、伊斯兰世界与俄罗斯的平行历史已如此明显地跃入眼帘，以至于历史哲学家再也不能忽略它们"。[12] 而黑格尔为了在内在主义思辨的层面上继续延续基督教的历史溯源论，就将各种文明强行地纳入到一条单一的时间路线之中，其中对多元文明的平行历史的粗暴处理在沃格林看来"令人震惊"。[13]

通过对黑格尔历史哲学与苏美尔列王表的对比性分析，沃格林得出的结论是，历史溯源论"作为一种自足的符号化表达，至今已有四千年历史"。也就是说，在人类从古至今求索秩序的过程中，历史溯源论其实是一种反映着人对社会失序之持续焦虑的恒常现象：

> 一旦作为一种类型得到认可，它便证明了自己毋庸置疑的重要性，因为它在实际上无所不在。最早的实例出现在美索不达米亚和埃及诸帝国。由于在这些实例中，历史溯源论思辨是在由对宇宙之原初体验所设定的

---

[12] 沃格林：《天下时代》，第124页。
[13] 沃格林：《天下时代》，第125页。

范围之内进行的，因此，我们也许会以为它是那些尚未脱离宇宙论形式的社会所特有的。然而，这种期望将会受挫，因为这种符号化表达也出现在以色列。通过它在神之下自由订立的契约，以色列不仅摆脱了埃及的宇宙论秩序，而且也摆脱了关于宇宙本身的神话。随后，历史溯源论也出现在中国、印度和罗马各个普世帝国的语境中，作为一种应对社会秩序史的工具。而且，它使自身适应了城邦和哲学的氛围；在犹希迈罗斯的"乌托邦"中采用一种奇特的形式，与亚历山大的帝国扩张相联系；在后亚历山大诸帝国时期通过贝鲁索斯和马内托的思辨而在近东获得了一种新生命。它甚至体现在亚历山大的克雷芒那鲜为人知的思辨中，在那里成为反对多神论战斗中的一种奇特武器。最后，它通过犹太教和基督教传播到中世纪与现代西方文明。自启蒙运动以来，它已激增到令人眼花缭乱的地步——进步主义、唯心主义、唯物主义和实证主义，均就历史的起源与终点进行思辨。因此，这种符号化表达展现出一种奇特的顽强生命力——从各个宇宙论社会到当代西方社会，后者对世界的理解很难说得上是由对宇宙之原初体验所激发的。在从古至今求索秩序的过程中，历史溯源论是一种重要的恒常现象。[14]

---

〔14〕 沃格林：《天下时代》，第125–126页。在此沃格林已经将中国、印度与罗马相提并论，而且都归之于普世帝国了。

在原来的思路中，历史只属于获得了历史性生存的文明形态，宇宙论文明被刻画为缺乏历史意识的文明形态，二者无论是在体验上还是表达体验的符号上都被认为存在着根本性的不相容。但沃格林最终发现，无论是经过了存在的飞跃的心性论文明，还是没有经过存在的飞跃的宇宙论文明，无论是古代文明，还是现代文明，都具有其历史建构，且都是溯源论式的。

我们知道，早在写作《秩序与历史》之前，沃格林就在洛维特的影响下明确区分了历史的意义（a meaning of history）与历史中的意义（meaning in history），指出对历史的意义进行封闭性思辨的智识行为其实来自现实的生存焦虑，而开放地求索历史中的意义的智识行为才是历史哲学的正道。作为对基督教内部的灵知主义的一个诊断，沃格林认为思辨哲学家笔下的历史理念（the idea of history）是一个理论谬误，在西方基督教文明史上肇始于菲奥里的约阿希姆将超越的圆满"荒谬地内在化"：

> 历史过程作为一个整体不是体验的对象；历史没有理念，因为历史过程延伸至不可知的未来。因此，历史的意义是一个幻觉；这种虚幻的理念是这样创造出来的，即把一个信仰符号当作好像是一个关于内在体验的对象的命题一样。[15]

---

[15] 沃格林：《新政治科学》，第128页。

思辨哲学家笔下的历史理念是灵知主义的产物，若将这一点与沃格林对历史溯源论的发现关联起来，不难看到，历史溯源论的发现其实意味着沃格林对一切单线历史建构的批判性分析达到了一个新的深度。概而言之，沃格林揭示出，一切单线历史建构，以及作为其思想根源的灵知主义，无论是产生于古代还是现代，都是为了克服因帝国兴衰而带来的生存焦虑所产生的溯源论冲动的典型反映。于是我们看到，沃格林不无感慨地追问道："现代心灵的现代之处是什么呢？"[16]

　　沃格林自述，正是历史溯源论这项新发现对《秩序与历史》前三卷所呈现出来的论述构成了不小的挑战，从而"严重地影响到研究计划"。[17]如果说首次发表于1960年的《历史溯源论》是沃格林在《秩序与历史》前三卷出版后到第四卷出版之间在符号化历史的认知上的一个新发现，且这一新发现所能发挥的直接的理论功能主要是批判一切单线历史建构，那么，除此之外且与此相关，沃格林在历史理解上的新进展还有什么重要内容呢？或者说，关联于历史理解，沃格林在这期间是否有理论上的重大突破呢？1960年7月21日，沃格林在致路易斯安那州立大学出版社社长唐纳德·埃尔古德的信中说：

　　　　正如你将要看到的，由于我如今并不像前三卷那

〔16〕　沃格林：《天下时代》，第126页。
〔17〕　沃格林：《天下时代》，第54页。

样按照时间顺序来对资料进行详细分析，而是对主要的理论问题进行宏观讨论，整个工作已变得与先前那些卷大不相同。这一做法之所以必要，是由于几个文明被关联于一些同样的问题来加以对待；而这一做法之所以可能，则得益于难以置信的幸运垂青：我在符号形式领域中与某种类似于相对论的理论（a theory of relativity for the field of symbolic forms）不期而遇，且由此而发现的理论公式（the theoretical formula）能够涵盖所有那些形式，无论它们属于什么文明，这就使我有可能对全部陈述加以精简化，而这是我之前不曾梦想过的。[18]

霍尔维克和卡林杰拉在《沃格林全集》第28卷的编者导言

———————————

[18] Eric Voegelin, *Selected Correspondence 1950–1984* (*CW*, Vol.30), translated by Sandy Adler, Thomas A. Hollweck, and William Petropulos, edited by Thomas A. Hollweck, University of Missouri Press, 2007, pp.420–421. 这封信值得留意之处还有两点，一是沃格林向埃尔古德说明，《秩序与历史》的写作在第三卷之后之所以被严重拖延，是因为他认为有关中国和印度的极不寻常的材料尚未得到彻底处理，而且还存在难以解决的理论问题；二是沃格林也向埃尔古德陈述了他正在写作的手稿（即后来的《天下时代》）的各章标题：第一章，历史溯源论；第二章，生存的构造；第三章，帝国与天下主义；第四章，中国与印度；第五章，斯多葛主义、启示录与灵知；第六章，基督教；第七章，罗马帝国；第八章，年代学与基督教。将这个写作提纲与后来真正成书的《天下时代》做一对比是有趣的，特别值得注意的是在中国文明与印度文明的安排上的变化：在定稿中"印度"最终并没有出现在章标题中，相关材料被放置在对一些重大理论问题的分析的脉络中；对中国文明的分析占据了一整章，且被放置在对罗马帝国和基督教的分析之后，也是服从于对一些重大理论问题的分析的脉络。

中认为，此信中所说的"符号形式领域中的相对论"正是沃格林所取得的"一个重大理论突破"，且是"沃格林发现'历史溯源论'这一符号化表达的直接结果"。[19]那么，这里的"符号形式领域中的相对论"是指什么呢？我认为，"符号形式领域中的相对论"是指关于历史中的体验和符号的等价物理论。沃格林显然在1960年已经有了关于这个理论的基本想法，但对这个理论更为清晰、更为完整的沉思性表达则要在迟至1970年发表的《历史中体验和符号化的等价物》一文中才能看到。[20]

我的这个判断首先可以从沃格林将他在符号形式领域中的新发现类比于爱因斯坦的相对论这一点得到一个可能的证据。爱因斯坦狭义相对论的著名公式 $E = mc^2$ 正是被概括为质能等价原理（the Principle of Mass-Energy Equivalence），意即物体的质量（m）与能量（E）具有等价性，而能够度量这种等价性的常量（c）则是光速。由此类比地理解，沃格林所谓"符号形式领域中的相对论"就可能是指符号化与体验的等价原理（the Principle of Symbolization-Experience Equivalence）。[21]与此相关，上引

---

〔19〕 Eric Voegelin, *What is History? and Other Late Unpublished Writings* (*CW*, Vol.28), xiv.

〔20〕 沃格林曾计划将这篇文章收入《秩序与历史》第五卷《求索秩序》，但因《求索秩序》是作为遗著而出版的，所以这一计划未能实现。参见沃格林：《天下时代》，第275页，沃格林的注以及英文版编者的注。

〔21〕 至于符号化与体验的等价原理中相应的常量是什么的问题，我认为答案是作为过程的实在，详见下文的分析。

文中的"理论公式"就不是指相对论本身的理论公式（即 $E = mc^2$ 或其改写形式），而是指基于符号形式领域中的相对论而发现的用于历史理解的、能够涵盖所有人类文明形式的理论公式。其实从《历史溯源论》的《天下时代》版本中我们可以清楚地看到，这个用于历史理解的"理论公式"就是指基于原初存在共同体中的四大实在之间的关系将神谱论、人类溯源论、宇宙溯源论和历史溯源论这四种思辨组合在一起而得出的理论公式。[22] 从语境也可以得知，在上引沃格林的那封信中提到的"理论公式"尤其指历史溯源论，而沃格林正是在1960年首次发表了《历史溯源论》。

可以看到，等价性的概念已然清晰地出现在《历史溯源论》的论述中，其语境正是由四种神话思辨组成的集合体（aggregate）与关于存在之根基的哲学思辨的等价性：

> 通过使历史溯源论加入其他三项的行列，这个集合体成为与关于存在之根基的思辨等价的一种符号化表达，只不过前者是通过智性意识的语言来表达，后者则是通过宇宙论神话的语言来表达。这个集合体的确在对宇宙紧敛的原初体验的层次上表达了对存在之根基的体验，到那时为止它尚未达到我们在巴门尼德

---

[22] 沃格林：《天下时代》，第120页。沃格林在此正是使用了"公式"一词。

的存在景象中所看到的那种殊显化的智性层次。[23]

在这一段末尾，沃格林不忘补充说，神话思辨的作者与哲学思辨的作者对存在之张力的体验也具有等价性。在进一步明确提出那个理论公式时，沃格林也多次提及不同层次的符号化表达形式所对应的体验的等价性，并在提出那个理论公式之后评论说："这个公式将比单纯的论说更能有效地传达出，

---

[23] 沃格林：《天下时代》，第118页。《历史溯源论》一共有五个版本，1960年的两个版本内容一样，1966年、1968年和1974年的三个版本在内容上都有明显的增删与调整。此处所引用的沃格林对等价性的论述首见于1966年收入《记忆》的版本，也见于1968年题名为"焦虑与理性"（Anxiety and Reason）的版本，但表述和语境有所不同。这两个版本的表述着重于指出因历史溯源论的提出而引发的一系列与历史和哲学相关的理论问题。1966年版本的表述为："这四种神话思辨类型形成的集合体，与关于存在之根基的哲学思辨是等价的；这种等价性将我们的注意力引向多种体验媒介中的符号化表达的等价性问题，以及从广泛见诸神话与哲学的差异形态的符号化表达中发现的某些长久存在的问题的本性。尤其是从对等价性的探究中——我们不能在这里处理这个问题——我们或许还可期待对哲学的各种根本问题有所发明。"见沃格林：《记忆》，第91页。1968年版本的表述为："将历史溯源论加入其他三项使得这一集合体表现为神话思辨相对于关于存在之根基的哲学思辨的等价现象。于是就出现了一系列问题：首先是历史溯源论在由四项变体所构成的集合体中的功能问题；其次是在多种符号化表达媒介中符号形式的等价性问题；最后是贯穿于广泛分布在神话思辨与理性思辨之不同表面的一系列符号化表达的那些恒常问题的本性问题。我们尤其能够期待从对等价性的探讨中获得对根本性的哲学问题的新的洞察。"见 Eric Voegelin, "Anxiety and Reason," in *What is History? And Other Unpublished Writings*, pp.53–54。后一段引文中"符号形式的等价性"正与"符号形式领域中的相对论"相对应，能够支持我所认为的符号形式领域中的相对论就是指等价物理论的论断。关于《历史溯源论》的五个版本的差异，在此特别感谢刘沐恩的研究和他所提供的资料。

与关于万物之根基的哲学思辨相等价的宇宙论思辨所使用的语言意味着什么。"[24]另外，在阐述历史溯源论的脉络里，等价性概念也被沃格林直接运用于对不同类型的历史编纂的比较性理解中：

> 抛开表现形态上的差异不论，就其实质而言，历史溯源论是后世各类历史编纂在宇宙论神话层次上的等价物——二者的差异或许在于，早期的那些符号化表达者比他们后来的同行们更为微妙地意识到这种相关性背后的错综复杂之处。于是，等价性问题就不仅出现在那个集合体上，而且也出现在历史溯源论的变体上。[25]

从后来《历史中体验和符号化的等价物》一文中的沉

---

〔24〕 沃格林：《天下时代》，第120页。此处引文亦见于《历史溯源论》的1968年版本（*CW*, Vol.28, p.74）。

〔25〕 沃格林：《天下时代》，第121页。此处引文亦见于《历史溯源论》的1968年版本，但语境又有所不同："抛开表现形态上的差异不论，就其实质而言，历史溯源论是后世各类历史编纂在宇宙论神话层次上的等价物——二者的差异或许在于，早期的那些符号化表达者比他们后来的同行们更为微妙地意识到这种相关性背后的错综复杂之处。于是我们就在历史中遇到了相同的等价性问题，即之前在哲学中出现过的那些问题的同一性与连续性；而我们再次能够期待从对等价性的探讨中获得对历史相关性的洞察。"（*CW*, Vol.28, p.54）此处又一次强调期待从对等价性的探讨中获得新的洞见，正预示了沃格林《历史中体验和符号化的等价物》一文的写作——我们知道，这篇对于理解沃格林思想转变非常重要的文章正是写作于1969年，发表于1970年。

思性论述来看，正是因为认识到不同类型的符号化表达与其所对应的体验具有等价性，不同类型的体验与其所对应的实在具有等价性，才使得沃格林对历史溯源论的建构特点、理论功能以及其在人类历史上何以经久不衰做出了清晰的描述和深刻的评价。由此我们也可以看到，当霍尔维克和卡林杰拉断言"符号形式领域中的相对论"是沃格林的一个重大理论突破时，他们是对的，但当他们断言这一理论是沃格林提出"历史溯源论"这一符号化表达的直接结果时，他们是错的。原因显然在于他们没有真正搞清楚"符号形式领域中的相对论"究竟是指什么。如果明确了"符号形式领域中的相对论"其实就是指沃格林后来详细论述过的关于历史中体验和符号化的等价物理论，那么，我们可以清楚地看到，历史溯源论反倒是等价物理论的直接结果，而不是相反。[26] 当然，实际的情况也可能是，沃格林在发现历史溯源论的过程中对等价性问题进行了必要的沉思，从而使他对历史溯源论的认识更加清晰、深刻。

现在让我们聚焦于沃格林在《历史中体验和符号化的等价物》一文中的详细论述。正如我们前面已经提到的，《秩序与历史》的哲学基础是一种体验实在论，这是沃格林从《政治观念史稿》转向《秩序与历史》时就已获得的洞见。关联于这一点，问题就是，如果将这种体验实在论在历

─────────────

〔26〕从上引沃格林的那封信中其实也可以看到，他是先提到"符号形式领域中的相对论"，然后才提到与历史溯源论直接相关的理论公式，其实也是一个遵循因果次序的常见叙述。

史研究过程中贯彻到底，会带来什么样的理论后果呢？《历史中体验和符号化的等价物》一文是沃格林在一篇论文的长度内对这个问题所做出的深邃沉思。如果说《秩序与历史》前三卷的写作尽管基于体验实在论但对其理论意义和理论后果还缺乏彻底的认知，那么，随着在这篇文章中沃格林对其体验实在论的反思达到了他所属意的沉思地步，他就将由这种沉思而获得的理论成果尽可能地运用到《秩序与历史》第四卷以及第五卷（生前未出版的未完成稿）的写作中了。因此，《历史中体验和符号化的等价物》这篇文章，对于我们理解沃格林对《秩序与历史》的新定向至关重要。

由于沃格林将历史理解为"人类求索生存秩序之真理"的过程，于是，讨论的焦点就落在真理问题上。在这篇文章中，沃格林基于现实的哲学环境将问题表达为"求索历史中的恒常"（in search for the constants in history），并拈出"永恒价值"的符号作为一个反思性的起点。也就是说，认为历史中有真理，这一信念在现实的哲学环境中可能被如此刻画：首先，历史虽然因其具有时间维度而变动不居，但历史中存在着恒常，即关于生存秩序的真理；其次，具有恒常性的真理是以永恒价值的形态存于历史之中的。如果说"求索历史中的恒常"是将这篇文章组织起来的基本线索，那么，对这种关于真理的价值理论的批判就是这篇文章得以展开的运思起点。简而言之，基于他的体验实在论，沃格林反对在真理问题上的两种可能的极端：一方面，他基于对体验而非观念的重视反对形形色色的教条主义，另一方面，他基于对实在的肯认而反对流入怀疑主义的相对主义和历史主义。[27]

对价值理论的反思也被关联于我们在历史研究中常常遇到的一个现象，比如说，在面对古代不同社会中种种不同的崇拜、礼仪和神话时，我们无法直接、单一地谈论"价值"，而是说这些崇拜、礼仪和神话具有等价性。等价物现象的存在虽然与价值思维仍有某种关联，显然也对价值理论提出了不小的挑战。沃格林将一个在其自身生存之中的真正的哲人在意识到这一挑战的意义时所感受到的那种智识需要刻画为："强烈要求用一种等价物理论来取代一种价值理论。"[28]也就是说，出于体验实在论而在理论上对两个可能的极端的拒斥，关联于在实际历史研究过程中常常遇到的等价物现象，一同规定了对真理问题的恰当提出。于是事情就变成了，对广泛见诸历史领域中的那种以等价物形态呈现的真理展开理论性的沉思。沃格林认为，只有顺着这个恰当的提法小心谨慎地避免落入各种谬误的陷阱，才能从反思的起点走到沉思的道路上。既然历史哲学作为对历史上出现的各种符号的比较性研究，是"关于人类求索生存秩序之真理的一种反思性探究"，而这条从反思走到沉思的道路正是对这种反思性探究本身的探究，那么，对真理问题的这种反思-沉思就是"历史哲学的基本问题"，

---

〔27〕 正是从后一点上，我们可以窥见沃格林与施特劳斯的一个重要共识。

〔28〕 Eric Voegelin, "Equivalences of Experience and Symbolization in History," in *Published Essays: 1966-1985* (*CW*, Vol.12), p.89, Louisiana State University Press, 1990.

从而也就是"对求索的求索"。[29]

体验实在论的基本命题是，实在是人以其意识性体验参与其中的一个过程。这就意味着，人始终处于生存的张力结构之中，通过他所创造的符号来表达他对实在的体验，而实在又始终超出了人的体验，人用来表达他对实在的体验的那些符号永远也不可能成为关于实在的终极真理。也就是说，人的生存的张力结构在历史中具有恒常性，这是我们首先能够从历史领域中辨认出来的一种恒常现象。这个具有恒常性的生存张力结构表现于符号层面也是显而易见的：

> 如果人类历史中真有某种恒常，那它就是关于张力的语言：生与死之间的张力，有朽与不朽之间的张力，完美与不完美之间的张力，时间与永恒之间的张力，有序与无序之间的张力，真理与谬误之间的张力，生存的意义感与无意义感之间的张力，爱上帝与爱人之间的张力，开放心灵与封闭心灵之间的张力，如信、爱、望等向存在之根基敞开的美德与诸如狂妄、叛逆等向内折叠、闭合的恶德之间的张力，乐观情绪与绝望情绪之间的张力，以及在双重意义上从世界异化与从上帝异化之间的张力。[30]

---

〔29〕 Eric Voegelin, "Equivalences of Experience and Symbolization in History," p.89.

〔30〕 Eric Voegelin, "Equivalences of Experience and Symbolization in History," p.92.

既然这些不同的符号所表达的都是对人的生存张力结构的体验，那么，我们就能够说，这些不同的符号具有等价性。也就是说，符号的等价性来自于不同的符号被用来表达相同的或类似的体验。毋庸赘言，等价性原理既可以运用于同一文明的不同历史阶段，比如说，在希腊文明的不同历史阶段，都能够看到表达人的生存张力结构的语言，无论是以神话的方式还是以哲学的方式；也可以运用于在时间上平行发生的多元文明之间，比如说，无论是在以色列还是在希腊，无论是在印度还是在中国，也都能够看到表达人的生存张力结构的语言。

由符号的等价性现象引出的一个重要问题是历史领域中以等价物形态呈现的真理的有效性检验标准。这当然首先是就同一个历史过程而言的。历史过程中真理的出现来自于"反思着其自身的参与结构的具体意识"。于是，从历史的时间维度来看，人作为以意识的方式体验着实在的具体存在者，在其自我反思与这个整体的历史过程的过去之间，就存在一个密切的关联，用沃格林的话来说，

> 自我反思的努力是真实的，它在关联于反思程度不够的参与体验和殊显化程度不够的符号化表达时能够被清晰地辨认出来；由这种努力所产生的命题也被清晰地辨认为那些先前被发现的、不再令人满意的符号的等价物，且正是这些旧的符号进一步分化的需要

激发了反思的努力。[31]

这无异于说，即使在反思过程中兴起的"新真理"相对于先前殊显化程度不够的那些"旧真理"而言被认为是一种突破——"新真理"往往会以真理的名义宣布那些"旧真理"是谬误或谎言，这种经由突破而产生的"新真理"仍然被认为是那些被宣布为谬误或谎言的"旧真理"的等价物。正是从新旧真理的等价关系中，沃格林导出了检验真理的有效性标准。既然后来者用来表达新真理的那些命题化符号必须"被清晰地辨认为前人在求索人类生存真理的过程中所创造的那些符号的等价物"，那么，检验真理有效性的客观标准就只能是"命题的缺乏原创性"。[32]我们不得不说，在当下这个人人心心念念都想求创新的智识氛围中，沃格林的这个结论是多么的雄辩而惊人！

将符号系于体验加以理解，而不是将之理解为具有实体性对应物的观念，这显示了"探究的正确方向"。既然以不同符号化形式表达的真理具有等价关系，而缺乏原创性才是检验真理的客观标准，那么，就没有任何符号化形式有资格声称自己就是终极真理。也就是说，以上分析可以有效地避免一开始提出的将真理理解为"永恒价值"的那种谬误。

----

〔31〕 Eric Voegelin, "Equivalences of Experience and Symbolization in History," p.94.

〔32〕 Eric Voegelin, "Equivalences of Experience and Symbolization in History," p.94.

如果说"永恒价值"的谬误实际上是将人能够体验到的实在实体化、对象化，又将人对实在的体验理解为观念从而抽象化、一般化的话，那么，另一种更为微妙的谬误则是将体验或人所体验到的内容实体化为绝对。沃格林在此使用了怀特海的术语，将之理解为一种"错置具体性的谬误"。顾名思义，就我们所讨论的主题而言，这种错置具体性的谬误说的是，任何一个有着具体意识的具体个人，无论他的体验在多大程度上呈现了关于实在的真理，也只是他的体验而已；如果借着某种历史的力量而将这种具体个人的具体体验实体化为具有绝对性的东西，那么，这无疑就是将其具体性错置了。沃格林指出了这种错置具体性的谬误的历史缘由：

> 那恒常的体验为了得到认同必须能被表达出来，而一旦被表达出来，结果就是一种不想只成为又一个历史性等价真理，而是要求从这一命运中摆脱出来的符号化方式。[33]

真理从兴发于个人体验到得到更多人的认同，这里存在一个扩展过程。错置具体性的谬误就发生在这个扩展过程之中。以宗教真理的传播过程为例来说，从具体个人的信仰体验扩展到一个社会性宗教的教义，这意味着真理的扭曲过

---

〔33〕 Eric Voegelin, "Equivalences of Experience and Symbolization in History," p.95.

程，尽管沃格林仍高度肯定这种为了保护真理而做出的教条化扭曲在真理的实践领域所发挥的至关重要且无可替代的积极功能。于是，为了避免将体验实体化为绝对，从而也是为了避免从体验内容去求索恒常，我们还需要进一步探究体验得以可能的条件与背景。沃格林认为，这个更为深入的探究步骤意味着，"不仅要讲符号的等价物，还要讲体验的等价物"。[34]

体验得以可能的条件与背景意味着存在比体验更深和更高的层次，具体来说，涉及两个不同方向上的关联：首先，体验表现为意识活动，发生在人的心灵中，因此，必须关联于比呈现在意识层次上的体验更深的心灵，才能理解体验的可能性条件与背景；其次，体验是对实在的体验，因此，必须关联于比体验更高的实在以及关于实在的真理，才能理解体验的可能性条件与背景。沃格林认为，只有在体验与更深的心灵和更高的实在的双重关联中，我们才能理解等价性现象，从而才能建构一种适合历史哲学的等价物理论，作为我们对真理问题的恰当解决。

对于比呈现在意识层次上的体验更深的心灵，沃格林聚焦于希腊思想家所发明的"心灵"（psyche）这一符号，认为希腊人发明这一符号，意在强调一个比意识和体验更深、意识和体验出乎其中、具有无限深度的领域：

---

[34] Eric Voegelin, "Equivalences of Experience and Symbolization in History," p.95.

希腊思想家将旧的术语转化为这个符号，用来表达围绕着和领悟着意识性体验之区域的体验场所或环境。新的符号意义是，心灵是深奥的，且其深奥是无限的。一个人能够下行到心灵的深奥之中探测之，就像一个潜水者从深渊中拉升出迄今为止尚未透彻地表达的关于实在的真理。探测导致了意识性体验中意义的隆升（augmentation），但对意识与深度之间的连续性的认知也会准许心灵使用意义隆升的语言。当真理之光暗淡，其符号正在失去其可信性时，下行到心灵的深奥之中就会被提示。当符号之白昼转为夜晚，一个人必须返回夜晚的深奥，而真理正是在夜晚的深奥之中显明给那个意欲寻求它的人的。心灵的深奥是如此迷人，它既是威胁也是魅力——作为在深奥的真理从规定他生活方向的那些符号中脱离时人落入的一个深渊，也作为在真理中的新生活和引出生活的新定向的那个源泉。于是，带着新体验到的真理从心灵的深奥中返回来，被符号化为具有双重意义的更新（renovatio），真理的更新与人的更新。[35]

可以看到，意识与体验因其显明性而被比作白昼，相对地，心灵则因其深奥性而被比作黑夜，而白昼与黑夜的连续性毋

---

〔35〕 Eric Voegelin, "Equivalences of Experience and Symbolization in History," pp.96–97.

宁说应当被理解为，白昼是从黑夜中升起的，而黑夜比白昼更为博大、更为深远。在这个鲜明的譬喻性对比中，我们或许能够更为直观地理解伴随着人的更新的真理的更新过程。真理是被人从心灵的无限深奥之中拉升上来而呈现于意识的。当旧的真理不再可信，人再一次下行到心灵的无限深奥之中，凭着自己被赋予的特殊能力再次从心灵的无限深奥之中拉升出新的真理，以取代那些因现实的危机和动荡而变得不再可信的旧真理。新旧真理从心灵的无限深奥中被拉升上来，就像两个白昼在同一个更为深长的黑夜中更替出现一样，而新旧真理的更替也意味着体验到这些真理的人的更新。

尽管在这个过程中发生了真理和人的双重更新，乃至于新真理会以真理的名义将旧真理判为谬误或谎言，持有新真理的人会将持有旧真理的人斥为虚妄或异端，但是，如果考虑到新旧真理都来自对实在的体验，而被以新旧两种不同方式所体验到的实在是同样的实在，那么，相对于这同样的实在，新旧两种不同方式的体验具有等价性，这一点就有可能被认识到。沃格林认为，在希腊思想史上明确意识到这一点的是亚里士多德：

> 当新的真理有效地建构了新的社会领域，其兴发之事件就将被认为标志着一个纪元，一个由大写的之前和之后来表达的历史过程。更新与发现的热忱是如此紧张，以至于它会将新的真理变形为绝对真理——

一种将先前所有真理都贬低为假冒和谎言的终极真理。然而，通过认识到从过程中新兴的真理并不是完全的新，并不是对迄今为止尚未知晓的某个实在的真理，而是对此前被旧的真理更为紧敛地符号化了的那个同一实在的更为殊显化、从而也是更胜一筹的洞察，这种热忱也能趋于平和。当这种批判性认识变得足够精致，正如在亚里士多德那里所发生的，朝向一种关于等价符号和等价体验的理论的第一步就迈出了：亚里士多德确认神话与哲学作为语言同样都能够被人用来表达实在的真理，纵然他赋予哲学以更高的等级，作为适合完成这一任务的工具。[36]

柏拉图还以哲学的名义拒斥诗人口中的神话，因而提出了将诗人赶出城邦的激烈主张，亚里士多德则已明确指出神话与哲学讲述的是同一个真理了。由于突破过程往往处于高度紧张之中，对新旧真理之等价性的认识往往不会出现在突破的端口，而是出现在突破基本完成以后的某个时间点。认识到新旧真理具有等价性使得持有新真理的人会更为平和地看到已被抛弃的旧真理，但新真理就是新真理，持有新真理的人也不会因为他认识到新旧真理具有等价性而退回到旧真理之中。

---

〔36〕 Eric Voegelin, "Equivalences of Experience and Symbolization in History," p.97.

这样，对体验的可能性条件与背景的分析就被从心灵的无限深奥这个方向上引到了另一个方向上，即引到了体验与实在的关联性这个方向上。概括而言，沃格林首先基于心灵的无限深奥来凸显意识和体验的有限性，然后又基于牵引着意识和体验的实在来公度不同的意识和体验中不同的真理坡度（truth gradient）。[37] 也就是说，真正使不同的体验获得其等价性地位的，其实是牵引着人的意识和体验的共同实在。而牵引着人的意识和体验的共同实在，也就是"实在的原初领域"，也就是沃格林在《以色列与启示》的导论一开始所说的，由神、人、世界和社会组成的原初存在共同体，正如我们一开始就引用过的。

神、人、世界和社会，作为组成原初存在共同体的四个成员，相遇在人的意识性体验和行动之中，而人对这个原初存在共同体的体验又存在一个从紧敛到殊显化的进展过程，从而造就了普遍意义上的人类。这是沃格林对人类秩序的历史展开的核心叙事。可以看到，将原初存在共同体分析为神、人、世界和社会，这是一种结构性分析。也就是说，神、人、世界和社会，以人的张力性存在作为关键，共同构成一个存在的结构。于是，如果我们可以恰当地将神、人、世界和社会称为原初存在共同体的结构成员（structure partners），那么，分别对应于紧敛性与殊显化的人类体验的

---

〔37〕"真理坡度"德文为"Wahrheitsgefälle"，指真理的较高或较低的不同层级，这是沃格林在《何为政治实在？》的长篇演讲中使用的术语，见沃格林：《记忆》，第408页。

不同秩序——宇宙论秩序和包括人类学秩序与救赎论秩序的心性论秩序——就可以恰当地被称为原初存在共同体的结构样式（structure patterns）。由此就可以清晰地看到，原初存在共同体的结构成员的恒常性，构成了等价性体验和等价性符号的真正基础，而原初存在共同体的结构样式的差异性，表达了人类秩序在历史中的可能进展。

强调人的生存的张力结构，承认人类秩序在历史中可能的进展，这些都充分表明，对原初存在共同体的结构性分析并未停留于静态。也就是说，实在构成一个结构，而其存在方式则是一个过程。[38] 沃格林认为，既然实在的这个存在过程只有通过人的意识性体验和相应的行动才能出场，那么，我们就有理由将之刻画为"出场模式中的过程"（the process in the mode of presence）。于是，关联于这篇论文一开始就提出的"求索历史中的恒常"这个主题，就能够说，"在我们的求索过程中出现的唯一配得上恒常之名的，就是出场模式中的过程"。[39] 而且，正是在过程出场的那个时间点上，符号和体验的等价关系才呈现出来：

等价关系并不直接呈现于历史领域的现象之中，而是通过等价性对产生于心灵深奥之中的体验及其符

---

[38] 从这一点可以看到，沃格林何以高度肯定怀特海的过程实在论。在很大意义上说，沃格林的体验实在论其实也是一种过程实在论。

[39] Eric Voegelin, "Equivalences of Experience and Symbolization in History," p.102.

号化进行调解。因此，既不是单个的现象也不是现象的总计作为对象被给予自身并非领域一部分的观察着的意识。单个现象进入到等价关系，且就这种等价关系在历史领域中被识别出来而言，只是对产生了先前的真理符号的求索过程中的参与者而言的。过程只有在其出场的意识中才有一个过去，也就是说，在新的真理从心灵的深奥中释放出来去抵消从同样的深奥中产生出来的旧的真理的那一点上。于是，过程的出场就是那个点，我们对历史领域及其现象的等价性的意识，与新的真理，一同兴发——正如我们在赫拉克利特、柏拉图和亚里士多德那里所看到的那样，在那个点上，哲学的新真理与等价于神话的知识一同兴发。[40]

概括而言，不同的符号可能来自相同的体验，由此我们可以理解符号的等价性；不同的体验必然受到相同实在的牵引，由此我们可以理解体验的等价性。正是通过不断出场而呈现为过程的实在，这个历史中真正的恒常，为关于真理的等价物理论奠定了基础。[41]这种关于真理的等价物理论，会在我们对历史的认知上产生什么样的理论后果呢？对此，

〔40〕 Eric Voegelin, "Equivalences of Experience and Symbolization in History," p.100.

〔41〕 根据这一理解，此处所谓"通过不断出场而呈现为过程的实在"，或者说是"呈现为一个整体过程的实在"，就是沃格林所谓"符号形式领域中的相对论"中的那个常量。

沃格林说：

> 　　我们在历史中没有发现任何恒常之物，但却发现
> 了在时空中留下了许多等价符号的踪迹的那个过程的
> 恒常性。而对于等价符号的这一串踪迹，我们能够用
> 惯常所谓的"历史"来命名。正如我们所说，历史并
> 非给定，而是我们用来表达我们的集体体验时由过程
> 的不断出场而留下的一串踪迹。[42]

历史就是由过程的不断出场而留下的一串踪迹，没有固定的
开端与结尾，因为在心灵的无限深奥中受到实在牵引的意识
和体验永远不可能彻底地把握实在，而是以不同的层级和真
理坡度显明着实在，于是，直面实在的无限奥秘，历史就时
时处在可能的上升或下落的路上。如果说历史时时处在可能
的上升与下落的路上是奥古斯丁的历史建构就已经达到的一
个重要洞见，而从《秩序与历史》一开始甚至更早的时候就
已经被沃格林充分领悟并全然接受的话，那么，沃格林在
《秩序与历史》第三卷和第四卷之间的思想变化就可以恰当
地表达为对奥古斯丁式的历史建构的一个重要批评，即，对
上述洞见的认可应当被规范在一个合理的界限之内，避免将
之变成一种具有历史溯源论形态的单线历史观。这当然也是

---

〔42〕 Eric Voegelin, "Equivalences of Experience and Symbolization in History,"
　　　 p.102.

第四章　历史理解上的新进展与《秩序与历史》的新定向　　**141**

沃格林针对《秩序与历史》前三卷而做出的自我反省。格里戈·塞巴认为，《天下时代》是"沃格林的《出埃及记》"，[43] 在我看来，批判奥古斯丁式的历史建构也同样陷入了单线历史观念，正是沃格林这部《出埃及记》的重要内容之一，而且，《天下时代》中对奥古斯丁式历史建构的批判式修正，也正是导致那些过于拘泥于其教义立场的基督教神学家"极度失望"的一个重要原因。

那种热衷于对历史的开端与终结进行封闭式思辨的智性或非智性阐释，也就是古今形形色色的、以溯源论形态而呈现出来的历史观念，都是基于种种扭曲的生存状态而产生的。可以看到，对历史溯源论的批判性分析就是在这里与关于历史中的真理的等价物理论相遇了，二者基本上是破与立的关系，是沃格林思想变化中的一体两面。当然，也正如我们看到的，等价物理论的提出本身就包含着强烈的批判性，且正是因为等价物理论的提出，我们才能够更为深入地理解为何历史溯源论这种看起来智识程度不高的"神话思辨"会常存于人类历史的几乎所有时代。

回到我们最为关心的一个问题，在对历史的这种更为深入的认知之下，我们还能在何种意义上谈论历史中的进展呢？我们知道，经由存在的飞跃或超越的突破，从宇宙论秩序进展到心性论秩序，这一秩序的历史规定了人类历史的秩

〔43〕 Gregor Sebba, "Prelude and Variations on the Theme of Eric Voegelin," in *Eric Voegelin's Thought: A Critical Appraisal*, edited with an introduction by Ellis Sandoz, Duke University Press, 1982, p.51.

序，这是沃格林在《秩序与历史》前三卷的立论基础。于是，这一问题也就可以表述为，由等价物理论的提出而带来的历史理解上的变化，是否或在多大程度上减弱了存在的飞跃的意义？是否或在多大程度上削弱了《秩序与历史》原来的立论基础？

存在的飞跃如果足够彻底，一定会带来一种历史意识，这可以说是在先前的论述中心性论秩序与宇宙论秩序的最大区别，心性论秩序的文明因而也被称为历史性文明。随着等价物理论的提出，先前仅仅基于存在的飞跃而被理解和刻画的历史意识就被更新了：

> 历史起源于过程的出场，当兴发于心灵之深奥中的一个关于实在的真理将自己辨识为等价但优越于先前体验到的真理时。[44]

以"等价但优越于"来重新表述新旧真理之间的关系，是理解被更新了的历史意识的要点所在。可以看到，原来基于存在的飞跃一味强调新真理对旧真理的优越性，而在被更新了的论述中，新真理与旧真理的关系首先是它们之间的等价性，而新真理对旧真理的优越性在承认它们之间的等价性的基础上仍被认可。也就是说，在人类的历史上对秩序的理解

---

〔44〕 Eric Voegelin, "Equivalences of Experience and Symbolization in History," p.102.

存在一个从紧敛到殊显化的进展过程，但必须将这一点与对新旧真理的等价性认知结合起来，才能形成一个更为成熟的历史意识。于是结论就是，被更新了的历史意识同时要求着对新旧真理的等价性认知和优越性认知，二者缺一不可。更具体地说，等价性认知并不废除优越性认知，而优越性认知必须得到等价性认知的重新校准和重新定位。如果说历史溯源论是沃格林在对符号化历史的认知领域的一个新发现，而关于历史中的真理的等价物理论的提出是沃格林在历史理解上的一个新进展，那么，由此而来的被更新了的历史意识就意味着沃格林《秩序与历史》的新定向。

伴随着这一新定向而来的一个重要变化，是沃格林对"宇宙"这个符号的进一步沉思。既然对应于不同秩序的体验具有等价性，且检验真理有效性的客观标准是表达真理的命题缺乏原创性，那么，对实在的原初体验就是一个恰当的分析起点。在《历史中体验和符号化的等价物》一文中，沃格林将相关的分析聚焦于柏拉图在《蒂迈欧篇》中提出的"宇宙心灵"（*anima mundi*）符号：

> 求索真理的哲人想知道，当人下行到其心灵的深奥中时，就原初领域他能触及到什么样的实在。既然真理被人从心灵的深奥之中拉升上来，而这种深奥影响着他对整体领域的观察视角，那么，他就不会将心灵之深奥的实在与共同体中的任何一个成员等同，而是将之等同于为那些成员提供一个共同秩序的奠基性

实在，此亦即宇宙的实质。这就是柏拉图在《蒂迈欧篇》中对这个问题的回答。意识之下的心灵的深奥就是宇宙在原初领域之下的深奥。因此，在深奥中的宇宙实在就是宇宙心灵。[45]

对实在的原初体验被归结到"宇宙的实质"上，而这里的"宇宙"被理解为一个为原初存在共同体的结构成员提供共同秩序的奠基性实在。柏拉图的解决办法是将心灵的深奥对应于宇宙的深奥，从而提出了"宇宙心灵"的符号，甚至最后还提出了"宇宙是一个有心灵、有理性的生命体"的特别看法，隐隐指向对宇宙的目的论理解。[46]沃格林在简要批判了"宇宙心灵"说在西方智识史上、特别是现代以来的形而上学扭曲之后，还是高度肯定了柏拉图以神话诗剧的形式所提出的这个解决办法的意义。在他看来，在柏拉图那里，将人的心灵与宇宙的深奥联结起来的是一种人对实在的高度信任（*pistis*），而这种高度信任已然充分地反映在"宇宙"——如我们所知，其含义就是"秩序"——这个符号中了：

在人对实在的信任的驱动下，相信实在能够被理智地秩序化，也就是能够作为一个宇宙。我们对过程

---

〔45〕 Eric Voegelin, "Equivalences of Experience and Symbolization in History," p.98.

〔46〕 儒教历史上的"天地之心"这个符号，与柏拉图的"宇宙心灵"符号可能具有等价关系。

中的实在的视角性体验可能导致的只是一些洞见的碎片，这些碎片性的元素可能是异质的，甚至看起来是不可公度的，但信任实在在奠基处为一，信任其一致性、持久性，信任结构的恒常性，信任秩序和理智，将激发人去创造一些意象，用来表达在深奥中所感知到的有序的整全。这些意象中最重要的一个就是"宇宙"这个符号本身，其在历史上的开展与"心灵"的符号平行。[47]

人对实在的信任就是人之为人——即人在其生存的真实处境中——最基本的美德。现在我们看到，这种人之为人的基本美德不仅朝向神，也朝向宇宙和人本身。既然宇宙被作为一个为原初存在共同体的结构成员提供共同秩序的奠基性实在，那么，对实在的原初体验也就能被恰当地理解为对宇宙之原初体验。在表达心性论秩序的新真理取代了表达宇宙论秩序的旧真理之后，对宇宙之原初体验并不会完全失去意义，这当然是因为新旧真理之间存在着等价性。这也意味着，宇宙论形式的符号化表达在心性论文明中仍然存在且具备存在的理由。用沃格林的分析性语言来说，在殊显化的新真理取代了紧敛性的旧真理之后，宇宙论形式的符号化表达并未被消除。对于宇宙论真理在心性论真理占据主导地位后

---

[47] Eric Voegelin, "Equivalences of Experience and Symbolization in History," pp.98–99.

何以仍得到保留这一点，在《天下时代》的导言里，沃格林提出一个意识殊显化过程中的分层化原理来解释之：

　　由以色列先知和古希腊哲学家发现的关于生存的真理，尽管在出现的时间上晚于关于宇宙的真理，但并不能完全取而代之，因为那些新洞见在间接地影响到作为一个整体的实在所呈现的影像时，仅仅与人对其生存张力的意识直接相关。在启示的过程中，隐匿在宇宙内众神背后的神，会使自身或显现在视觉与听觉体验中，或显现在"温柔静谧的声音"中，或显现在探索者的沉思性求索中，从而在他的未知特性背景下得到认识；与此同时，对这种显现有回应的人开始将他的回应视为参与神性实在的行为。他在其人性中发现那个既是神的显现所发生的处所，又是这种显现的感枢的东西；他找到诸如 psyche（心灵）、pneuma（灵）或 nous（理智）这样的词语，来对这个东西加以符号化表达。当他参与到某个神显事件之中时，他的意识获得智性光辉，认识到他自身的人性是由他与未知的神的关系构成的，后者在这个人心灵中的运动性显现激发出那种回应运动。我已尽可能严格地界定该事件的结构，以便表明，由此产生的洞见实际上仅限于非常狭小的区域；新的真理与人对其人性——处于以神性根基为目标的参与式张力之中的人性——的意识相关，而与超出这片有限区域之外的实在无关。[48]

人的意识在从紧敛性进展到殊显化的过程中包含着一种分层化，即并不像原来所认为的那样，以新的心性论真理直接取代旧的宇宙论真理，而是对心灵与宇宙分层处理，也就是说，心性论真理直接作用于心灵领域，在其取得主导地位的同时并不是废除宇宙论层面的真理，而往往是基于新的心性论真理寻求与原来的宇宙论真理的某种调和，或者也可以说是基于心性论真理通过重释或调和等手段重构宇宙论真理，而个中原因也不难想到，奠基于其神性根基之上的宇宙的实在性，作为人的生存的一个结构性恒常，并不会因为真理的殊显化而被否定：

> 对生存真理的殊显化并未取消该事件所发生于其中的宇宙。不过，就宇宙的生存与结构而言，它被体验为由神创造出来并塑造秩序的。这种新真理会影响对宇宙内神灵的信仰，使人不再将它们视为对宇宙论神性实在的最充分的符号化；但它无法影响对神性实在的体验，这种实在是宇宙中的创生力量与塑造秩序的力量。因此，当关于生存的真理进入一个漫长的过程，旨在发展出对其加以充分表达的符号之后，我们可以看到与宇宙内的神的显现（cosmic-divine presence）

---

[48] 沃格林：《天下时代》，第55-56页。

这个问题相调和的各种努力。隐匿的神（或者说未知的神）将自身启示在灵魂的运动中，将要被认作造物主–神，而所有其他神则变成假神，如在以色列那样；或者，他将要被认作造物主–至上神，作为与所有其他神相对的至上神，如在埃及的阿蒙赞美诗中那样；或者，他将被允许与宇宙内神灵们共存，如在印度教中那样；或者，他将被识别为真正的至上神，居于奥林匹斯众神之上，甚至居于哲人的神话所描述的众神之上，如在柏拉图或普罗提诺的思想中那样。[49]

对宇宙之原初体验在宇宙论秩序崩溃之后还发挥着某种重要作用，这一由更新了的历史意识而来的对宇宙的新认识必然会带来沃格林对人类历史中与宇宙问题相关的一些秩序现象的新认识。前面已提及，《历史溯源论》一文首次发表于1960年，在1966年被收入《记忆》，最后的版本则变成在1974年出版的《天下时代》的第一章。在最后收入《天下时代》的这个版本中，沃格林有一些改写与补写，其中最明显的补写是现在看到的这一章的第三节，标题为"生存与非生存"。在补写的第三节中，沃格林基于其体验实在论，通过进一步区分两种模式的实在，即生存模式的实在与非生

----

〔49〕 沃格林：《天下时代》，第56–57页。沃格林在此除了论及以色列和希腊之外，还提到埃及和印度，唯独没有提到中国。但毋庸赘言，我们自然应当、甚至更应当将这个意识殊显化过程中的分层化原理运用到对中国文明的分析中。

存模式的实在，就与历史溯源论有关的宇宙论真理的演变机制——特别是其解体——进行了充分的解释，最终引出对严重影响了历史溯源论建构的时间模式的批判性分析。关于宇宙论真理解体且被心性论真理取代的历史过程，沃格林在《以色列与启示》的导论中已经论述过，正如我们在本书第一章一开始提到的。对比一下不难看到，对于宇宙论真理的解体，如果说在《以色列与启示》的导论中沃格林更强调其历史过程的话，那么，补写的第三节更强调其意识过程。而且，第三节的补写明显是在关于体验和符号的等价物理论提出之后进行的，这也就是说，我们可以将第三节的补写理解为沃格林在提出关于体验和符号的等价物理论之后对宇宙论真理的解体过程所做的重新分析。

重新分析的起点当然仍是对宇宙之原初体验，即，神与人共生、共处于同一个宇宙因而呈现出神与人之间的交融性的那种体验，沃格林特别强调了体验与人的生存的相关性以及"神在宇宙之内"这个要点：

> 原初体验中的宇宙，既不是由被给予了认知主体的诸对象所构成的那个外部世界，也不是由超越世界的神所创造的那个世界。相反，它是由皇天后土所构成的那个整体，包括了天体及其运行，季节的变化，生物的成长节律，人从生到死的全部生活。最重要的，正如泰勒斯所知道的那样，它是一个充满众神的宇宙。最后这一点，即神在宇宙之内，无论怎么强调也不为

> 过，因为在今天，像多神论、一神论这种轻易做出的分类几乎已经将之完全遮蔽了。数量并不重要，重要的是对神性实在的意识，是要将其视为宇宙内的抑或超越此世的。[50]

人生存于宇宙内诸神之下，这一体验主导了宇宙论帝国中的历史建构。历史所记录的无非是作为神谕执行者的人——即被认为与神有着密切关联的统治者——执行或不执行神的意志的事件序列，反过来说，神的意志也正是通过统治者的行动与不行动、通过社会的有序或无序得以显明。因此，历史记录往往就是胜利者的胜利报告，尽管在这种由骄傲所激发的胜利报告背后，总是存在一股焦虑的暗流。帝国危机的严重程度的确是宇宙论真理解体的推动因素，但像先知、哲人和圣人等极少数心智灵敏者的精神突破才是心性论真理取代宇宙论真理的核心动力。当更为殊显化的心性论真理对紧敛的宇宙论真理构成挑战时，必然会触及对宇宙之原初体验的"自身根基"，尽管更为殊显化的新体验与紧敛的原初体验是在相同的根基上运动的：

> 新旧两种真理紧密相连，因为它们毕竟是有关相同实在的两种真理；它们是等价的符号化表达，区别之处在于它们在紧敛性和殊显化天平上的不同位置。

---

[50] 沃格林：《天下时代》，第127页。

> 考虑到这种紧密联系，这种原初体验的"自身根基"
> 相当重要，因为形成挑战的那些殊显化必须在与之相
> 同的根基上运动。[51]

原初体验的自身根基，从原初存在共同体的四元结构来看，就是人在张力中的生存，正如本书第一章一开始业已指出过的。在此，沃格林将人的生存扩展为宇宙中的万物的生存，提出了一个新的分析思路。具体来说，通过对宇宙论帝国中的两种王权统治的符号化表达的简要考察，沃格林区分了两种不同模式的实在，作为分析原初体验的自身根基的新的理论工具。在王权统治的符号化表达中所呈现出来的用于统治类比的宇宙体验，无论是那种将囊括一切的秩序化的宇宙（cosmos）混同于外在的对象化的宇宙（universe）的倾向，还是那种将囊括一切的秩序化的宇宙混同于众神的倾向，都因其对实在区域的同质化体验且又不得不面对两种不同模式的实在从而呈现出一个致命的缺陷：

> 宇宙并不是万物之一，它是实在的背景，万物的
> 生存以它为背景，它具有非生存模式的实在性。因此，
> 这种对相互类比的宇宙论式摆弄，无法建立在某个外
> 在于自身的坚实基础上，它所能做到的仅仅是，生成
> 一个特殊的实在区域（在这个例子里就是历史中的社

---

[51] 沃格林：《天下时代》，第130–131页。

会及其秩序），该区域向位于非生存的深渊之上的生存
奥秘敞开。[52]

通过非生存模式的实在与生存模式的实在的对举而将宇宙与
宇宙内的万物区分开来，沃格林指出，对宇宙之原初体验的
自身根基，其实是生存与其所出自的非生存之间的张力。同
时他也不忘指出，这也是一切实在体验中都具有的基本张
力。不难看到，此处所说的生存与其所出自的非生存之间的
张力，与《以色列与启示》的导论中所说的人在反思性张力
之中的生存以及《历史中体验和符号化的等价物》一文中所
说的恒常性的生存张力结构，都是一回事，只是分析所使用
的概念工具发生了变化。

　　社会秩序的宇宙论类比之所以不够稳定，缺乏一个坚
实的基础，原因就在于类比的对象在宇宙之内，要么是一个
对象化的物理宇宙，要么是对象化的宇宙内众神。宇宙内的
万物都是有生有灭的，这意味着在对宇宙之原初体验中，核
心的体验是一种出自虚无而又归于虚无的不稳定平衡。对于
这种充满着强烈虚无感的生存体验，沃格林提到其与现代存
在主义（existentialism）的相似性，并指出相似的根源在于
在这两种体验背后具有类似的对生存的无根基性的意识，

　　　　这种意识在现代思想家那里被强烈地唤醒，他们

---

[52]　沃格林：《天下时代》，第131–132页。

拒绝了教条化的形而上学和神学，但却无法重新建立起对宇宙神性秩序的非教条化信任。在智性与灵性精神迷惘条件下出现的焦虑和异化洪流，使现代条件近似于基督纪元前3000年的状况，二者有着惊人相似的精神疾病症状，就像各种现代历史哲学与苏美尔列王表那样。[53]

如果神是作为宇宙根基而存在，那么，神在宇宙之内的体验恰恰意味着根基的不稳定性，因为这意味着将神与宇宙内的万物做同质化理解，而宇宙内万物属于生存模式的实在。也就是说，一方面，作为宇宙根基的神被体验为与作为生存模式的实在的宇宙内万物有根本的不同，另一方面，作为宇宙根基的神又被体验为属于宇宙内万物，这恰恰呈现出包含在对宇宙之原初体验中的那种意识的冲突。毋庸赘言，将神体验为超越于宇宙之上的实在的精神突破，正是为了解决由于将神体验为属于宇宙内万物而导致的那种意识的冲突。

通过区分两种模式的实在而将宇宙与宇宙内万物分开，其实已经清晰地指向了宇宙作为人的体验中的实在所具有的某种超越宇宙内万物之生灭特征的恒常性。如果要对宇宙的这种超越万物之生灭特征的恒常性展开进一步的追问，那么，就一定会指向对宇宙之神性根基的思辨。也就是说，人

---

[53] 沃格林：《天下时代》，第132页。

的生存，既可能被体验为出于虚无的生存（existence out of nothing），也可能被体验为出于非生存的生存（existence out of nonexistence），而后者也就是关联于作为宇宙根基的神的生存。在此，沃格林引出了莱布尼兹在1714年的《基于理性之上的自然与恩典原理》中提出的问题：

> 为什么有物存在，而不是虚无？为什么万物必须如其所是地存在，而不是与此不同？[54]

这个关于万物根基的形而上学问题当然并非莱布尼兹的原创，它既出现于哲学的开端，如在阿那克西曼德和赫拉克利特那里，也被莱布尼兹之后更晚近的思想家所追问，如在谢林和海德格尔那里。莱布尼兹对此的回答是：万物的终极原因被称作神。这一回答表明，那种对宇宙之神性根基的思辨，归属于对宇宙之原初体验，并未因历史的巨大变迁而消失。在沃格林看来，关于宇宙之神性根基，我们从人类思想史上可以找到许多等价物，而其意义必须将之与具体社会中的具体个人在该社会的具体历史处境中对实在的具体体验联系起来时才能呈现：

> 根基可以是：柏拉图式的赋予宇宙以生命的宇宙心灵；或者同样是柏拉图的父亲–神，我们对其知之

---

〔54〕 沃格林:《天下时代》，第133页。

甚少，以至于他从未得到人们充分赞誉；亚里士多德式的因果链条的第一因，它将自身启示为《形而上学》中提到的神性心灵；以色列人所说的创世神；基督教教义中先于尘世并超越尘世的神；新柏拉图主义的宇宙心灵，由黑格尔那种以辩证方式内在主义化的精神加以改造；柏格森式的生命冲动；具有模仿性的存在（Being），海德格尔徒劳地等待他的降临；或者是阿蒙-太阳神，哈特舍普素特女王并不徒劳地等待他的降临。[55]

能够将柏拉图、亚里士多德、以色列、基督教、新柏拉图主义、黑格尔、柏格森、海德格尔以及古埃及的神的观念放在一起，认为就其都被体验为宇宙之神性根基这一点而言并无实质性的差别，只有在关于体验和符号的等价物理论提出之后才有可能。桑多兹明确地指出，莱布尼兹所提出的这个大写的根基问题，这个关于万物的终极原因的问题，也就是这个关于神的问题，其实是沃格林思想的核心所在，构成沃格林全部探究的体验基础和基本结构。[56]紧扣沃格林引出这个问题的具体语境，在此我们更愿意强调原初存在共同体中神与宇宙的关联问题，或者如沃格林所说，宇宙之神性根基问题。

---

〔55〕 沃格林：《天下时代》，第134页。

〔56〕 Ellis Sandoz, "Introduction," in *Eric Voegelin's Thought: A Critical Appraisal*, ix.

在以宇宙论风格进行的关于宇宙之神性根基的思考中，宇宙成为联结神与万物的一个间际性实在（in-between reality）。作为根基的神被体验为宇宙内的，意味着"宇宙实在的间际将生存与生存根基之间的张力封闭在它的紧敛性之中了"。沃格林想要进一步指出的是，宇宙的这种"有张力的封闭"的确达到了一定程度的平衡，但毕竟是一种相当不稳定的平衡，也就是说，"无法永远阻止混乱的发生"。随着现实危机的不断来临，宇宙论秩序的解体随时可能发生。如果说这种解体会一直"持续到宇宙分裂为一个去神化的外在世界和一个超越于世界之上的神为止"，那么，根据体验和符号的等价物理论而必须把握的认知分寸就是，"解体的是宇宙论风格的真理"，"分裂的是原初体验所体验到的宇宙"，"所有这些殊显化结果均未影响到原初体验的核心，即对那种间际性实在的体验"。[57]

为了说明宇宙之神性根基并未随着宇宙的去神化而消失，沃格林特别引述了康德关于"头上之星空与心中之道德律乃吾人所不得不敬畏"的著名格言。在康德的时代，即在近代科学革命已然极大地改变了世界的18世纪，宇宙之神性根基，作为对宇宙之原初体验的核心，仍然以某种方式呈现出来：

> 康德所说的"星空"是在天体意义上对其神性根

---

〔57〕 沃格林：《天下时代》，第137页。

基显明的宇宙，而他的"道德律"是某种神性实在的显现，它在一个已然尘世化的人的有意识生存中变得超越此世。那种原初体验所体验到的间际性实在已遭严重消减，它不再是对所有模式下的实在加以符号化时所依据的模板，但它仍在那里。[58]

总之，将宇宙体验为一个朝其神性根基敞开的整体，与将宇宙体验为与其神性根基构成张力的有生有灭的万物，是两种不同的体验模式；如果不能将两种体验模式区分开来，分别运用于不同的实在，而是将其中一种体验模式运用于所有实在，结果就可能导致意识的冲突以及由此而来的体验的不稳定性；于是，就产生了对两种体验模式的本轮式（epicyclical）结合的需要，而其结果就是循环时间观，作为应对宇宙论风格的真理体验的不稳定性而被发明出来以求获得平衡的一种符号化表达。至此，沃格林的分析就转向了时间模式这个历史哲学中的重要问题了。

沃格林首先提到，一个由来已久且一直延续到当代的错误看法构成了我们在理解时间问题上的巨大障碍：

更大的一个障碍是之前提到的主题模块，宇宙论思想在那里被刻画为持有循环时间观，而直线时间观则为犹太–基督教历史所特有。作为科学中的一个命

---

〔58〕 沃格林：《天下时代》，第137–138页。

题，这一传统说法是毫无意义的，当被彻底抛弃；但它却颇有生命力，因为它带有意识形态的暗示：从循环时间观到直线时间观是一种进步。循环时间观是更为原初的，适合像柏拉图那样的异教徒，他们未曾得到启示或启蒙的助益；直线时间观是更为先进的，是历史的真正时间观念，神在其中向基督教徒启示自身，意识形态思想家则在其中向人类启示自身。由此带来的结果是一种历史溯源论的建构，并由此越出了基督教的轨道，变成一种意识形态的观念强迫力。[59]

如果有人乍看之下以为沃格林在此只是要解构犹太-基督教传统中的直线时间观，甚至连带着要为循环时间观翻案的话，那么，他就大错特错了。沃格林的做法更为根本，他是要对实体化的循环时间观和直线时间观进行双重解构——这才是他认为那一传统说法"当被彻底抛弃"的真实含义。在他看来，循环时间观和直线时间观一样，都是"将时间视为一条可将万物安置于其上的线"，只不过一个认为这条线是循环的，一个认为这条线是直进的。在循环时间观背后起着支持作用的，仍然是"关于历史过程的一种幻象，它将历史过程视为一个有着开端和终点的实体"，只不过与直线时间观不同，循环时间观中的历史被认为是"在无限的时间中周

---

〔59〕 沃格林：《天下时代》，第138–139页。

期性地复现的实体"。[60] 或许也可以这样理解：宇宙有其神性根基，又构成万物生存的背景，从宇宙与神和万物之间的关联来看，直线时间观通过一个指向终点的神的旨意来"历史地"统摄生存着的万物，从而基于对时间的实体化理解而达致了一种封闭式的单线历史观，循环时间观则通过一个被实体化了的宇宙——仍然承认宇宙之神性根基——来"历史地"统摄生存着的万物，从而同样基于对时间的实体化理解而达致了另一种封闭式的单线历史观。

沃格林认为，"如果我们不再将时间实体化为一条线，可按先后顺序将实在所包含的各项事物安置于其上"，那么，关联于对实在的紧敛性的和殊显化的不同体验，以及在真理中生存和在真理的异化及扭曲中生存的不同模式，我们应当期待看到多种类型的时间模式：

> 如果我们处于一种更富沉思性的氛围之中，让时间成为实在本身的延续，那么，我们就将期待出现许多种时间模式，就像被体验到的实在的模式那样多。在宇宙整体解体之前的时间不是生存与非生存的时间，后者是在实在中的张力殊显化之后出现的；生存的万物的时间不是非生存的神性根基的时间；季节节律的时间不是处在政治行动中的社会的时间；生物进化的时间不是历史的时间；一个顺应于宇宙实在的人的生

---

〔60〕 沃格林：《天下时代》，第139、140页。

命时间不是一个启示录式信徒的生命时间，后者期待宇宙在下周就终结；诸如此类。[61]

　　总之，在沃格林对时间问题所做的反思与沉思中，破除实体化的时间观必然表现为对循环时间观和直线时间观的双重解构，必然表现为对任何封闭的单线历史观的破除。而这构成他对历史溯源论的批判性分析的重要一环，也是他从《秩序与历史》前三卷出版到第四卷出版的17年间所发生的思想转变的一个最重要的方面。

---

[61]　沃格林:《天下时代》,第139页。

第五章　对轴心时代说的解构与天下时代说的提出

　　我已经指出，出于一个遭受了世界大战之苦难的现代欧洲人的生存焦虑和文明关切，沃格林将自己的智识工作定位在如何批判性地重构奥古斯丁的历史哲学。现在我们要说，这一判断不光适用于《秩序与历史》前三卷，而且也适用于《秩序与历史》第四卷和第五卷，因为他在此期间经历的思想变化并未使他原来的智识目标发生根本性的偏离。在《城邦的世界》的导论里论述这个定位时，沃格林就对奥古斯丁的历史建构提出了批评，其中"与现象的冲突"是一个首先被关注到的问题。沃格林认为，"不是历史诠释问题上产生的一切智识混乱，都必须归咎于现代思想家"，也就是说，"与现象的冲突"并不是现代以来特有的问题，而是以奥古斯丁为典范的"主流历史建构的缺陷"，只不过现代以来随着地理知识的增长原有的问题进一步加剧了：

　　　　早在古代晚期，这一历史建构就不得不对那些顽抗的现象充耳不闻，如罗马帝国一旁的萨克逊人；在中世纪，地中海地区的罗马组织瓦解，让位给了互不相干的拜占庭东正教组织、阿拉伯－伊斯兰组织和西方－基督教文明组织的三足鼎立，历史建构与现实之间的冲突更加恶化；到了18世纪，随着俄国崛起而跻身大国行列，无论疆域还是文明程度都开始直逼中国，这一历史建构就令人忍无可忍了。[1]

说白了，从智识事业所要求的严谨性而言，在历史建构问题上的这种"忍无可忍"直接指向以普遍人类或普遍人性为核心理解，同时以明确的西方中心论为表现形态的奥古斯丁式历史哲学如何容纳、安置非西方地区大量存在的多元文明现象这个"令人烦恼的问题"。这就是沃格林所谓的"与现象的冲突"的问题，也是后来导致沃格林思想变化的一个实际因素。不仅如此，多元文明的平行现象其实还带来西方文明的内部结构与模式形成的问题，用沃格林在思想变化后的反思性话语来说，这是"因为以色列和古希腊对意识的分化是在时间中平行发展的，肯定不能被归入一条由不断殊显化的、有意义的历史进展构成的单一路线"。[2]换言之，对于以色列传统与希腊传统如何会合于基督教，这个在原来的构想中处于历史关键环节、具有举足轻重意义的问题也要求历史哲学家必须直面，并解决由多元文明的平行现象所带来的历史哲学问题。

在批判了伏尔泰的颠覆解决不了任何问题之后，关联

---

〔1〕 沃格林：《城邦的世界》，第83页。类似的批评也见于更早的文字。

〔2〕 沃格林：《天下时代》，第49页。

于"与奥古斯丁建构的关系",沃格林依次梳理、分析了斯宾格勒、黑格尔和雅斯贝尔斯提出的三种修正方案。对于前两种修正方案,沃格林态度鲜明、立场尖锐地提出了自己的批判性看法。在他看来,斯宾格勒的文明循环论为了容纳非西方地区的文明平行现象采取了一种非常激进的、孤注一掷的方式,走向了"反对神圣历史"的地步,其后果则是普遍性的人类和人类的历史全都"被消灭了",而黑格尔则继续从神圣历史入手,特别体现在他将耶稣作为人类历史的新纪元,但他基于新教原则而来的灵知主义颠倒却意味着一种更严重的倒退,其结果也是历史形式的生存的没落乃至于普遍性的人类和人类的历史也全都"被消灭了"。[3]

沃格林认为,比斯宾格勒和黑格尔更有意义的修正方案是雅斯贝尔斯的轴心时代说。这个方案表面上看也是像斯宾格勒一样"在扩充了的现象知识身上大做文章",但实际上是基于"神圣历史建构"将这些新知识进行重新整理,从而将非西方地区的多元文明现象纳入、安置到原来的以"神圣历史"为模板的历史建构之中。雅斯贝尔斯这一构想的关键是提出精神突破说,也就是沃格林所谓的存在的飞跃说。在雅斯贝尔斯那里,精神突破是理解普遍人类的诞生和人类的历史性生存的一个重要符号。既然精神突破的实质是超越的突破,而超越的突破正是在西方历史中、特别是在犹太-基督教传统中获得其最为典型的形态,那么不难想到,"精

---

164 极高明与道中庸:补正沃格林对中国文明的秩序哲学分析

神突破"实际上是一个非常精妙的符号。通过它，雅斯贝尔斯首先保证了奥古斯丁式的历史建构在其轴心时代说中仍起着主导性作用，同时又以此为标准，将非西方地区的多元文明现象精巧而有条理地纳入、安置在被更新了的历史框架之中：比如，中国和印度被放置在靠近西方的这一边，从而跻身轴心文明的行列，具有了一定的世界历史意义，而其他地区的不少文明则被放置在未能发生突破的另一边，从而只能作为世界历史的前史。

沃格林对雅斯贝尔斯的这个构想的评价远远高于他对黑格尔的历史哲学的评价，尽管他也明确指出雅斯贝尔斯仍未从现代灵知主义的迷梦中摆脱出来。其中的关键当然是因为黑格尔是以精神的自由这个新教原则来架构他的历史哲学，而雅斯贝尔斯则是以超越的突破作为基本原则。黑格尔在论述他的精神自由原则的历史展开时也会关联于超越性问题，但与雅斯贝尔斯的超越的突破指向基督纪元前的人类历史时段不同，他的精神自由原则其实是指向路德、加尔文等人主导的新教改革以来的现代。[4]

---

[4] 看起来黑格尔也是把基督的显现作为人类历史的绝对新纪元的标志，因为他把基督看作"世界历史围绕其旋转的枢纽"，但沃格林一针见血地指出，其实这只是表面现象。黑格尔从基督或保罗身上不仅看到了"人性的历史维度"，而且也"看到了启示录式的'终结历史'运动"，于是，"由于对基督再临的变形期盼并不曾得到满足，黑格尔便准备通过他的体系（自我反思的精神在其中达到了它的完满，从而使历史到达它的终点）使历史现在终结"。换句话说，黑格尔认为，"他所建构的体系将会完成仅被道成肉身不完备地启示了的那种启示"。见沃格林：《天下时代》，第417、440页。从基督教的形态来说，关联于谢林 ［转下页］

既然存在的飞跃与雅斯贝尔斯的精神突破基本等同，而存在的飞跃又是《秩序与历史》这一研究规划的主导性思想，那么，从智识研究的传承关系来说，雅斯贝尔斯的轴心时代说与沃格林的《秩序与历史》就有某种重要的相关性。多少让人感到意外的是，这一点似乎尚未得到欧美学者的充分重视。[5] 在充分涉及人类多元文明的历史哲学领域，欧美学者似乎更愿意讨论沃格林与斯宾格勒、汤因比等人的关系，而对沃格林的历史哲学与雅斯贝尔斯轴心时代说的相关性着墨不多。中国学者在论及沃格林的历史哲学时倒是很容易想到其与轴心时代说的关系。鉴于轴心时代说早已成为包括中国在内的非西方地区的学者在西方所主导的现代性过程中为多元文明张目的一个重要理论工具，这一点倒不令人意外，不过目前也尚未看到足够篇幅的、较为深入的研究。

尽管沃格林的《秩序与历史》直接继承了奥古斯丁的历史建构，且有独特的思想道路，但正如我们前面已经提到的，沃格林的《秩序与历史》从一开始就将雅斯贝尔斯作为一个重要的对话者，而他在《天下时代》里所呈现出来的思想变化，在某种意义上也仍然能够说是由对雅斯贝尔斯轴心

[接上页] 就基督教的历史所提出的三阶段说，即，彼得式基督教之后是保罗式基督教，现代以来则将继之以约翰式基督教，对黑格尔的这个评判又被沃格林刻画为其"具体的想象图景则无疑是约翰式的"。见《天下时代》，第71页。

〔5〕 据刘沐恩告知，戈布哈特、史华慈和艾森斯塔特都对比过沃格林与雅斯贝尔斯的观点。而我们知道，史华慈和艾森斯塔特都是对轴心时代说高度肯定的。

时代说的不满激发而来的。当然，这种不满绝不会指向精神突破或存在的飞跃这个主导性的思想核心，即使对其意义进行了重新定位。其实，在《城邦的世界》的导论中论述雅斯贝尔斯的修正方案时，沃格林就曾指出汤因比对轴心时代说的两点改造，而这也是我们观察沃格林思想变化，进而提出天下时代说的一个重要线索。

沃格林指出，汤因比一方面想扩大轴心时代的时间范围，"以便囊括印度文明、叙利亚文明、汉文明和希腊文明解体的整个时代"，另一方面，关联于前一方面，汤因比不想把世界历史的决定性时刻放在轴心时代说中的基督纪元前500年，而是放在几个高级宗教的形成这个"真正与普遍历史有关的后果"上。[6] 关于汤因比的《历史研究》，沃格林认为其前后两部分有个"一百八十度的大转弯"，前一部分（第一至第六卷）似乎还持有类似于斯宾格勒那样的文明循环论，表明他也"逼近了历史自我消亡的死胡同"，后一部分（第七至第十卷）则表现为神圣历史建构的逆袭，"靠近了奥古斯丁的神圣历史，一举收复失地，找回

---

[6] 沃格林：《城邦的世界》，第89页。对于汤因比企图扩大轴心时代的时间范围可能导致的对轴心时代说的解构，沃格林在《秩序与历史》第四卷中提到了雅斯贝尔斯的一个有力回应："雅斯贝尔斯早已通过如下论证为他的时代划分所具有的排他性提供了支持：此前和此后的突破仅有区域意义，而轴心时代的那些突破则确实创造出一种关于人性的普遍意识，出现在从罗马到中国的所有主要文明中。"见沃格林：《天下时代》，第52页。

自我"。[7] 从《天下时代》其实我们能够很清楚地看到，沃格林的思想变化正发生在汤因比所开辟的路上：一方面，沃格林提出的天下时代说扩大了轴心时代说中的时间范围，与此相关，普世帝国的建构成了理解世界历史的关键事件；另一方面，在天下时代说中，普世宗教的形成时段成为世界历史的决定性时刻，就西方而言，由保罗真正创立的基督教作为世界历史在西方开展的最高峰，通过彻底摆脱以色列的民族负担和希腊的城邦负担而将以色列与希腊的秩序突破整合在一个更为普遍的生存模式中。这样，来自奥古斯丁《上帝之城》的西方历史意识的主调就在天下时代说中得到了全新的论述。

在《天下时代》那篇被认为形式奇特的长篇导言里，沃格林自陈其思想变化时正是从"雅斯贝尔斯的理论和汤因比的反驳"说起，并且重点谈到了他自己思想上的新进展与由此而来的自我检讨和自我反思：

> 实际上，我曾在《城邦的世界》的导论中详细思考过这个问题，并在那里呈现了雅斯贝尔斯的理论和汤因比的反驳。然而，后来的分析证明，这些思考有若干缺陷：它们并未深入该问题的核心，尚未直面一

---

〔7〕　沃格林：《城邦的世界》，第89页。另可参考1961年沃格林发表的一篇评论汤因比的《历史研究》的文章（"Toynbee's History as a Search for Truth"）和一篇关于汤因比论西方文明的前景的对谈（"Prospects of Western Civilization"），两篇皆收入 *Published Essays: 1953–1965* (*CW*, Vol.11), University of Missouri Press, 2002。

个严酷的事实，即各种有意义的结构无法按照一条时间路线排列；它们也未触及那种促使人们去建构此类路线的体验性力量（experiential force），即使此类路线与经验性证据（empirical evidence）并不相容；此外，它们对那些精巧的工具也不够熟悉，这些工具将纷然杂陈的事实归入一条虚构的路线，从而使这些事实带有由那条从时间进入永恒的另类路线所带来的终末论意义。[8]

有了上一章的论述，我们对沃格林这里的自我检讨就有清晰、准确的认识。概而言之，沃格林认为自己在《城邦的世界》的导论中针对雅斯贝尔斯和汤因比的思考是在尚未彻底解构单线历史观的前提下做出的。随着对历史溯源论的新认识和关于历史中的真理的等价物理论的提出，单线历史观被彻底解构，原来的思考自然需要进一步检讨。由引文可知，此处的自我检讨正是直接将批判的矛头指向了单线历史观。单线历史建构试图将各种有意义的结构按照一条时间路线排列，以此来容纳多元文明现象，于是必然走向对历史实在的蓄意扭曲，如黑格尔在他的历史哲学中所做的那样。[9] 沃格

---

〔8〕　沃格林：《天下时代》，第49页。

〔9〕　前面已经通过引用指出了沃格林在《历史溯源论》的定稿中对黑格尔历史哲学蓄意扭曲历史实在的批评。我们看到，这一批评也以简要的概括形式同时出现在《天下时代》的导言里："随着来自中国的资料为西方所知，黑格尔便强迫精神以中国为开始踏上其历史的征程，而埃及和以色列则在时间路线上沦为征服了它们的波斯的附属。"见沃格林：《天下时代》，第50页。

林坦陈自己之前并未看出阿贝尔-雷慕莎用来解释古希腊哲学家和中国哲学家的同时性的文化扩散论，以及雅斯贝尔斯在此影响下提出的轴心时代说其实也都属于这种单线历史建构，都是为了"将令人烦恼的多元精神中心归约为单一历史中的事件"。[10] 沃格林还毫不留情地揭示了这种以消除历史领域中多样性的意义中心为根本特征的单线历史建构背后的心理动机：

> 在它背后潜藏的看起来是一种恐惧，是对丰富而非空白的恐惧，是当精神在世界各地以多样化的神显方式揭示自身时，对其丰富性感到的战栗不安，是一种偏执欲望，它试图强迫精神在历史中的多样化行动沿着一条唯一的、将会确定无疑地导向思辨理论家所在之当下的路线运行。不应将任何一条独立发展的路线弃之不顾，它们可能会导向其他某些人的当下与未来。[11]

虽然汤因比出于普遍人性的理念批评轴心时代说为了容纳多元文明现象而未能将西方历史上的一些划时代事件划入轴心时代——尤其是不能将摩西的律法和耶稣的福音放入轴心时代这一世界历史的诞生时段，但沃格林指出，平心而

---

〔10〕 沃格林：《天下时代》，第49页。
〔11〕 沃格林：《天下时代》，第50页。

论，雅斯贝尔斯既未完全偏离普遍人性的理念，也未完全忽略发生在轴心时代之前和之后的那些重大事件。实际上，通过更为细致的论证，雅斯贝尔斯似乎消解了汤因比的这一批评。一方面，雅斯贝尔斯认为轴心时代的精神突破造就了普遍人性的意识，这表明他的历史建构仍试图以普遍人性的理念为核心；另一方面，对于轴心时代之前和之后的那些重大事件，如摩西的律法和耶稣的福音，雅斯贝尔斯仍在轴心时代说的框架内肯定其意义，即认为这些重大事件"仅具有区域意义"。这种将多元文明现象纳入一个以普遍人性为旨归的历史建构，与黑格尔更为粗暴的历史哲学相比，看起来已相当包容，且并未像斯宾格勒那样一味为了包容而彻底放弃普遍性诉求，但沃格林仍然一针见血地指出，轴心时代说仍然是一种不折不扣的单线历史建构。

沃格林认为，以普遍人性为旨归的普遍历史要能够向多元文明平行现象开放，也就是说，在避免单线历史建构的同时向多元文明平行现象开放，就必须深入到体验性意识的结构去理解精神突破，而这么一来，轴心时代说就被彻底解构了：

> 直到我认识到，雅斯贝尔斯和汤因比都只从"处于时间中的现象"这个层次来对各个神显现象加以探讨，而未将他们的论证深入到体验性意识的结构，上述问题的解决方才成为可能。当我将这条研究原则更加仔细地运用于在上述时期中实际出现过的秩序与符号化类

型时，对轴心时代的建构便瓦解了。对在那些精神突破中被具体体验到的秩序进行的分析，带来了如下否定性结论：在基督纪元前的第一个千年中并无"轴心时代"，因为西方与远东的思想家们并不知晓对方的生存，因而也没有意识到要就历史轴心加以思考。我不得不得出结论："轴心时代"是现代思想家采用的符号化表达，试图用于应对"历史的有意义结构"（例如由若干次平行的精神运动构成的领域）这个恼人的问题，而在这领域中活动的行为主体则对这种结构并无意识。[12]

"神显事件"是沃格林对存在的飞跃或精神突破的另一个表达形式。理由不难想到：既然存在的飞跃或精神突破就是超越的突破，也就是说，是超越性的神在人的意识中的显现，那么，将之表达为神显事件就是恰当的。沃格林这里的意思是说，精神突破并非发生在历史的时间中，因而不能被理解为历史中的现象，尽管必须承认，正是那些精神突破构成了"历史中的意义的源头，也是人所拥有的此类知识的源头"；[13] 精神突破发生在具体个人的意识和体验中，因而必须深入到体验性意识的结构才能真正被理解。深入到体验性意识的结构去理解构成历史中的意义的源头，这个表述扼要地概括了沃格林历史哲学的基本原则，从而也构成了他特别重

---

〔12〕 沃格林：《天下时代》，第52页。
〔13〕 沃格林：《天下时代》，第53页。

视的一个关于历史认知的方法论原则，即，对历史的认知必须回到处于历史中的人的体验，无论这些处于历史中的人以何种符号化方式表达他们的体验，因为基于他的体验实在论立场，"一个社会的自我阐释是其秩序之实在的一部分"。[14]将这个方法论原则批判性地应用到对轴心时代说的反思中就意味着，在基督纪元前800年以降的那个千年中，东西方的思想家们并不知道彼此的存在，而关于历史轴心的意识自然也就没有出现在他们的体验之中。这充分说明，轴心时代说完全是现代人为了解决一个具有普遍性诉求的人类历史观念与广泛存在的多元文明平行现象之间的令人烦恼的张力而进行的一个缺乏体验基础的理论建构。[15]

　　将沃格林这里的批判性揭露与他在《秩序与历史》前三卷中所直接坦露的真诚而强烈的欧洲中心主义对比一下是非常能说明问题的。这个巨大的转变当然也带来了他对中国文明的重新认识和重新解释，这是我们后面将要具体分析的，但在此必须澄清的一点是，就沃格林自己的看法而言，这个巨大的转变并不意味着他对欧洲文明的评价比原来降低了，反而意味着他秉承柏格森关于"开放的心灵"的教诲在

---

〔14〕沃格林：《天下时代》，第190页。对此，一个显著的例子是他通过波里比阿的看法来理解西方"天下"观念的现实含义。

〔15〕相比之下，很明显，天下时代说恰恰是以体验为基础的一个普遍历史建构，因为"天下"正是从东西方思想家们的真实体验中提炼出来的一个观念，或者说，对于那些东西方思想家们而言，天下意识（the consciousness of Ecumene）作为他们阐释其所处社会的精神基础同时也是其所处社会的秩序建构力量。

对历史的哲学思考中走向了更为深思熟虑的地步。

那么，通过深入分析体验性意识的结构，澄清了不能将精神突破视为人类历史中的现象，而是应当将之视为历史中的意义以及人类相关知识的源头，是否意味着就此已然形成了一个关于历史解释的新的合理框架呢？在此，沃格林针对《秩序与历史》前三卷所做出的另一个自我反思是，仅仅停留于指出历史中的意义的结构——指向历史过程的时间性结构因素——还不够，还应当考虑历史过程中使意义得以呈现在历史中的空间性结构因素，也就是说，还应当考虑由时间性结构因素与空间性结构因素共同组成的使意义呈现于历史之场域中的可理解性模式：

> 那些精神突破在时间和空间上广泛分布于各个具体社会的具体个人中。那些事件，虽然它们构成在历史中的意义的结构，但其本身并不形成一种可被理解为有意义的模式。在所形成的这些结构中，有一些结构，例如从紧敛意识到殊显化意识的发展，使上述那条神显之流的时间维度受到人们的关注；另一些结构，例如在正讨论的时代剖面中出现的事件群，则表现为对该过程之广度的强调，它影响到人类生存的空间维度。[16]

历史过程的这个空间性结构因素，更明确地说就是帝国因

---

〔16〕 沃格林：《天下时代》，第53-54页。

素，构成沃格林新的历史解释的合理框架的一个重要方面。我们知道，沃格林是从历史溯源论的发现和相关的对宇宙论问题的沉思中看到帝国因素的重要性的。在《天下时代》的导言里，这个问题被关联于精神突破而从正反两方面提出：

> 如果"单线历史"这一符号化表达（它在当下达到高潮）能产生于有关一个受到威胁并得以保存的宇宙论帝国的体验，那么在帝国建立的背后，是否可能包含着某种程度的"存在的飞跃"？反过来说，精神突破是否可能具有某些帝国因素？[17]

从宇宙论帝国的建立可能包含着存在的飞跃来反推精神突破也可能具有某些帝国因素，这使得沃格林比雅斯贝尔斯更加重视精神突破的历史背景，也为他在《天下时代》中提出现实层面的天下与精神层面的天下的区分并从二者在张力中的结合来刻画天下时代的结束奠定了基础。这种反推也意味着，沃格林更加认识到他在《秩序与历史》前三卷中对宇宙论文明与心性论文明的截然二分存在着不少认识上的盲区。

概而言之，轴心时代说的缺陷在于单纯地以精神突破为历史发展的唯一因素，从而对于精神突破发生的历史背景和历史后果多有忽视，而且在某种意义上为了将多元文明的平行现象纳入同一个历史，罔顾西方文明的实情而将基督纪

---

〔17〕 沃格林：《天下时代》，第54页。

元前800年到前200年厘定为人类文明的轴心时代，从而将这个时代看作比摩西的律法和耶稣的福音还要重要的历史纪元。从西方文明传统的历史意识与历史观念来看，这也正是轴心时代说对奥古斯丁式历史建构的巨大偏离之处，当然也是沃格林所不能同意的。在西方文明史上，天下时代是指波斯帝国的兴起到罗马帝国的衰亡这个历史时段。沃格林认为，这些导致以色列和希腊衰亡的帝国的兴起，同样是西方文明史上纪元性的重大历史事件，因此，他试图将帝国兴起的现象与雅斯贝尔斯早已做过精彩分析的精神突破现象结合起来，形成理解人类历史的理论框架。

我们知道，沃格林最终是将使意义呈现于历史之场域中的可理解性模式刻画为由精神突破、普世帝国和历史编纂共同构成的三元组合，涵盖了个人、社会与历史三个维度，他称之为历史的构型（configuration），其实就是在对精神突破的帝国因素进行沉思的基础之上再增加另一个相关因素，即历史编纂。[18]

早在1964年发表的《时间中的永恒存在》一文中，为了讨论哲学——作为精神突破的一种类型——与历史的关系，沃格林就已经提出了这个可作为历史解释的合理框架的

---

[18] 为了呼应中文中的"天下"符号，我们同意将"Ecumene"翻译为"天下"，与此相应，"ecumenic order"译为"天下秩序"，沃格林用来刻画奥古斯丁历史哲学的"dual ecumenism"译为"双重天下主义"。而"ecumenic empire"与"ecumenic religion"仍按照一般的习惯分别译为"普世帝国"与"普世宗教"。在理解上，只要记得，无论普世帝国，还是普世宗教，都是与天下相对应而言的，即可无大谬。

三元组合。其后，在1968年发表的《历史的构型》一文中，沃格林专门讨论了这个问题。以下我们主要从《时间中的永恒存在》一文来简要地论述沃格林的看法。在这篇文章中，沃格林特别批判了前人在认识这个三元组合中的三个因素时，由于在很大程度上将这三个因素分别当作对历史的独立的决定性因素而导致的那些问题。

精神突破当然主要归功于雅斯贝尔斯，但轴心时代说无法说明摩西或基督的历史意义这个重大缺陷已经表明精神突破作为一个独立因素在历史解释上存在着明显的不足，诚如我们前面已经分析过的。克服这一不足的方法就是"将精神突破融入那个还包括了普世帝国和历史编纂的组合中去"[19]。对普世帝国这个因素的认识，现代以来最重要的思想家无疑是黑格尔。沃格林指出，黑格尔历史哲学中讨论的国家——作为历史的主角——其实都是帝国，且主要是普世帝国，但黑格尔的历史哲学"由于仅仅利用了普世帝国这单一因素，而未考虑其组合性语境，即历史之场域，大量的困难也由此而生"，特别是他一反奥古斯丁的神圣历史图景，不再把近东帝国作为历史的开始，而是非常尴尬地将"近东帝国历史纳入波斯帝国，让波斯帝国成为其终点"，这标志着黑格尔的历史哲学"陷入了一个明显的错误建构"。在此沃格林还一针见血地指出，黑格尔是受了伏尔泰的影响才走到这个地步的，其动机"需要在启蒙运动对神圣历史这一历史图景的反动中

---

〔19〕 沃格林：《记忆》，第357页。

去寻找"。[20]

至于历史编纂何以重要，我们从《秩序与历史》前三卷的论述中就可以获得清晰的理解。我们知道，沃格林认为，判断一个社会属于宇宙论文明还是心性论文明——他也称之为历史性文明——的关键，不在于这个社会是否具有某种历史意识，而在于历史意识是否已经成为这个社会建构自身秩序的智识力量。而历史编纂正是历史意识已经成为一个社会建构自身秩序的智识力量的重要标志。把历史编纂作为一个独立因素来认知的例子在西方似乎难以找到，尽管在希腊、以色列和中国都出现了发达的历史编纂。事实上，沃格林以并不完全确定的口气举了司马迁作为唯一的例子。司马迁在《史记》中表现出的鲜明的纪元意识，是促使沃格林将他作为这样一个唯一之例的主要原因。沃格林在此强调了历史编纂与帝国建构之间的关系：

> 在人类历史中，历史编纂曾在三个焦点上出现：希腊、以色列与中国。在这三个地区，历史编纂行动彼此独立。然而在全部三者中，史家们认为值得铭记的事件，都与史家自身所处的社会反对普世帝国的斗争相联系。在历史编纂活动开始很早的以色列，是与更古老的宇宙论帝国间的冲突；希罗多德的主题是希腊与波斯人的普世帝国之间的碰撞；司马迁的历史编纂涵括了古典

---

〔20〕 沃格林：《记忆》，第359–360页。

时代中国及其在秦汉帝国中的覆亡。在以色列,《申命记》作者的列王史结束于巴比伦攻取耶路撒冷,而《历代志》作者的史书则受到圣殿重建(波斯人征服巴比伦后)的触发,同时,激发《马卡比传》的,又是以色列与塞琉古王朝之间的冲突。[21]

　　既然历史编纂与帝国建构有关,精神突破也与帝国建构有关,那么,在带着哲学的洞见观察"历史之场域"时,这三者就应当关联在一起。沃格林说,必须将普世帝国、精神突破与历史编纂三个因素关联起来,才能"最低限度"地让"历史之场域"呈现出来。可以看到,这个适用于人类历史解释的三元组合仍以精神突破为中心。简而言之,既然精神突破并非孤立地出现,而是与某种帝国因素有关,那么,历史地来看,就必须关联于帝国因素来理解精神突破的发生;与此同时,既然精神突破并不是废除宇宙论层面的真理,而是表现为基于精神突破而重构宇宙论层面的真理,那么,历史地来看,历史溯源论的建构就是常态,而建构历史溯源论的行动,也就是历史编纂,就成为在历史参与中建构历史的一个重要因素。[22]

----

〔21〕 沃格林:《记忆》,第361页。
〔22〕 实际上,在《秩序与历史》前三卷中,沃格林已经把历史编纂作为一个重要因素来处理了,如《以色列与启示》的第六章题名为"史学著作",就是处理以色列的历史编纂,《城邦的世界》的第十二章题名为"权力与历史",就是处理希罗多德和修昔底德的历史著作。至于历史编纂与普世帝国之间的关系,见下文。

沃格林对"天下时代"的分析，就是基于由这个三元组合所构成的使意义呈现于历史之场域中的可理解性模式而展开的。在《天下时代》导言的最后，沃格林基于这个可理解模式——他刻画为"历史哲学在当前历史条件下必须采用的形式"——对西方文明史上的天下时代进行了一个全景式的概括，非常有助于我们概要性地把握全书的方法与要点：

在这种新形式中，所进行的分析必须前后左右地探察，以便在各种意义模式在由历史中的人与社会所做的自我阐释之中揭示自身时，在体验的层次上把握它们。这是一种在带有多元节点的意义之网之中的运动。然而，在这张网中运动时，一些主要的意义发展路线仍然浮现出来。有从紧敛意识到殊显化意识的根本性进展，以及殊显化意识在众多民族文化中的分布。有分布于以色列和希腊、由灵性殊显化和理性殊显化构成的发现路线。有由普世帝国式征服所构成的突破，它促使先前的各民族文化融合为一个新的普世社会。有各民族文化对这种帝国征服的反应，各条殊显化路线发展出的保护性扭曲路线。以及帝国征服本身，它承载着关于人性（超越于部落与民族层次之上的人性）的某种含义。自从天下时代开始，出现了一种新型的普世人性，这连同其所有复杂含义，作为一种跨越千年的恒常，一直延续到现代西方文明之中。[23]

"天下"（oikoumene）的字面意思是"有人居住的地方"，也就是"人间"，最早与"大洋"相对而成立，表达的是"人对于立足于从水中脱颖而出的大地的体验，以及对于人的这片居住地与作为奥秘的众神相接之边界的体验"，《荷马史诗》中即如是。[24]这是"天下"的宇宙论含义，也是"天下"在精神层面的第一个含义。沃格林认为，在西方天下时代的历史进程中，宇宙论含义的天下在人的体验层次随着帝国征服和地理知识的增长而被解体，之后又被等价地重构为心性论含义的天下，此即"天下"在精神层面的第二个含义。宇宙论意义的天下被解体的结果就是将"天下"体验为一个有待征服的空间，此即现实层面的天下。在帝国兴衰的历史语境下区分现实层面的天下与精神层面的天下，是理解沃格林天下时代说的关键。沃格林指出，现实层面的天下最早来自波里比阿对罗马帝国的扩张的感受与描述："罗马人在半个世纪这样短的时间内，将'几乎整个有人居住的地方'置于他们的单独统治下。"[25]于是，现实层面的天下就是一片有待征服的土地，"是组织的对象，而非组织的主体"，换言之，它不是一个具体的社会，而是一个跨社会、超社会的地理场域，首先是在帝国征服的灾难性语境中呈现出来。

---

[23] 沃格林:《天下时代》，第114页。
[24] 沃格林:《天下时代》，第371页。
[25] 沃格林:《天下时代》，第192页。

在论述波里比阿那里出现的强烈的天下意识时，沃格林特别强调了波里比阿作为帝国征服的受害者的身份。[26]在这个意义上，天下时代是"这样一个时代：先前生存在自主形成的秩序形式下的多个具体社会，在这个时代里被纳入一片政治权力领域，它是通过来自不同中心的现实层面的扩张而形成的"。[27]

既然现实层面的天下是"社会的墓地"，也就是说，在帝国征服过程中形成的这个现实层面的天下不仅摧毁被征服者所在的社会，也摧毁征服者所在的社会，那么，对新的秩序的渴望和体验就一定会产生。既然对新的秩序的渴望和体验是在先前社会业已崩溃的基础上产生的，那么，对新的秩序的渴望和体验就会朝向最为普遍的方向去开展。既然征服总是有限，永远无法抵达、更无法超越划定了人类生存范围的那条地平线，那么，现实世界中的人类也就永远无法达到那种最为普遍的新秩序所构想的普遍性程度。正是在这个意义上，我们才能够全面、恰当地理解帝国扩展的意义：

帝国扩张的意义在于，它是一种尝试，旨在通过在人类的宇宙居住地之中，将人类有组织地结合成社会，从而以可见的方式来代表普遍人性。波里比阿清楚地知道，这种尝试注定要失败，因为进行征服的贪

---

〔26〕作为韩国公子的韩非正是秦帝国征服天下过程中的受害者。

〔27〕沃格林：《天下时代》，第204页。

欲无法抵达那条地平线，在它之外是人的普遍性所来
自的神性源头。但是，正是从这一失败之中，产生了
人类及其居住地。在此居住地上，人的普遍性必须在
个人的、社会的以及历史的生存中得到实现。[28]

具体到西方文明的实际历史，希腊人在经历哲学的突
破时产生了希腊人与野蛮人的分别意识，以色列人在经历启
示的突破时产生了犹太人与异教徒的分别意识，二者都将天
下秩序历史地关联于一个特殊的民族，但随着罗马帝国的兴
起而产生的基督教所倡导的新的天下秩序，作为希腊人的
秩序和以色列人的秩序的综合，则彻底超越了二者的民族
负担，从而使历史的主体成为真正具有普遍性的人类。也
就是说，正如存在的飞跃或精神突破与帝国因素有关一样，
关联于存在的飞跃或精神突破，精神层面的天下也是被作
为帝国征服之疆域而呈现的这个现实层面的天下激发出来
的，在西方历史上，这个过程表现为以普世性为终点的普
遍性的推进：

> 当各种事件迫使人类进入无意义的现实共存时，
> 人类能够诉诸自救。的确，现实层面的反抗性暴动，
> 其目的在于重建先前存在过的具体社会的独立秩序，
> 但在面对帝国权力时注定会失败；但是，各民族的天

---

[28] 沃格林：《天下时代》，第296页。

下共存，却能向人类的某种天下秩序敞开，该秩序超越了帝国的现实秩序。在那些撼动世界的事件的阴影笼罩下，人们能建起一个新社会，它的秩序来源于此世之外。[29]

正如现实层面的天下往往首先被一些帝国征服的受害者意识到一样，精神层面的天下也是由帝国征服的受害者所创造的。[30]在保罗那里，新的天下秩序被直接关联于信仰共同体："保罗设想的社会是一个由信仰基督的人所组成的共同体，他们等待着那个日子的到来，到时候位于主之下的'将来的天下'将取代位于皇帝之下的这个人间天下。"[31]通过基督作为道成肉身这一中介，基督教信仰直接建立起个人与超越者之间的关系，从而造就了一种类型的人，这种类型的人因其与超越者的直接关系而超越了地域、民族等各种各样的特殊性，从而成为最具普遍性的人类。换言之，与作为

---

[29] 沃格林：《天下时代》，第206–207页。关于普遍性与普世性这两个概念的意义与关联，沃格林接下来解释说："由于当代科学缺乏可用于处理这些问题的批判性词汇，因而有必要引入普世性（ecumenicity）与普遍性（universality）这两个词，以便区分发源于天下时代的这个精神共同体类型的两种成分。普世性指的是，代表着秩序之神性来源的共同体的趋势，它倾向于使自身与天下重合，从而表达其主张的普遍性；普遍性指的是，对于作为秩序来源、超越于世界之上的神的体验，由他带来的秩序对所有人具有普遍的约束力。"见该书第208页。

[30] 此处应当注意的是，既然帝国征服摧毁先前所有社会的秩序，那么，帝国征服的受害者就不只限于被征服者。

[31] 沃格林：《天下时代》，第207页。

普世帝国的罗马的诞生相伴随，保罗创造了一个最为彻底的普世宗教。

既然新的天下秩序必须基于具有普世性的信仰共同体才能得到恰当的理解，那么，这一秩序介入实际历史的具体标志，或者说精神层面的天下介入现实层面的天下的具体标志，就是教会的诞生："只有当一个带有普世意图的精神共同体对人类的天下秩序加以符号化表达时，该秩序才能在历史中变得具体起来——这就是教会问题。而且，它是政治和历史中的实践问题，因为通过一个带有普世意图的共同体来代表天下秩序的努力，显然充满了变数。"[32] 教会的诞生一方面呈现出一种新的天下秩序体验，另一方面也反衬出作为帝国的现实的天下在秩序之普世性上所存在的根本缺陷并对之提出了新的规范性要求，从而也表达出了"具有普世性的精神秩序与天下之间的张力"。这样来看，天下实际上是"帝国与教会的汇聚点"：

> 天下是帝国与教会的汇聚点。通过它的普世扩张，帝国实现了一种跃升，从原始征服的残暴，上升至作为"全人类的代表性组织"的尊严；通过它的普世性使徒职分（这代表着秩序的普世来源），教会下降到"为社会和历史塑造秩序的力量"这一地位上。现实层面的外壳与超越层面的实质，它们注定迟早要在普世

---

[32] 沃格林：《天下时代》，第208页。

性组织这一层次上相遇，就像实际发生了的孔雀帝国与佛教的相遇，或是罗马帝国与基督教的相遇那样。[33]

天下时代的历史过程结束于普世帝国与普世宗教的联姻，其标志正是普世社会的形成。沃格林以"天下意识所经历的变化"来刻画这一结束环节。简而言之，既然帝国最终无法真正达到那条范围天下的遥远的地平线，那么，被贪欲所驱动的普世帝国在其扩张过程中就必然会走向退缩，从而不得不在保持无限扩张的意念幻象的同时接受实际上的地理限制。当精神层面的天下催生出一个普世宗教，帝国的统治者迟早会"将他们的帝国与某个普世宗教相联结，而这种联结就将精神层面的逃离所具有的意义引入到了已然变得臭名昭著、毫无意义的贪欲性扩张之中了"。[34]普世帝国与普世宗教的联姻使得前者在落入地理的、民族的、文化的、军事的以及管理上的限制条件的局面下仍能够在其自我理解中保持其普世性，而另一方面，普世宗教也能够借助普世帝国的权力而以帝国为中心继续向天下的更远地区传播其教义。这样，普世社会作为一种全新的社会类型就产生了，而历史——用奥古斯丁的术语来说就是上帝之城与世俗之城的混合——也就被视为一种间际性实在。

---

[33] 沃格林：《天下时代》，第214页。我们当然可以在沃格林的这一叙述后面加上"秦汉帝国与儒教的相遇"这一发生在中国天下中的历史事件。

[34] 沃格林：《天下时代》，第282页。在此不难想到秦汉帝国与儒教的联姻，但其联姻方式却与罗马帝国与基督教的联姻方式不同。

与对历史作为间际性实在的认知相对应的是对天下时代的历史主体的认知。在分析天下时代的历史过程的第三章一开始，沃格林就在关联性的语境中指出，天下时代的历史主体正是奥古斯丁笔下的那种朝向上帝之爱的人：

> 在天下时代本身之中，方才勾勒的身份问题从未得到过彻底思考。对它的洞察在圣奥古斯丁那里达到顶点，他将朝向上帝之爱的运动辨识为在生存中逃离现实层面的权力世界——"他开始离开，也开始爱"——并因此将上帝之城与世俗之城的"混合"视为历史的间际性实在。不过，在他撰写《上帝之城》时，他的这些伟大洞见从属于一种历史溯源论模式，它的单线历史在教会和罗马帝国的双重天下主义中来到其富有意义的终点。除开他当下的双重天下主义以外，历史别无意义，不过是等待那些终末事件的到来而已。[35]

爱上帝从而爱邻人，或基于上帝之爱而构筑爱的共同体，这就是作为世界历史的真正主体的普遍人类，亦即因知晓其普遍人性而成为同一个类的人，作为终末论意义上的人从而也是最后的人，对应于对历史作为间际性实在的理解。

---

[35] 沃格林：《天下时代》，第251–252页。不难想到，奥古斯丁意义上的朝向上帝之爱的人与《中庸》或《孟子》中作为思诚者的人无论在符号层次还是体验层次都具有等价性。

关于对天下时代的历史过程的认知变迁，沃格林从奥古斯丁"就历史的间际得出的那些洞见"何以被黑格尔式的"新教原则"颠覆说起，指出那种颠覆行动之所以发生是因为颠覆者的心灵受到了一种难以忍受的情绪的诱惑，即不愿意接受一个承载了历史意义的社会最终难免于衰败乃至死亡。对于"凡有生之物，必有其死"这个平常的真理——在沃格林的笔下可以合理地运用于对社会的历史过程的理解，沃格林追溯至希腊哲学史上著名的阿那克西曼德箴言来说明，他说：

> 那些梦想着一个社会一旦生成便将永远幸福地生活下去的梦想家，不愿面对阿那克西曼德箴言所蕴含的洞见："万物之本原是无定，……万物必然朽坏成它们所源出之物，因为根据时间的法令，它们会就自己的不义相互惩罚。"[36]

在具体分析阿那克西曼德箴言时，沃格林首先不忘指

---

[36] 沃格林：《天下时代》，第253页。阿那克西曼德箴言所蕴含的关于过程的真理提醒我们不能回避对历史过程的"悲剧性沉思"。这一点对于现代中国的历史学界也具有同样的警醒意义。致力于编纂中国历史的现代历史学家，即使像钱穆那样明确地表达出对中国古代历史的"同情和敬意"，大多也会同时表达出另一个观点以及与这个观点相关的一个理论企图，即认为古代中国的历史无法摆脱治乱循环是由于中国文明的局限，从而将摆脱治乱循环作为寻求文明更新的一个理论企图。沃格林这里的批判性分析告诉我们，这个观点以及相关的理论企图其实正是在那种类似的难以忍受的情绪的诱惑下产生的，这正是我们应当深入反思的。

出阿那克西曼德作为伊奥尼亚人的身份特点："得益于古希腊城邦毗邻亚洲各帝国的便利位置，伊奥尼亚人拥有大量机会去体验天下时代的暴力。"[37] 将阿那克西曼德箴言与天下时代的暴力联系起来，是为了凸显这个关于宇宙过程的真理在历史编纂领域的影响。具体来说，对这一主题的批判性分析直接指向希罗多德、修昔底德等人站在帝国缔造者立场上的历史编纂行动。帝国缔造者"将生命的意义理解为在扩张权势上取得的成功，并将每一次挫折视为神性超能力干涉的结果"，也就是说，这种立场预设了一个充满权力欲的自我，或者说是一个充满贪欲的自我，意味着将普遍人性缩减至仅剩权力欲或贪欲。这显然与奥古斯丁意义上的朝向上帝之爱的人形成了鲜明的对比和强烈的反差。

但对希罗多德和修昔底德等人的历史编纂的这一批判性分析并不意味着沃格林对阿那克西曼德箴言的批判。质言之，在沃格林看来，希罗多德和修昔底德的问题并不在于他们接受了阿那克西曼德箴言所蕴含的关于过程的真理，而在于"灵性品质与智性品质的下降所带来的损害"。[38] 相反，沃格林认为，阿那克西曼德箴言在揭示了关于过程的真理的同时，也意味着古希腊人智性意识的开端。这大概是就箴言中"不义"、"惩罚"等符号所表达的体验而言的。古希腊人的智性意识从伊奥尼亚学派开始，到柏拉图、亚里士多德达

---

〔37〕 沃格林：《天下时代》，第254页。

〔38〕 沃格林：《天下时代》，第259页。

到顶峰，相关的重要符号就是在他的《历史中体验和符号化的等价物》一文中分析过的几个：

> 心灵（the Psyche）成为有意识地参与实在的场所；深奥（the Depth）成为新洞见得以产生的心灵维度；智思（the Nous）成为对过程的领悟性参与的能力；哲学（Philosophy），亦即对智慧的爱欲，成为人在求索真理的生存中所呈现的张力。[39]

在论述天下时代的历史过程时对柏拉图和亚里士多德的分析旨在说明，智性意识的发展所带来的对普遍人性的理解——充分表现在柏拉图《会饮》中的爱智慧者形象与亚里士多德《形而上学》中关于人的智思与神的智思彼此关联的著名学说中——与奥古斯丁意义上的朝向上帝之爱的人具有等价性，而与希罗多德、修昔底德等人以权力欲的自我或贪欲的自我为历史主体的历史编纂做法迥然不同。与此相应的正是，哲人所提供的认识历史意义的视角，与希罗多德、修昔底德等人所采纳的帝国缔造者的视角迥然不同，从帝国缔造者的视角来看，柏拉图认识历史意义的如下做法"要么是可疑的，要么是缺失的"：

（a）间际是实在的领域，宇宙过程的意义在其中

---

〔39〕 沃格林：《天下时代》，第258页。

变得明晰起来；

（b）意识向智性洞见的晋级过程是意义的历史维度；

（c）通过意识的晋级而在间际中出现的各种结构，是在历史中的意义的各种发展路线。[40]

在对以柏拉图、亚里士多德为代表的古代哲人与以希罗多德、修昔底德为代表的历史编纂者关于历史的看法进行对比性论述的同时，沃格林也将这种立场鲜明的对比性分析引向对现代历史哲学家的批判，特别是对黑格尔的批判。在现代历史哲学家的群体中，沃格林特别引述了布克哈特的观点来反衬黑格尔历史哲学所存在的严重问题。布克哈特明确指出，正是帝国征服的残暴促成了普遍人性的出现：

> 最有分量的例子是罗马帝国……通过不计其数的血流成河而令东方和西方臣服，从而缔造帝国。在此，我们可以在宏观尺度上看到一种世界历史性的目的，至少对我们而言是明显的：创造出一种共同的世界文化，使一种全新的世界宗教的扩张成为可能，二者都被传承到日耳曼蛮族手里，成为在将来整合一个新欧洲的力量。[41]

---

〔40〕 沃格林:《天下时代》，第270页。
〔41〕 沃格林:《天下时代》，第277页。

但如果有人声称在此读出了类似于黑格尔所谓的"理性的狡计"的观点，那绝对是对布克哈特的误解。沃格林特别说明，布克哈特以一种悲剧性的认知方式直面这一历史过程中呈现出来的人类那"深刻的、最荒谬的自私性"，并对之进行了有力的批判，而其矛头恰恰指向黑格尔的那种利己主义的世界历史解释。[42] 至于那种在任何悲惨处境中总还能够给人带来希望的社会革新力量，布克哈特将之关联于一种由超越性体验而来的终末论意识，即由信仰而来的一种"永恒的不满"。于是，在沃格林看来，基于对个体生命的无可替代性的充分肯定和对实际历史过程的深刻洞察，布克哈特极其冷峻地以一种悲剧性的认知方式承认了帝国的世界历史意义，

> 他既不否认普世帝国和普世宗教是有意义的，这是就在对人性的自我理解上取得可获认知的进展而言；他也没有将邪恶正当化，没有视其为达成这一进展目标的手段。[43]

沃格林显然非常珍视布克哈特的这个立论分寸。与此直接相

---

[42] 贺麟在《王船山的历史哲学》一文中认为王夫之的历史哲学类似于黑格尔的"理性的狡计"，其实也是对黑格尔历史哲学中的利己主义基调不察而得出的一个错误的比较性结论。该文见贺麟：《文化与人生》，商务印书馆，2015年。

[43] 沃格林：《天下时代》，第278页。

关的当然还是历史主体的问题。在黑格尔以"理性的狡计"来概括的对世界历史的利己主义解释中，历史主体无疑就是自私的个人，而沃格林和布克哈特一样，都依据奥古斯丁的历史建构强烈反对这一点。很显然，奥古斯丁那种以朝向上帝之爱的人作为最后的人的看法与黑格尔那种将自私的人作为世界历史终结时的最后的人的看法形成了鲜明对比，而这个对比也对应于古今之变所带来的伦理问题上的巨大差别：

> 在"世俗化"（去教养化的一种礼貌说法）的现代氛围里，那些"伦理"或"道德"问题都已同生存的各种结构相分离。在天下时代的伦理学中，它们是紧密结合的。亚里士多德《尼各马可伦理学》探讨的问题不是"道德"，而是行为标准，该标准由生存层面的明智之人设定。对伦理美德和理智美德的分析并没有构成一片自律的洞见领域，其理性依赖于作为生存美德的正义、实践智慧和友爱；也就是说，依赖于它们在某个人的生存之中的真实在场，也依赖于对这种实在的仔细分析。除非将这些美德理解为一个人经过训练之后养成的习惯——这个人通过以其生存所源出的神性根基为目标的爱欲张力，有意识地塑造自身——否则它们就毫无意义。[44]

---

[44] 沃格林：《天下时代》，第280–281页。

也就是说，被圣爱所感召的人的出现，并未抹平生存场域中的实在的差别。这一点用柏拉图的洞穴比喻来说就是，从自然洞穴上升到光明世界，并未废除自然洞穴的实在性：

> 意识的理智性领域并未废除作为一群大众的人群结构——作为一个复合体，包括男女老少，各种激情、职业、兴趣和性格，迟钝与活泼，无知与知识，聪明与愚蠢，对理性的积极回应，无动于衷和顽固抵制。我们能从洞穴上升到光明世界，但这种上升并未废除洞穴的实在性。必须认真看待在历史中的意义的出现：如果这一过程的真理已然处在该过程之中，那么它便不需要从中出现；而当它出现时，它不是作为处在该过程之外的一项既有物，而是作为一道亮光，凸显出它所产生于其中的这一过程的黑暗。彰显出来的并不是一项能让我们在此后永远安居其上的真理，而是位于实在的过程中的，光明与黑暗的张力。[45]

既然精神突破并未废除原来的社会结构，那么，精神突破的意义就在于以新的真理"照耀"原来的社会结构，将其中的光明与黑暗、高贵与低贱更清晰地呈现出来。于是，作为历史的终末论结构中的最后的人，也就是作为世界历史的真正主体的人，就是那种既承认具体社会结构的差异，又能够超

---

〔45〕 沃格林：《天下时代》，第307页。

越具体社会结构的人，也可以说是那种带着普遍性的意识而生活在特殊性之中的人，或者也可以说是那种基于超越的体验而内在于此世的人，因而也是最高等级的人。相反，如果以自私的人作为世界历史的真正主体，其所走的道路则是在"启示录式幻梦"的怂恿下彻底颠覆原来的社会结构，把伦理世界中的高贵与低贱彻底抹平：

> 如今，由各种生存类型及其各自的问题构成的这片广袤领域，已然为一种启示录式幻梦所遮蔽：只有一种"道德"，它适用于一个由全部平等的人构成的共同体。然而，这个幻梦表征了一种严重的生存扭曲，而它在社会上的主导地位带来了以下后果：在伦理上，这个幻梦是当代个体无序与社会无序的重要原因之一；在理智上，对那些梦想家来说，"大众并未按照启示录的要求行事"这一事实持续令他们感到诧异。[46]

毋庸赘言，将伦理世界中的高贵与低贱彻底抹平的后果就是以最低等级的人为历史的终末论结构中的最后的人，也是持论者所声称的世界历史终结时的最后的人。我们知道，这正是黑格尔为之大声欢呼而尼采对之大加批判的那种以自由、平等为基本政治装备的末人，尽管尼采所倡导的超人并非是要回到奥古斯丁意义上的朝向上帝之爱的人或柏拉图、亚里

---

〔46〕 沃格林：《天下时代》，第281页。

士多德意义上的爱智慧的人。希罗多德、修昔底德笔下的历史主体虽然已经被缩减为权力欲的自我或贪欲的自我，但他们仍然维持了历史乃是人与神的对话这一对历史的间际性理解，相比之下，以黑格尔为代表的现代灵知主义者则完全走向灵性封闭。在分析天下时代的历史过程时沃格林就历史哲学的古今之变做出的概括性论述具有强烈的批判性与预言性，在此值得引述以为进一步的警醒：

> 现代人痴迷于对实在加以扭曲，其途径是将人的人性缩减为贪欲的自我，谋杀上帝，拒绝参与由人类进行的、神在其中作为伙伴的对话。要想充分认识这种痴迷有多么暴烈，就必须将其与古代哲人突出的开放性相对照。诚然，亚里士多德并不认可神话中的众神是万物的本源，但从一封他写于生命最后几年的传世信件的片段里我们可以读到："我愈是独处，便愈爱神话。"在"现代"，生活于其中的思想家本应成为哲人，但他们却偏爱帝国缔造者的角色。这样一个时代将会经历许多动荡，然后才能超越自身，超越它在进行反叛时的那种傲慢，找到回归谦卑的人类对话之路。[47]

对天下时代的历史主体的分析与揭示也涉及另一个相关问题。如果像汤因比那样用"文明"这个术语来指称普世

---

〔47〕 沃格林：《天下时代》，第276页。

社会的类型，在沃格林看来是引人误解的。原因首先在于，文明的概念既可用来指称普世社会，也可用来指称非普世的社会，于是，在用文明的概念将前天下时代与后天下时代的不同类型的社会涵盖在一起时，强调的是民族与文化的连续性，而非某种社会类型的秩序特性的连续性。这也就是说，文明的概念不能够将天下时代的历史主体——被神圣之爱所感召的人——直接地呈现出来，反而由于其意在强调民族与文化的连续性从而对世界历史的真正主体构成一种遮蔽。[48]

通过将天下分解为现实层面的天下与精神层面的天下这两重含义，进而指出历史中的天下实际上是这两个天下在张力中的结合，沃格林提出了他的天下时代说，其内核仍是

---

[48] 这一批判性分析对于现代以来喜谈中西文明的中国思想界有一定的警醒作用。另外，既然这一批判性分析主要针对汤因比，那么，在此我们还应当指出，沃格林对汤因比在现代智识氛围中基于文明概念展开关于世界历史的研究多有肯定，特别就其"刺痛了"现代历史编纂者这一点而言。具体来说，"汤因比提出了'作为可辨识的研究领域的文明'这个概念，由此，他既刺痛了各民族的历史编纂者，也刺痛了人类历史进步论的信奉者。各民族的历史学家感到他们心爱的历史主体受到了威胁，因为它将缩减为文明循环中的一个阶段，作为处于一个文明的成长与该文明终结于一个普遍国家之间的一段纷争期而被嵌入该循环；进步论者则受到如下设定的刺激：西方文明，在他们的历史溯源论思辨中因'现代'这个终末论指引而声名显赫，但将不得不走上所有文明都走过的道路，直到停滞与解体"。沃格林：《天下时代》，第253页。在此若就中国智识界对汤因比的文明史研究的接受方式稍加观察，就会发现一个有趣的、也非常值得省思的现象：现代中国大多数历史编纂者都以民族为历史主体编纂中国历史，也都是历史进步论的信奉者，但他们在接受汤因比的文明史研究时并没有被刺痛，也就是说，在本应两次被刺痛的时候都没有被刺痛。

奥古斯丁的双重天下主义。换言之，正是通过对奥古斯丁的双重天下主义的重新解读和重要修正，沃格林提出了他的天下时代说，作为对雅斯贝尔斯的轴心时代说的理论替代。[49] 在此或许需要说明，之所以能够将沃格林的天下时代说看作雅斯贝尔斯的轴心时代说的理论替代，是因为轴心时代说与天下时代说都试图刻画出以普遍人类为主体的普遍历史，且都以超越的突破为催生普遍人类的精神动力。不过，既然解构单线历史观已然是我们建构一种直面多元文明平行现象的普遍历史观的必要前提，那么，我们就不能从沃格林的基本立场上退却，比如说，将沃格林的天下时代说看作对雅斯贝尔斯的轴心时代说的一个修正性学说，尽管基于沃格林的天下时代说我们能够充分认可轴心时代说作为一种理论建构的积极意义。

---

[49] 正如前面的分析已经提及的，沃格林对于奥古斯丁历史哲学的修正，还包含着一个强烈的批判性维度，即对其历史溯源论性质的检讨与解构。这一点在此有必要被强调指出。

第六章　意识的平衡与失衡

揭示出"人类"这个看似平淡无奇的符号化表达的真正含义，这可以说是天下时代说最为重要的一点。不难看出，与"精神突破""存在的飞跃"或"神显事件"等符号化表达相比，对普遍人类的强调意味着对此类突破性体验的描述发生了位移，其焦点不再落在突破事件上，而是落在了突破后的主体上。这就为我们理解与天下时代相伴随的普遍人性观念的形成提供了重要的指引：

> 人类根本不是任何具体的社会。在探讨这个问题的过程中，所做的分析必须将那些精神突破视为在历史中的意义的源头，也是人所拥有的此类知识的源头，而不能将之视为人类历史中的现象。通过使人认识到他的人性正在于朝向神性实在的张力性生存，那些神显事件催生了关于人在神与人之间的间际生存——亦即柏拉图所说的"Metaxy"——的知识，以及用来表达这种知识的语言符号。而且，正是因为在时间之内建构了指向时间之外的某个完满状态——亦即终末——

的之前与之后，那些神显事件才被体验为有意义的。[1]

相比于对人性的一般的理解方式，这个指引的独特之处在于从超越性体验来理解人性，或者说是将人性还原到人对作为永恒存在的神的超越性体验来加以理解。早在《时间中的永恒存在》一文中，沃格林就曾对超越性体验以及处于超越性体验中的人的心灵状态做过精彩的刻画：

> 它涉及的是对时间性存在与永恒存在两极间某种张力的体验，而不是对这两极或张力本身作一种对象性认知。作为体验主体的人，无论其地位是什么，确实都在其心灵中体验到存在的两极，其中一极被称作"时间性的"，在他自身之内，另一极则在他自身之外，而且不能被确认为世界的时间性存在中的某个对象，而是被体验为在世界的一切时间性存在之外的某种存在。在时间性存在一极，这种张力被体验为朝向神性永恒的某种充满爱意和希望的渴慕，从永恒存在一极，这种张力被体验为某种带着恩典的召唤与穿透。在体验过程中，永恒存在既不会被具身化为时间中的某个对象，体验着的心灵也不会从它的时间性存在变容为永恒存在。毋宁说，这个过程应该被刻画为心灵通过它向永恒存在的穿透充满爱意地敞开自身而进行的某种自我整饬和任由自身得

---

[1] 沃格林:《天下时代》，第53页。

到整饬。然而，同样地，心灵的这个整饬过程并不导致处于张力之外的、作为某个新对象的秩序的确立。即便当某种可持续的秩序状态得到确立，并一直统治心灵的生活直至死亡，它也不会变成占有，而仅仅是在存在张力之流中持续，而且，这种存在张力随时可能因心灵的懈怠和自我封闭再度瓦解。[2]

作为超越性体验的主体，人凭借心灵而参与到永恒存在。人的这种参与性间际生存就是人之为人之所在。这是我们理解普遍人性的正确方向。具体而言，人的参与性间际生存要靠信、望、爱等美德来得到保证，而这些美德从根本上来说离不开来自永恒存在一极的恩典的召唤与穿透。沃格林在此很自然地使用了基督教的语汇，但就超越性体验和体验背后的实在而言，我们在一切心性论文明中都能找到其等价性符号，这一点也是无须多说的。要点在于，正是这些维系着人的参与性间际生存的美德构成了普遍人性的真正含义。[3]

---

[2]　沃格林：《记忆》，第367页。

[3]　关于普遍人性在希腊文明与基督教文明中的符号化表达及其等价关系，沃格林有过明确的论述，即认为亚里士多德意义上的"高尚的人"与保罗所说的"属灵的人"具有等价关系，都是普遍人性的符号化表达："亚里士多德所说的高尚的人，是由属于生存美德的实践智慧和友爱所塑造，作为塑造的结果，他意识到实在，洞察到人的正确行为，这使他能'真实地'谈论实在所具有的秩序以及人的生存秩序。保罗所说的属灵的人，是由圣灵所塑造，因此他能'评断万事'，并'用圣灵所教导的言语'阐述他的知识。保罗所用的符号，即先知、属灵的人和成人，是亚里士多德所说的'高尚的人'的等价物。"沃格林：《天下时代》，第340页。

相应于人的参与性间际生存，人所生活于其中的宇宙作为一个整体从而也应当被理解为一个"间际性实在"。[4] 在沃格林看来，古希腊意义上的"宇宙"（cosmos）符号就应当作如是理解，而现代物理学意义上的"宇宙"（universe）符号则不再指向一个间际性实在。在流俗的理解中，强调宇宙观念上的古今之变是为了说明现代人生活于其中的宇宙是后者而不是前者，但作为间际性实在的宇宙，还有那构成了张力的一极的神性实在，并不会因为现代人在体验上的误入歧途而化为乌有，而只是意味着现代人主动走在自欺的道路上从而自绝于实在。对宇宙作为间际性实在的理解当然也归属于人对神性实在的体验，因为基于参与性间际生存而对宇宙整体的体验正是人对神性实在的体验的一个重要组成部分。如果说在《秩序与历史》前三卷沃格林因为将宇宙论文明与心性论文明截然二分从而在对后者的分析中对宇宙问题多有忽视的话，那么，在《天下时代》中，随着沃格林思想上的变化，他对宇宙问题显然更加重视了。对宇宙问题的更加重视当然与他对灵知主义的持续关注和深入研究有关，而在《天下时代》中他所做的一个相应的重大调整正是在原来已经相当重视的超越问题的基础上增加开端问题，而将超越问题与开端问题结合在一起重新架构对人类历史的意识分析框架。

如果说超越性体验指的是人对神性实在的直接体验，

----

〔4〕 沃格林:《天下时代》，第289页。

那么，对宇宙开端的体验就是人对神性实在的间接体验。因此说，超越问题与开端问题一道，共同构成人对神性实在的体验的符号化表达。之所以不能够遗漏开端问题，是因为超越的突破并不导致宇宙的消失，宇宙作为间际性实在在超越的突破发生之后仍具有重要地位。当然，从超越意识中分化出开端意识从而将超越问题与开端问题明确分开，主要还是为了突出超越意识与开端意识之间的张力。对实在的整全体验要求超越意识与开端意识的平衡，这一点正是基于两种意识之间的张力提出的。在此，我们还可以补充说，既然超越意识与开端意识的平衡正呈现为间际意识，也就是生存意识，那么，超越意识与开端意识的失衡就意味着间际意识的丧失，也就是生存意识的丧失。

两种意识的殊显化意味着意识在张力中的运动有两个方向，一个凸显超越意识，一个凸显开端意识。无论凸显哪一种意识，关键都在于是否将两种意识中所体验到的神性实在理解为同一个神性实在。超越意识过度发达从而贬损开端意识的情况，往往与下列认知现象相伴随，即，将作为人类拯救者的超越的神与作为宇宙创造者的开端的神认作善恶迥别的两个神，并由此走向反宇宙主义的极端主张，正如我们在古代灵知主义思潮中看到的。当然，情况也可能是，主要或仅仅通过开端意识去体验那个超越的神性实在。这种情况如果是为了达到意识的平衡而做出的，那么，这是值得赞赏的，但其可能的弊端恰恰是体验的紧敛性或不够殊显化，正如本书一开始就论述过的。因此也不难想到，抛开开端意识是从超越意识中分化出来这一前提，凸显开端意识这一方向也会通向一个极端，即将神性实在体验为宇宙内的某个事物，从而完全缺乏超越意识。毋庸赘言，这正是沃格林在《秩序与历史》第一卷第一部分所分析过的以古代近东帝国为代表的宇宙论秩序。[5]

在《天下时代》的导言中，沃格林概要性地分析了两种意识的张力在古希腊文明和以色列文明中的具体表现。在古希腊的例子中，沃格林聚焦于哲学与神话的关系问题。如果说哲学意味着人通过心灵这个超越的感枢去体验神性实在，从而对应于人的超越体验，那么，神话聚焦于宇宙的起源，从而对应于人的开端体验。对于柏拉图来说，一方面他试图用哲学来抵制神话，因为神话中的故事所传达的开端体验与心灵通过哲学所传达的超越体验"处于十分严重的冲突之中"，另一方面，由于超越体验还不够彻底，或者说还没有达到以色列那样的超越程度，柏拉图不得不创造出哲人的神话来表达基于超越体验的宇宙溯源论，从而求得超越意识与开端意识的平衡。沃格林指出，基于由哲学所带来的独特的超越体验而对宇宙溯源论的再符号化是理解柏拉图在《蒂迈欧篇》中所创造的哲人的神话的要点所在，尤其是就其与其他类型的神话——如古代近东帝国的宇宙论神话、哲学诞生之前的古希腊神话以及以色列《创世记》中的神话——相

---

[5] 因此，基于心性论秩序而对宇宙论秩序的批判，也能够包含在意识的平衡与失衡这一主题中。

比较而言。到了亚里士多德，由于他已经意识到神话与哲学一样都是对根基的探索，通过神话所体验到的宇宙的神性创造者与通过哲学所体验到的心灵的智性推动者是同一个实在，所以，哲学对神话的抵制已经毫无必要，哲学与神话的等价性得到了明确的承认。

超越意识的发展在对一个具有绝对创造力的神性实在的体验中达到极致，这一点充分表现在摩西的荆棘丛经历（the Thornbush Episode）中。《出埃及记》中记载，上帝的使者从荆棘丛的火焰中向摩西显现，荆棘被火烧着，但并没有被烧毁。当摩西问上帝的名字时，上帝回答他说："我自有永有。"沃格林指出，上帝的这个回答表明摩西体验到的是一个完全超越于宇宙的、绝对的神性实在，而宇宙之所以具有实在性正是因为它是这个绝对的神性实在的创造物。这个绝对的神性实在显然是柏拉图《蒂迈欧篇》中的造物主德穆革（Demiurge）完全不能比的，因为后者既不创造理念，也不创造质料，其创造行动仅限于将永恒的理念作为形式加之于业已存在的质料。摩西所体验到的神的绝对创造力表现在通过圣言的说出创造万物的行动上，此即我们惯常所说的无中生有的创造行动：

> 自开端起，实在就是圣言的持续说出，说出物质，说出植物，说出动物，说出人，直到圣言说出人，人就通过族长与先知在历史中用人言来回应圣言。由此，宇宙的实在就变成一个由参与性地回应着上帝所讲述

的故事的人继续讲述的故事。[6]

概言之，上帝纯粹用言语来创造世界，正表现了他的绝对创造力。而人能够用他自己的言语来回应上帝以他的圣言所讲述的关于宇宙的故事，这意味着人在宇宙中居于不可替代的独特地位。正是在这个意义上，宇宙作为一个整体也是一种间际性实在。

就天下时代的历史过程——也就是普世社会的形成过程——而言，现实层面的征服与精神层面的逃离紧密地交织在一起。既然征服的对象是现实的天下，而逃离的力量来自精神的超越，那么，征服与逃离的紧密交织就意味着人在实在过程中的一种运动，"一种既超越实在，又保持在它之中的运动"。[7]这里的"实在"就是指阿那克西曼德箴言所表达出来的作为过程的实在，也就是由处于非生存模式的神性实在（在阿那克西曼德那里表达为"无定"）以其正义的惩罚与处于生存模式的物性实在以其生灭的转化共同构成的实在过程，沃格林也称之为"整全意义上的实在"。[8]对于整全意义上的实在或实在过程，生存于其中的人既不可能征服之，也不可能逃离之，但能够不断改善自己，改善周遭的事

---

[6] 沃格林：《天下时代》，第57页。《约翰福音》一开始就说："太初有言，言与上帝同在，言就是上帝。"

[7] 沃格林：《天下时代》，第278页。

[8] 不难想到，中国文明中"道"的符号表达的就是对整全意义上的实在或实在过程的体验。

物，从而也改善实在过程。所谓意识的平衡，就是要求人能够认识到这一点，并将之落实于对实在的体验。

沃格林就此论及西方古典哲学的意义。由心灵所发动的在实在过程中的超越运动意味着意识随时都有走向失衡的危险，因而意识的平衡就是一项理智必须履行的任务，沃格林称之为"平衡设准"（the postulate of balance）。沃格林认为，正是在柏拉图和亚里士多德等西方古典哲人那里，产生了西方文明的平衡设准，从而"决定了西方文明迄今为止的理性生活"。[9]他也认为，这不仅仅是发生在西方天下时代的重要事件，也是人类历史上具有普遍意义的纪元性事件。

关于柏拉图、亚里士多德等古典哲人如何确立平衡设准，沃格林从智思的启示性质入手展开分析。简而言之，在柏拉图那里，理智被认为是继克洛诺斯和宙斯之后统治人类的第三位神，这意味着是神将自身启示为理智。将理智作为神的自身启示，这构成了哲人的神显体验，而作为理智事业的哲学，正是以哲人的神显体验为前提的。[10]既然理智归属于神的启示，那么，理智就不是至高无上的，"理性生活就牢牢扎根于启示"。[11]哲人的神显体验不仅从源头上保证

----

〔9〕 沃格林：《天下时代》，第320页。

〔10〕 对理智的启示性质的遗忘是"由于神学家们急切地使'启示'这一符号专属于以色列、犹太教和基督教神显而导致的"。沃格林：《天下时代》，第329页。在现代思想家中，充分认识到理智的启示性质从而将笛卡尔的"我思故我在"裁断为认识论的根本错误的是谢林，参见沃格林：《新秩序与最后的定向》，第249页。

〔11〕 沃格林：《天下时代》，第320页。

了理智面对实在的开放性和谦卑姿态，而且也从源头上杜绝了理智由于可能的傲慢而导致的灵性封闭。至于在哲人的神显体验中显现的那个神与将自身启示给以色列人、犹太教徒和基督教徒的那个神有何关联这个西方文明史上的老问题，沃格林的回答仍然来自奥古斯丁。如前所述，奥古斯丁将柏拉图的爱智慧体验与摩西的爱上帝体验等同对待，认为二者同归而殊途，只是人寻求神与神寻求人的路径差别。沃格林在此继续重申奥古斯丁的这一会通哲学与启示的西方文明史古义：

> 除非我们是想要陷入过多的神学假定，否则的话，向那些哲人显现、并引起巴门尼德惊呼"有！"的那个神，与将自身向摩西启示为"我自有永有"、在人所回应的具体神显中将自身启示为其自有的那个神，是同一个神。[12]

在进一步分析柏拉图的神学时，沃格林特别聚焦于柏拉图论及神的等级秩序时的"一定程度的犹豫与保留"，和他晚年在《蒂迈欧篇》中所使用的符号在意义上的"某些摇摆不定和不确定性"。[13]在沃格林看来，柏拉图没有将造物主设想为一个从虚无中创造宇宙的、更为超越的神，而又将

---

〔12〕 沃格林：《天下时代》，第320页。
〔13〕 沃格林：《天下时代》，第322、323页。

宇宙本身作为造物主的头生子（the firstborn），而非《约翰福音》中那个肉身化的人，这都是为了避免意识的失衡所采取的措施：

> 我更愿意相信，这些不确定性是有意造就的。柏拉图充分意识到，启示具有一个超越理智的维度，他想让这个维度明白无误地得到关注，但他不想进一步阐述它，因为他担心这种阐述可能会破坏意识的平衡。[14]

亚里士多德也是一样。亚里士多德强调对具体事物的认知，而在这种对具体事物的认知冲动中包含着一个情绪性的维度，具体来说，包含着"一种欢乐的意愿，愿意去认知那个由与心灵相同的理智所充盈的实在"，因而对具体事物的认知也就是"对神性根基的认知性参与"，这一方面保证了认知永远不会脱离宇宙内的事物，另一方面也保证了认知始终是人凭其理智对神的回应。[15]

柏拉图和亚里士多德想要通过哲学去防止的意识的失衡，在超越意识极度发达的基督教世界，显然更为严重。灵知主义的精神运动，作为一种以超越为目标的失衡性运动，是基督教自其诞生以来就一直与之搏斗的一个顽健的对象。

---

〔14〕 沃格林：《天下时代》，第324页。
〔15〕 沃格林：《天下时代》，第329页。

沃格林在《天下时代》中的一个重要工作，就是要通过深邃的解读充分说明，基督教正典也受到灵知主义的影响，因而灵知主义是基督教的一个内部问题。[16]概而言之，正是由于基督的显现所具有的强大推动力造就了使灵知主义得以产生的那种强劲的终末论意识，从而"使终末论意识成为一种既塑造人性又毁灭人性的历史力量"。[17]这一工作之所以被放在《天下时代》来进行，当然是因为基督的显现正是构成西方文明的天下时代的核心事件，换言之，这一工作的具体展开，是要同时从思想和历史两个维度对与天下时代相伴随的灵知主义进行深入的分析，用沃格林的话来说就是，"必须将灵知主义对意识的扭曲置于天下时代的现实的与精神的语境中来加以考察"。[18]

对于"《新约》作品中的'灵知主义影响'"，沃格林聚焦于保罗书信和《约翰福音》展开分析。[19]让我们先来看保罗书信。复活是保罗书信中最突出的主题，沃格林的分析正是聚焦于"保罗的复活者异象"（the Pauline Vision of the

---

〔16〕 中文学术界最近以区别于正典的负典为主要线索勾勒西方基督教文明中的灵知主义历史的导引性作品是林国华对马克·里拉《搁浅的心灵》的评述，见林国华：《灵知沉沦的编年史》，商务印书馆，2019年。

〔17〕 沃格林：《天下时代》，第70页。

〔18〕 沃格林：《天下时代》，第71页。另参见Michael Franz, "The Concept of Gnosticism and the Analysis of Spiritual Disorder," *The Political Science Reviewer* 34, July 1, 2005。

〔19〕 这个对基督教内部的灵知主义因素的认知早在《新政治科学》中已经出现："灵知是基督教从一开始起就有的一个伴随因素，其踪迹可以在圣保罗和圣约翰那里找到。"沃格林：《新政治科学》，第134页。

Resurrected）。保罗的复活者异象可以从《哥林多前书》第15章得到一个概要性的理解。首先是基督在死后第三天复活，这是保罗和其他使徒都看到的异象，但对于保罗来说具有特别的意义。保罗是基督复活升天后唯一拣选的使徒，在去往大马士革的路上向他显现的基督已然是复活升天后的基督。因而可以说，作为一个从迫害教会的凶手转变而来的为福音作见证者，保罗的特别使命正是为基督的复活作见证。其次是死去的人在基督里的复活，在保罗看来这正是福音的本质所在。"我们若靠基督只在今生有指望，就算比众人更可怜。"言下之意正是说，如果没有复活，福音就没什么意义了。复活者异象中的这一层含义意味着一种不同于希腊文化的独特的不朽观念，保罗也非常明确地将之关联于人类被创造的开端时刻。"死既是因一人而来，死人复活也是因一人而来。""在亚当里众人都死了；照样，在基督里众人也都要复活。"基督是第二亚当的观念（又见于《罗马书》）就将超越意识与开端意识的张力清晰地呈现出来了。

沃格林将保罗体验中的灵性神显与柏拉图、亚里士多德体验中的智性神显进行比较性分析，以此凸显保罗的复活者异象所蕴含的特别之处。这其实意味着他试图基于前述柏拉图、亚里士多德所确立的平衡设准来衡量保罗的灵性体验。既然灵性神显与智性神显都属于超越的突破，都是超越意识的呈现，那么，从根本上来说，二者不仅就体验所指向的实在而言具有等价关系，而且就体验所表达的层级而言也具有等价关系。用沃格林的话来说，保罗与柏拉图、亚里士多德一样，"都表达了由人对神显的回应而构成的秩序"。[20]
这就意味着，保罗与柏拉图、亚里士多德一样，都将历史体验为一个间际性实在，一个其意义来自人对神显的参与式回应的过程性的实在：

> 柏拉图和保罗都同意，历史中的意义与实在中的方向性运动分不开。"历史"是这样一片实在区域，在其中意识使宇宙的方向性运动得以显明。更进一步，他们都同意，历史并非一个万物在其中随机出现的空洞的时间维度，而是一个其意义由一系列神显事件构成的过程。最终，他们都同意，历史的实在是参与式的，是间际，在其中人对神性显现做出回应且神性显现召唤人的回应。[21]

尽管如此，保罗的灵性神显与柏拉图、亚里士多德的智性神显还是存在着较大的差异。保罗对秩序体验的表达与柏拉图、亚里士多德相比"已经发生了决定性的改变"：

> 从以世界为神的化身的神圣智性秩序改变为旨在脱离世界之无序的神的灵性救赎；从实在所包含的悖谬改变为对悖谬的克服；从对方向性运动的体验改变

---

〔20〕 沃格林：《天下时代》，第334页。
〔21〕 沃格林：《天下时代》，第336页。

为对这一运动臻于圆满的体验。[22]

对秩序体验的表达从世界的智性秩序改变为神的灵性救赎，意味着对生存真理的推动力的体验发生了明显的改变。在柏拉图、亚里士多德那里，人因其对智慧的爱欲而寻求神，也就是说，生存真理的推动力是人对智慧的爱欲；在保罗那里，神因其对人的爱而寻求人，也就是说，生存真理的推动力是神对人的爱。对秩序体验的表达从对实在的悲剧性的理性认知改变为对实在的悲剧性的彻底克服，意味着对实在真理的体验发生了明显的改变。柏拉图、亚里士多德专注于分析实在的结构，自始至终严守阿那克西曼德箴言对两种实在的区分，认可其所表达的关于实在的过程的真理；而保罗则更为关注"灵性的突入点"，因此"他更愿意望向的是经过变形的实在，而非处在宇宙中的生存"。[23]一言以蔽之，保罗的复活者异象指向的是关于实在的变形的真理，而非关于实在的过程的真理，而这正是保罗所说的福音的本质所在。

正是通过提出关于实在的变形的真理，保罗彻底改变了死亡的意义。死亡不再是不可克服的人生终点，而是人在神恩主导下的宇宙变形过程中所经历的一个环节。死亡意义的改变也意味着不朽观念的改变。柏拉图、亚里士多德基于

---

[22] 沃格林：《天下时代》，第334–335页。

[23] 沃格林：《天下时代》，第341页。

身体的有朽而仅言灵魂的不朽；保罗所谓的不朽不仅是灵魂的不朽，也包括身体经由灵性化而来的不朽。如果说在柏拉图、亚里士多德那里，身体的有朽与灵魂的不朽二义并存，意味着他们对于人的间际性生存境遇有着清醒的认识，也表明他们在超越意识与开端意识之间保持了恰当的平衡，那么，在保罗那里，身体的不朽与灵魂的不朽二义并存，意味着保罗因信仰而获得了柏拉图、亚里士多德根本没有过的、关于人如何彻底克服死亡的灵性体验，也表明他强烈的超越意识有可能贬损开端意识。实际上，若就创造的恩典而言，则可以看到，保罗对人与神的根本差异有着清醒的认识；若就救赎的恩典而言，则可以看到，保罗的灵性体验中的确存在着取消人与神的根本差异的隐秘倾向。

对秩序体验的表达从关注过程的改善改变为关注变形的终点，意味着对历史的体验发生了明显的改变。在关于实在的变形的真理中，复活者异象作为变形的开端被承认，与宇宙的开端形成了鲜明的对比。变形被认为是宇宙过程的一个最后的、也是最有意义的阶段，这意味着保罗以复活者异象作为宇宙变形的终极因构造了一个关于宇宙的灵性神话。沃格林认为，保罗所构造的这个关于宇宙的灵性神话与古代近东的宇宙论神话和柏拉图的哲人神话相比，殊显化程度更高。随着"超越宇宙的神和带着他的爱而被揭示为构成历史中的意义的那些神显事件的推动者"，宇宙变成了一出"关于创世与堕落、堕落与救赎、死亡与复活以及受造者向其不朽的荣耀最终回归的戏剧"。[24] 既然这出戏剧靠终点才能赋予其意义，那么，一种完全超越宇宙过程的终末论就是必需的。而对历史的体验，也就置基于这种完全超越宇宙过程的终末论之上了。沃格林认为，这意味着保罗能够用由灵性神显而来的历史的意义来抵制古典哲人那里由智性神显而来的历史中的意义。[25]

现在让我们转到《约翰福音》。沃格林是在《天下时代》的导言部分详细分析《约翰福音》中的灵知主义影响的。关于超越意识与开端意识之间的张力，沃格林通过将《约翰福音》1与8放在一起分析加以说明。就其内容而言，《约翰福音》1陈述的是作者对创世事件的一种特别的回顾："太初有言，言与上帝同在，言就是上帝。"这个回顾的特别之处在于，作者在此不是像《创世记》中那样以讲故事的方式叙述性地回顾创世事件，而是以说理的方式论述性地回顾创世事件，用沃格林的话来说，作者在此思考的是"神创的实质及其内在结构"。沃格林指出，正是通过揭示出言与上帝既差异又同一的关系，《约翰福音》的作者将超越意识与开端意识的张力清晰地呈现了出来。

《约翰福音》8记载的是发生在耶稣与法利赛人之间的一场关于神显的辩论，这场辩论是由如何处置一个行淫的妇人而引发的。法利赛人诉诸摩西律法，认为应该让众人拿石

---

〔24〕 沃格林：《天下时代》，第345–346页。
〔25〕 沃格林：《天下时代》，第354页。

头把那个行淫的妇人打死，但耶稣不同意，反而说："你们中间谁是没有罪的，谁就可以先拿石头打她。"于是，在没有人拿石头打她的情况下，耶稣赦免了那个妇人的罪。之后，耶稣以圣子的身份要求法利赛人认识到自己的罪，但法利赛人并不相信他，且最终被耶稣的话所激怒，以至于他们拿起石头打他。沃格林指出，"这场辩论意在澄清神显发生在一个人身上的意义"，亦即道成肉身的意义。当法利赛人问耶稣是谁时，耶稣的回答与摩西在荆棘丛中听到的"我自有"类似。但沃格林特别指出，这里的神显与摩西所经历的神显有很大不同：

> 从荆棘丛中对摩西说话的神，此时通过一人之口对众人说话；以往启示事件中的神业已成为"照亮此世所有人的真光"。对摩西启示的"我自有"仍深陷于对宇宙之原初体验，以至于必须用各种宇宙论符号来包围自身，例如来自列祖列宗所信奉的某个宇宙内神灵的声音，他在一丛奇异的荆棘中说话；这个启示建构的并不是每个人的人性，而是摩西的品质，使他能够带领以色列人集体摆脱一个宇宙论帝国加之于上的束缚，走向神之下、历史之中的自由。相比之下，耶稣的"我自有"则将自身启示为圣言在一个人身上的鲜活显现；这个启示无意于在历史中建立一个民族，而是为回应其吁求的每个人消除生存的黑暗与荒谬，

让他们进入到由参与圣言而来的显明意识。[26]

耶稣试图传达给法利赛人的启示直面每个人的生存，也指向每个人的罪，这意味着发生在耶稣身上的神显不再是面对某个民族的神显，而是面对每个人的神显。这就是基督的显现所蕴藏的深刻含义。当法利赛人在辩论中自豪地抬出犹太人的祖先亚伯拉罕以为他们不信耶稣所传达的真理做辩护时，耶稣在启发无效的情况下高调地宣称："在有亚伯拉罕之前，我已自有。"沃格林认为，耶稣的启示在这一刻达到了高潮。由于耶稣的启示中带有强烈的终末论意图，而这一定会与犹太人的历史——辩论中双方多次提及亚伯拉罕就指向这一历史——发生严重的冲突。法利赛人最后之所以拿起石头打他，正是因为他们强烈地意识到了耶稣的启示与犹太人历史之间的冲突。

耶稣启示中的终末论指向关于实在的变形的真理，这正是他要传达的福音。沃格林聚焦于《约翰福音》中所记载的耶稣受难之前说过的一些话来阐明这一点。

> 看哪，时候将到，实则已经到了，你们要分散，各归自己的地方去，留下我独自一人。其实我不是独自一人，因为有父与我同在。我将这些事告诉你们，是要叫你们在我里面有平安。在宇宙中你们有苦难。但你们可

---

[26] 沃格林：《天下时代》，第62–63页。

以放心，我已胜了宇宙。(《约翰福音》16:32–33）

这是耶稣在受难之前对他的门徒所说的话。最后一句"我已胜了宇宙"不仅将超越意识与开端意识的张力清晰地呈现出来，而且清晰地表明，宇宙的变形正是耶稣所传达的救赎真理，而救赎的真理压倒了创造的真理。

我不求你叫他们离开宇宙，只求你保守他们脱离罪恶。他们不属于宇宙，正如我不属于宇宙一样。求你用真理使他们成圣，你的言就是真理。(《约翰福音》17:15–17）

这是耶稣在受难之前为他的信徒所说的祈祷语，其中明确指出他的信徒和他一样都"不属于宇宙"，因而既指向耶稣的复活也指向信徒的复活。

父啊，现在求你使我享有那荣耀，就是那未有宇宙之前我便与你同享的荣耀。(《约翰福音》17:5）

这是耶稣在受难之前为自己所说的祈祷语，特别强调了他与耶和华共同享有那"未有宇宙之前"的荣耀。

可以看到，《约翰福音》中记载的耶稣的这些话都将焦点对准了宇宙，都指向宇宙的变形，都强调了超越意识相对于开端意识的压倒性优势。正是基于扎实的文本分析，沃格林提出了一个重大问题，即，《约翰福音》的作者是一位灵知主义者吗？沃格林指出，尽管这个问题的答案并不清楚，但承认《约翰福音》中存在灵知主义影响或具有灵知主义倾向则是很多《新约》学者的共识。[27]

从心理根源上看，灵知主义来自因人的生存状况的不确定性、偶然性、不完善性以及人的必死性而导致的恐惧与焦虑。为了克服这些恐惧与焦虑，灵知主义者以超越的名义扭曲地重构开端，以救赎的真理贬损创造的真理，又将救赎的希望寄托在灵性魔法之上，企图彻底打破人的间际性生存的张力结构。我们知道，在《天下时代》出版之前，沃格林已经发展出了他的意识哲学，而这构成了他分析灵知主义的理论基础。而在《天下时代》的导言部分，沃格林对于灵知主义所做的理论探讨主要是结合天下时代的历史语境来分析其思想根源，正如前面已经提到过的。

灵知主义与天下时代的密切关系，可以从沃格林为了理解天下时代而提出的历史的构型所包含的三个要素来看。首先，灵知主义以灵性神显类型的精神突破为前提。沃格林将灵知主义的实质内核刻画为，"通过基于知识的行动，使人的灵从其在宇宙中的异化状态回归到超越的神的灵"。[28]显然，对一个超越的神的灵性体验是灵知主义产生的基本前提。既然如此，"灵知主义的实质内核肇始于以色列－犹太

─────────────

〔27〕 沃格林：《天下时代》，第68页。

〔28〕 沃格林：《天下时代》，第70页。

地区"就是一个可以想见的结论。

其次，灵知主义的产生与普世帝国的扩张所带来的巨大创伤体验有关：

> 就现实层面的历史而言，灵知主义源于为期六个世纪的帝国扩张与文明破坏。由波斯人、亚历山大及其后继者，以及最终由罗马人进行的普世扩张，摧毁了古代近东的各个宇宙论帝国，这些普世帝国又彼此摧毁，直至罗马胜利。以色列和古希腊，这两个分别出现了灵性之光与智性之光的社会，也沦为该进程的受害者。[29]

帝国扩张对原有秩序的摧毁可能使"社会与宇宙被体验为一片无序领域"，由此对实在的体验可能出现严重的退缩，即

---

〔29〕 沃格林：《天下时代》，第71页。认为正是普世帝国的扩张为灵知主义的产生提供了历史条件，这个看法已见于《科学、政治与灵知主义》一文："对于美索不达米亚、叙利亚、埃及以及地中海沿岸的人们来说，自基督纪元前7世纪就进入了一个普世帝国的时代。波斯帝国之后就是亚历山大大帝东征，然后是继承者王国，罗马帝国的扩张，以及帕提亚王朝和萨桑王朝。东方古代帝国的崩溃，以色列、希腊和腓尼基城邦独立地位的丧失，人口的流动，放逐和囚禁，以及各种文化之间的交融，把这些无法主宰历史进程的人们逼进一种极端孤独、绝望的境地，感受到世界的动荡、思想的混乱、精神和物质的焦虑。由制度、文明和种族凝聚力的崩溃所导致的意义的丧失召唤人们做出各种努力，在既定的处境中去重新理解人生的意义。这些众多的努力在洞见的深刻程度上是各不相同的，其中对于人类生存意义的最宏大规模的重塑归属于灵知主义。"沃格林：《没有约束的现代性》，第18页。

实在只剩下人的灵与超越的神的灵，宇宙不再被体验为具有一个神性根基的实在，而是被体验为一个有待逃离、有待克服的对象。此即意味着出现了反宇宙主义，而这正是古代灵知主义的一个典型特征。

与反宇宙主义相对应的是，在实在中的方向性运动被体验为逃离宇宙、克服宇宙的运动，从而建构了历史的意义。以逃离宇宙为目的的方向性运动意味着历史不是被体验为真理在实在过程中有升有降的可能展现，而是被体验为真理作为实在的变形终点的直线推进。

沃格林特别回溯他在《以色列与启示》中的分析，说明表现于以色列–犹太历史上的三次灵性逃离的激进倾向。第一次发生在基督纪元前8世纪逃离埃及时。现实层面的逃离埃及意味着精神层面的逃离宇宙论帝国，而作为一个民族的以色列正是在这种逃离中诞生。但"现实中的王权统治与先知所主张的神权政治原则之间的冲突在以赛亚的如下要求中臻于极致：国王在战争中不应依赖堡垒与军队，而应仰仗他对耶和华的信仰，因为耶和华会奇迹般地使国王的人民摆脱危险"。[30] 第二次发生在基督纪元前6世纪巴比伦征服犹太王国时。先知第二以赛亚提出"作为受难仆人的以色列"这一新的符号化表达，将以色列被巴比伦征服的创伤经历体验为以色列的第二次逃离。这一次的逃离与第一次不同的是，逃离的对象不再是征服者，而是以色列自身。在精神上

---

〔30〕 沃格林：《天下时代》，第77页。

逃离自身意味着彻底摆脱由民族或王国带来的负担，意味着以色列不再是原来的以色列。质言之，在第二以赛亚看来，以色列作为受难的仆人，不再是一个特殊民族，而是一个能够将所有民族都转化并纳入自身、能够将救赎的消息带到世界尽头的每个人的普遍民族。不难看出，"作为受难仆人的以色列"这一符号化表达其实是有明显的激进意味的。第三次发生在基督纪元前2世纪以色列与塞琉古帝国的冲突中，其具体表现就是以《但以理书》中的启示录形式表达出来的灵知主义倾向：

> 各帝国的前后相继是无意义的；无论是在现实层面战胜帝国的敌人，还是人类的灵性转化，都没有成功的希望。如果要重新引入神性秩序，那么，由于实在的现存结构是没有意义的，来自神的干预就必须改变这个结构本身。对实在加以神性整饬意识，已然退缩成一位启示录式思想家的异象。为那些神的使者准备的舞台已经搭好，他们彻底抛弃了受造的实在，只关注能够使人从宇宙中逃离出来的救赎性灵知。[31]

我们知道，灵知主义是沃格林思想中的一个相当重要的主题。在《新政治科学》中，沃格林提出了一个影响深远但也颇有争议的独特论断：现代性是灵知主义的生长（the

---

〔31〕 沃格林：《天下时代》，第77—78页。

growth of Gnosticism）。这一论断可以追溯到更早。在《文艺复兴与宗教改革》第三章"上帝的子民"中，沃格林以公共制度的吸纳力与大众灵性运动的反叛力为两端建构了一个历史分析框架，然后基于这个分析框架对西方社会在宗教改革前后发生的宗派运动进行了详细的论述，其中已经明确提出了现代政治思想孕育于灵知主义的看法：

> 显然，我们对启蒙运动以降的现代政治运动的理解在如下情况下将达到一个新的深度：如果我们能够不将孔德、马克思、列宁主义者、希特勒等人关于历史的最后变形的种种理念看作什么"新"观念，而是看作从13世纪的行动神秘主义（activist mysticism）延续而来的终末论思辨；抑或我们能够不将黑格尔与马克思的历史辩证法看作什么新历史主义或新实在论，而是看作深受更新了的灵知主义思辨的支配；抑或我们在理解基督教与实证主义、进步主义、共产主义以及国家社会主义在当下的重大斗争时，能够不将其看作"现代"观念与基督教之间的斗争，而是看作基督教与灵知主义之间的古老斗争的重现；抑或我们能够从圣爱任纽反对同时代灵知主义者的著作中来寻求对当今各种议题的精巧论述。[32]

---

〔32〕 沃格林：《文艺复兴与宗教改革》，第229页。

可以看到，现代性的本质是灵知主义，沃格林在《新政治科学》中提出的这一著名论断，正是来自他对"上帝的子民"这一章的拓展性论述。既然灵知主义本来是一个古代现象，是与普世帝国的扩张有密切关系的一个天下时代的现象，那么，在《新政治科学》中，为了证成古代灵知主义与现代政治思想的连续性，沃格林必须详细分析灵知主义的古今转变。对此，沃格林始终将之作为基督教内部的一个问题来看待，他的具体论述脉络包括以下三个主要步骤。

首先，关联于基督教克服犹太教的政治弥赛亚主义的历史，沃格林指出，在《上帝之城》中，奥古斯丁凭其"解释的绝技"提出一个教会的理念，巧妙地遏制了来自基督教内部的灵知主义倾向——这里特别指圣约翰《启示录》中的千禧年主义所具有的政治弥赛亚主义倾向。早期基督教共同体对基督再临的终末论期待仍然留有犹太教的政治弥赛亚主义的明显痕迹，即指向一个"上帝王国"。由于基督的再临并未发生，原来对基督的政治弥赛亚主义式的终末论期待逐渐转变为一个关于人的圆满的超历史、超自然的终末论期待。而在圣约翰的《启示录》中，仍有一个革命性的千禧年讯息，即认为在千禧年到来时，基督会与他的圣徒再临而统治世界。如果这个革命性的千禧年讯息才是基督徒真正的终末论期待，那么，教会的地位"就会被降低为一个由人组成的暂时性的共同体"，因为真正伟大的时刻只能被认为是在千禧年到来的那个时刻。

沃格林指出，奥古斯丁"巧妙地消解了对千禧年的字面上的信仰，视之为胡说八道，然后大胆地宣布说，千年王国就是在当世在他的教会中的统治，它会一直持续到末日审判和彼岸的永恒王国降临"。而正是奥古斯丁的教会理念奠定了西方古典基督教文明的基本秩序，即以教会与帝国为代表的双重天下主义：

> 在历史上，奥古斯丁的教会概念直到中世纪结束前一直有效，并未有实质性的变化。会改变尘世历史的结构的对基督再临的革命性期待，作为谬论被排除了。道已经在基督那里成了肉身；救赎的恩典已经赐予了人；除了基督在他的教会中的属灵的在场以外，不会有社会的神圣化。犹太教的千禧年主义连同多神论被一道排除了，就像犹太教的一神论连同异教、形而上学的一神论被一道排除了一样。这就只留下教会成为由信奉基督的圣徒们和罪人们所组成的普世性属灵组织，成为上帝之城在历史中的代表，成为永恒在时间中的闪现。相应地，这让社会权力组织成为人的属世的代表，具体而言，就是代表人性中将会随着时间转变为永恒将要消逝的那一部分。这一基督教社会连属为其属灵的和属世的秩序。在其属世的连属化中，它在接受人的境况时并不带千禧年幻想，不过，它又通过以教会为人的属灵命运的代表而提升了自然存在。[33]

---

〔33〕 沃格林：《新政治科学》，第116页。

其次，关联于"上帝王国"的终末论在中世纪历史上的复兴，沃格林将约阿希姆作为灵知主义古今转变的枢纽性人物。沃格林指出，在西方文明强势崛起的历史处境下，深受鼓舞的约阿希姆将三位一体学说扩展为一个具有终末论性质的历史观念，意味着与奥古斯丁的基督教社会的一次重要决裂，而约阿希姆在他的思辨中所创造的四个符号，"一直支配着现代政治社会的自我解释"。[34]

约阿希姆通过他的思辨将三位一体学说改造为一个具有进步主义意味的历史观念，即从开辟到基督降世之前的圣父时代，开始于基督降世的圣子时代与即将到来的、作为人类历史最后一个阶段的圣灵时代。这是他所创造的第一个符号。沃格林指出，将人类历史区分为古代、中世纪与现代这个我们习以为常的观念，也是现代性借以自我肯认的历史分期观念，其实就是约阿希姆的历史观念的变种。至于这个符号以不同的变种形式出现在孔德、黑格尔、马克思以及纳粹思想中这一点，也是清晰可见。

约阿希姆所创造的第二个符号是领袖。他认为每个时代都需要一个领袖作为划时代的带领者，如亚伯拉罕是圣父时代的领袖，耶稣是圣子时代的领袖，而一个即将出现的"巴比伦王"会是圣灵时代的领袖。沃格林简要地概括了领袖符号在约阿希姆之后所产生的历史影响，从中世纪后期

---

〔34〕 沃格林：《新政治科学》，第118页。类似的分析亦见诸《人造宗教：当代的灵知主义群众运动》一文，见《没有约束的现代性》，第73–78页。

到文艺复兴、宗教改革，再到启蒙运动以及当代，可以说其影响遍及西方现代历史的每一个重要阶段，"在世俗化时代，它体现为孔多塞、孔德和马克思的超人，直到后来它通过各个新王国的圣灵式领袖主宰了当代的舞台"。[35]

约阿希姆所创造的第三个符号是与对新时代的认知直接相关的先知。"为了使一个最后的第三王国的观念获得有效性和确定性，作为一个清楚的、充满意义的整体的历史进程，必须被假定为对人类的知识而言是可理解的，无论是通过直接的启示抑或通过思辨的灵知去理解。因此，灵知主义意味的先知，或者后来世俗化阶段中的灵知主义意味的知识分子，开始成为现代文明的一种标配。"[36]虽然沃格林在此处的分析非常简略，但还是非常深刻地揭示了现代知识分子的灵知主义起源。

约阿希姆所创造的第四个符号是属灵的自主个人的共同体。在他看来，在圣灵时代，教会将不复存在，因为圣灵的全面降临使得圣礼变得没有必要，人们作为修道者"在精神上臻于完美，可以不要制度的权威而一起生活"。沃格林认为，这个观念可以有无数变种，而其"世俗化形式已成为当代民主信念中的一个强有力的成分"。[37]

如果说约阿希姆在西方基督教文明的历史上开启了

---

〔35〕 沃格林:《新政治科学》，第119页。

〔36〕 沃格林:《新政治科学》，第119–120页。

〔37〕 沃格林:《新政治科学》，第120页。这里的矛头可能特别指向共和主义民主。

"赋予尘世历史进程以意义的尝试",也就是"对意义予以内在化的尝试",[38]那么,真正产生重大历史性后果的却是内在化的第二个阶段,也就是被称为世俗化的阶段。用沃格林在"上帝的子民"中的话来说,"属灵的反叛无疾而终,而对灵性本身的反叛却产生了社会性的后果"。[39]理解灵知主义古今转变的关键正在于从属灵的反叛走向对灵性本身的反叛,而在这一过程中出现的内在主义终末论正是现代灵知主义的标志。沃格林为了证成古代灵知主义与现代政治思想的连续性而展开的论述的第三个步骤,正是对内在主义终末论的分析。

内在主义终末论广泛见诸现代政治思潮的各种版本之中,沃格林通过区分其结构中的目的论成分与价值论成分而将之划分为三种形态。一个朝向完美状态的运动,就其作为一个有目的的运动而言包含着目的论成分,就其所要朝向的完美状态而言又包含着价值论成分。如果"强调的重心在于运动,而没有澄清最终的完美,结果将是对历史的进步主义解释"。如果"强调的重心在于完美状态,而没有澄清实现它所需要的手段,结果将是乌托邦主义"。如果同时强调运动与完美状态,即试图"通过革命的人性改造来达到完美状态",结果将是像马克思主义那样的行动神秘主义。[40]至于

---

〔38〕 沃格林:《新政治科学》,第126页。

〔39〕 沃格林:《文艺复兴与宗教改革》,第176页。

〔40〕 沃格林:《新政治科学》,第128–129页。类似的分析亦见诸《人造宗教:当代的灵知主义群众运动》一文,见《没有约束的现代性》,第71–73页。

内在主义终末论产生的根源，沃格林通过对"基督教的本质"的分析来说明。基督教将一切有关神圣、超越存在的确定感都挂在信仰这条极细的线上，使得基督教信仰的纽带非常脆弱且极易绷断，用沃格林的话来说，这意味着"不确定性正是基督教的本质"。一旦克服由不确定性带来的焦虑变成了一个大众现象，信仰崩塌的危险就会严重加剧，而灵知主义正是在这种局面下才有了历史性的可乘之机。[41]

在以上简要梳理之后，我想提出的一个问题是：沃格林在《天下时代》中对《新约》作品中的灵知主义影响或灵知主义倾向的分析，与他在《新政治科学》中提出的现代性的本质是灵知主义的著名论断之间有何关联？在此首先需要说明的是，尽管有人批评"灵知主义"作为一个历史解释性概念在沃格林那里已然成了一个透支的概念，但沃格林对灵知主义的基本含义的界定始终是明确的。在《天下时代》中，我们看到，沃格林曾简明扼要地以"逃离间际"与"取消间际"来刻画古今灵知主义的差别与关联。[42]这就清晰地揭示出，古今灵知主义的共同点在于二者都企图彻底打破人的间际性生存的张力结构，只是前者采取了逃离的策略，后者采取了取消的策略。这就是沃格林对"灵知主义"的极简定义。

让我们从谢林对基督教历史的一个著名看法说起，因

---

〔41〕 类似的分析亦见诸《人造宗教：当代的灵知主义群众运动》一文，见《没有约束的现代性》，第84–85页。

〔42〕 沃格林：《天下时代》，第331页。

为沃格林在分析现代灵知主义时至少两次提到这一看法。在《启示哲学》中，谢林关联于耶稣的三个使徒的不同职分而将基督教的历史思辨地理解为三个阶段，用沃格林的描述来说，"在彼得式基督教之后，迎来的是保罗式基督教的改革，如今又将继之以由德国的各种思辨体系构成的约翰式基督教"。[43]在谢林看来，彼得作为耶稣的第一使徒，同时也是圣父的使徒，他具有磐石一般的品格，代表的是律法的精神，所以耶稣愿意将教会建基于其上，呈现于历史就是罗马公教会。进一步，取代了雅各地位的保罗作为耶稣的第二使徒，才是真正的圣子的使徒，他代表的是独立、自由的精神，是反抗权威的灵性运动的推动力，呈现于历史就是新教改革：

> 从它最深的根基来看，宗教改革运动不是别的，正是最终获得成功、把保罗的声望提升到圣彼得不受限制的权威之上的行动。如果所谓的新教徒，就是处在被奠定在彼得权威的教会之外的人，是保持对这一教会的独立性的人，那么使徒保罗就是第一个新教徒，新教为自己所举的最古老的原典，为自己所举的大宪章就是《加拉太书》的第二章。[44]

---

〔43〕 沃格林：《天下时代》，第71页。
〔44〕 谢林：《启示哲学》（下），王丁译，商务印书馆，2022年，第370页。

再进一步，约翰作为耶稣的第三使徒，同时也是圣灵的使徒，他代表的是完满的精神，因为"唯有在圣灵的引导下才会进入全部真理，亦即进入整全完满的真理"。[45]谢林特别通过对《约翰福音》最后一章耶稣对彼得所说的、谈论约翰的话——"我若要他等到我来的时候，与你何干？"——的重新解释，来说明基督指派给约翰的职分在于未来，在于基督再临的时刻。也就是说，谢林认为，作为未来的新耶路撒冷教会的约翰式基督教，"才是真真正正的普遍–公教会"。[46]谢林既然将约翰式基督教与人类历史的最后阶段相联系，那么，他就将新教作为一个过渡性的中介环节，而他所谓的约翰式基督教就是指扬弃了现有新教式的教会制度的、作为一般认识对象的、哲学化了的真理形态：

就算约翰始终都没有在对使徒的列举中被称为第三大使徒，他也会通过他自身，通过他的生平，通过他的著作成为第三使徒，成为未来使徒，成为最终时代的使徒。在最终的时代里，基督教就成了一般认识的对象，它不再是迄今教义学课本里狭隘、古怪、不再鲜活的干巴巴的东西，更不是在见不得光的贫乏套话中，以蹩脚的方式强行胡诌出来的东西，同样也不

---

〔45〕 谢林：《启示哲学》（下），第390页。

〔46〕 谢林：《启示哲学》（下），第391页。

是为某种所谓"私人基督教"而削足适履捏造出来的东西，相反，基督教在这个最终的时代里才会成为真正的公共宗教，它不再作为国家–宗教，不再作为高教会派拥有繁复的教仪，而是作为全人类的宗教，人类在它之中同时也据有了最高的科学。[47]

沃格林认为，谢林的基督教三阶段说是一个典型的灵知主义思辨，并且他还指出，以黑格尔的体系作为典型代表的现代灵知主义，其具体意象确定无疑地是约翰式的。[48]这显然是就黑格尔断言历史有一个终点且人类能够达到那个终点这一对于完满的"绝对认知"而言的。不过，在《天下时代》第五章分析保罗的复活者异象时，沃格林又将现代灵知主义的思想根源追溯到保罗的变形体验。在他看来，现代灵知主义者能够赋予历史一个终极的意义，其力量正来自保罗在其复活者异象中体验到的关于实在的变形的真理及其所构成的强劲的终末论。

以谢林的基督教三阶段说为参照，不难看出，沃格林详细分析保罗书信和《约翰福音》中的灵知主义影响或灵知主义倾向，其实意味着他将批判的矛头对准了新教改革和新

---

〔47〕 谢林：《启示哲学》（下），第391–392页。

〔48〕 沃格林：《天下时代》，第71页。谢林在论述基督教三阶段说时明确提到他的观点能够在约阿希姆那里得到印证，见谢林：《启示哲学》（下），第356页。

教改革影响下的世俗化的思辨哲学体系。[49]"彼得式基督教"作为奥古斯丁的双重天下主义的代表之一而被完全免于灵知主义批判。谢林强调了彼得式基督教对律法的重视，在沃格林笔下，律法书相对于先知的权威，是犹太传统中反制各种灵性极端主张的重要依凭，而斐洛在为普世社会重拾平衡的过程中正是基于摩西律法重新解释《圣经》中的创世叙事，通过将摩西律法与宇宙协调起来而使人变成同时受自然法与创造自然的神的法所规约的宇宙公民（cosmopolites）。[50]至于如何区分现代灵知主义体系中的保罗成分与约翰成分，我们正可以从前述沃格林对内在主义终末论的结构性区分来理解。如果说保罗的变形体验侧重于朝向完满状态的变形运动，那么，约翰的完满体验则侧重于变形运动所朝向的完满状态。这就意味着，现代灵知主义体系中的保罗成分与约翰成分，正与内在主义终末论的目的论成分与价值论成分相对应。换言之，保罗式的变形体验其实是现代进步主义的思想根源，约翰式的完满体验则是现代乌托邦主义的思想根源；而行动神秘主义的灵知主义体系则是保罗成分与约翰成分的紧密结合。

在《天下时代》第五章，相对于柏拉图、保罗的神显（theophany）体验，沃格林还发明了一个新词"egophany"——我建议翻译为"自暴"——用来描述现代灵知主义思想家们

---

〔49〕 详细的批判可参见《政治观念史稿》第四至第八卷。

〔50〕 沃格林：《天下时代》，第81–82页。沃格林由此认为"cosmopolites"可能是斐洛新造的词，而非惯常所认为的出自斯多葛派。

的体验的本质核心。[51] 如果说古典体验无论是智性进路的，还是灵性进路的，都是对神显的体验，那么，现代体验的本质核心则是以自暴的体验取代神显的体验，都是对神显的自暴性反叛（egophanic revolt）。自暴性反叛的典型正是黑格尔的体系建构：

> 他将神显事件连同处于间际的、且使间际得以显明的生存意识一并废黜；最重要的是，他废黜了神性实在的最深层。无论是柏拉图还是保罗，无论是智性神显还是灵性神显，无论神将自身启示为创造结构的造物主，还是启示为摆脱结构的救世主，启示均未被体验为与神性实在相等同，而是被体验为对神性实在的参与。在超出被体验到的神性显现之处，用阿奎那的话说，还存在着深不可测的、甚至还没有"上帝"之名的神性实在的"四字者"深处。因此，为了使他

---

〔51〕 "egophany" 相对于 "theophany" 而被构造出来，直译为"自我显现"或"自显"。"自暴"一词来自《孟子·离娄上》："自暴者，不可与有言也；自弃者，不可与有为也。言非礼义，谓之自暴也；吾身不能居仁由义，谓之自弃也。"一般以"害"来释"暴"，如朱子，若依此解则"自暴"意即"自害"，意虽通犹未能将"自暴"的确切含义呈现出来。在孟子那里，"自暴"既然与"自弃"相对而言，一个从知上说，一个从行上说，那么，就知为行的基础而言，自暴的问题显然比自弃的问题更严重。自弃是指虽然对仁义有所认知，但由于不能够肯定自己从而不能够将仁义付诸行动（以仁义行）；自暴则是指在认知上就非毁礼义。如果说非毁礼义的根源在于不敬，那么，自暴就源于不敬。其实"暴"有"显"义，若依此解则"自暴"意即"自显"，即指由于不敬而导致的过度的自我肯定或骄傲式的自我显摆。

将神与人等同的自暴性建构带上某种真理外观，黑格尔必须废黜神性实在的最深层。[52]

早在《科学、政治与灵知主义》一文中，沃格林就将黑格尔作为现代灵知主义的典型而展开了深入、犀利的批判性分析。聚焦于黑格尔在《精神现象学》前言中自述其任务时使用的"爱智"与"真知"这两个不同表述，通过将二者回译为希腊文的philosophia和gnosis，沃格林坐实了《精神现象学》是"从哲学向灵知迈进的纲领"，并指出这一灵知主义纲领的哲学观与以柏拉图为代表的古代哲人的哲学观构成了鲜明对比：

> 黑格尔所指的哲学乃是这样一种思想的事业，它向着真知前进，并且最终能够达到真知。哲学于是被包含在18世纪意义上的进步观之中。让我们来回忆一下柏拉图的哲学事业，以便弄清其本质是如何与这种进步主义者的哲学观念相对立的。在《斐德罗篇》中，柏拉图让苏格拉底描绘了真正的思想者的特征。当斐德罗问，人们应当如何称呼这样的思想者时，苏格拉底用赫拉克利特的话回答说，*sophos*，即知道者，这个词会太过，它只能用于称呼神自己，兴许我们可以恰当地称呼思想者为*philosophos*，即爱智者。因此，"真

---

[52] 沃格林：《天下时代》，第362页。

知"留给了神，处于有限性之中的人只能是"爱智者"，并不是知道者。在上面这个段落的含义中，爱智者所爱的智慧只能属于那作为"知道者"的神，因此爱智者，philosophos，就成了 *theophilos*，即爱神者。如果我们现在把黑格尔的哲学观与柏拉图的哲学观放在一起，就必定可以得出这样的结论：虽然关于存在秩序的知识确实可以趋向于殊显化和精微化，但是从有限性的束缚中跳出来进入到完满的真知却是不可能的。要是一个思想者想要这么做，那他就不是在推进哲学，而是抛弃了哲学，成为了一个灵知主义者。黑格尔把"philosophia"和"gnosis"译成了德文，从而掩盖了这个跳跃，于是可以通过使用 knowledge（知识）这个双关语在这二者之间来回游移。[53]

与此相应，关联于黑格尔的《历史哲学》，沃格林认为，黑格尔通过"精神"与"历史"这两个核心概念而将原本超越的神完全纳入人的内在的历史生存的做法，意味着原本存在于神与人之间的张力被彻底取消了。这种可以归类于内在超越之名义下的哲学体系其实质是以内在取消超越，是超越的内在主义化。[54] 正是在这个意义上，沃格林断言说，《精神

---

〔53〕 沃格林：《没有约束的现代性》，第41页。

〔54〕 深受德国思辨哲学体系影响的现代新儒学，尤其是牟宗三的道德的形而上学，其实也是一个浸染了灵知主义色彩的体系，详细的批判性分析可参见唐文明：《隐秘的颠覆：牟宗三、康德与原始儒家》，生活·读书·新知三联书店，2012年。

现象学》是一部"谋杀上帝的巨著",是一部极端反哲学的巫术作品。[55]

在《天下时代》第五章以"自暴性反叛"为标题的第二节,沃格林再次就黑格尔的《精神现象学》与《历史哲学》展开分析,特别说明黑格尔如何将原本基于神显体验的"历史"扭曲地重构为现在基于自暴性体验的"历史",指出其实质是以贪欲冲动来构想人性,从而构想历史,而非以普遍的爱来构想人性,从而构想历史。也就是说,存在着对历史的两种构想,分别对应于对人性的两种构想。这是古今之别的本质核心。如果说西方基督教文明的历史观念来源于吉尔松所说的"逃离的形而上学"(metaphysics of Exodus),那么,这也意味着,西方文明中古今两种不同的历史构想也对应于两种不同的逃离体验,即神显性逃离(theophanic Exodus)与自暴性逃离(egophanic Exodus)。关于这两种历史构想的联系,沃格林借用伊利亚德的"退化符号"来说明,尤其指出像黑格尔那样的自暴性反叛的操控者如何深思熟虑地将其对实在的灵知主义扭曲"隐藏在一副令人肃然起敬的哲学化外观背后"。[56]于是就不难想象这样的场景:如果有谁批评黑格尔旧瓶装新酒的做法,说他的这种做法是将神与人等同了,那么,"黑格尔就能惊恐地举起双手,认为这是一个其理智能力不足以理解思辨哲学著作的人的恶意

---

〔55〕 沃格林:《没有约束的现代性》,第58、60页。另,沃格林于1971年发表了《论黑格尔:一项巫术研究》一文,可参看。

〔56〕 沃格林:《天下时代》,第360页。

中伤",并摆出一副正义的愤慨状说,"他从未将神与人等同,他只是在哲学上将神与人的本性都识别为'自我意识'而已"。[57]

基于"自暴性反叛"这个新发明的符号而对现代灵知主义的再次分析,其结论与"上帝的子民"和《新政治科学》中并无两样:

> 我们并未像在教会与现代性的冲突中所显示的那样离开基督教已很远。现代的反叛就是它所反叛的"基督教"的如此隐秘的发展结果,以至于倘若人们不将该反叛理解为对那些神显事件——在其中变形的动力机制启示给了耶稣和他的使徒们——的扭曲,那它就将是无法理解的。[58]

或者我们也可以说,通过发明"自暴"这个新符号,沃格林在《天下时代》中完善了此前他对现代灵知主义的意识分析。至于这一新符号所具有的现实批判意义,也是可以想见但到目前为止仍未充分展现的。

回到意识的平衡这一主题。如果说古代灵知主义者的逃离间际是以过强的超越意识贬损开端意识,而现代灵知主义者的取消间际则是基于自暴的体验将超越内在化,其实质

---

〔57〕 沃格林:《天下时代》,第361页。
〔58〕 沃格林:《天下时代》,第367页。

是弃绝超越，那么，是不是说在现代灵知主义者那里，开端意识重新得到了凸显甚至解放了呢？答案是否定的。不能忘记，相对于超越意识作为对神性实在的直接体验，开端意识作为对神性实在的间接体验，本来就是对神性实在的体验的一个重要组成部分抑或一个重要方式。因此，对超越的弃绝不仅不意味着开端意识的凸显或解放，而是意味着对开端的弃绝。当创造不再被体验为一种恩典，创造的事实就变得毫无意义。这也就意味着，宇宙变得毫无意义，不再是一个蕴含着秩序的"cosmos"。这就是被现代科学的宇宙观所掩盖了的宇宙的混沌化（chaotization of cosmos）。因此，在现代灵知主义者的自暴的体验中，间际意识的丧失，或者说生存意识的丧失，既意味着超越意识的丧失，也意味着开端意识的丧失，既意味着对超越的弃绝，也意味着对自然的弃绝。

不过，必须指出的是，在沃格林看来，对超越与开端的双重弃绝并不意味着真实的世界被彻底改变，而只是意味着弃绝者隔绝于真实的世界。正如我在第一章中就提到过的，在《何为政治实在？》一文中，沃格林从意识哲学的层次批判性地分析了现代性的秩序原理，认为现代性表现为人对存在根基的反抗，其结果则是所谓"实在的丧失"此类严重的灵性病理学现象。请看他在该文中对"实在的丧失"这一问题所做的精确表述：

> 实在就是我们所体验到的实在，除此无他。如果一个人拒绝生活在朝向根基的生存张力中，或者说，

如果他对根基发起反抗，拒绝参与到实在之中，并由此拒绝体验他作为人的这种本己实在，那么，"世界"并未因此而被改变，毋宁说，他丧失了与实在的接触，并在个人层面蒙受着丧失实在内容这种病态。然而，由于他仍然不失为人，而且他的意识也继续在实在形式层面起着作用，那么，为了给自己的生存和在世上的行动找到秩序和方向，他会制造出一些替代图景。于是，他就活在穆齐尔在《没有个性的人》中所说的某种次级实在之中。这些替代图景可能从各种不同源泉汲取其实在内容——最重要的几种要数财产欲、权力欲、性欲以及以自主的自我来取代存在根基的那种傲慢。实在的丧失所造成的后果是，与此相关的个人，其生存秩序中发生灵性病理学意义上的混乱，而且，如果生活在次级实在中在社会层面变得具有主导性，那么随之而来的，便是社会层面的严重秩序动荡，这个我们就太熟悉了。[59]

"实在的丧失"，并不意味着实在被人废除，而是意味着人自绝于实在；人自绝于实在，但会制造出一些"次级实在"作为替代。这就是沃格林对现代性的秩序哲学诊断——无论"现代灵知主义"这个概念用在这里是否妥当。

---

〔59〕 沃格林：《记忆》，第433–434页。

第七章　对中国天下的专门分析

在《天下时代》里，沃格林给予一个专章的篇幅来讨论中国天下，但我们不可因此而过分夸大他对中国文明的重视程度。对中国天下的专门分析，服务于天下时代说的一个重要主题，即，在以普遍人性为旨归的历史哲学中如何容纳、解释多元文明的平行现象的问题。既然这是一个他很早就挂怀于心的重要问题，既然他从"二战"期间就开始了对中国政治和中国历史的专门研究，既然"'西方'这个术语能够正当地用来指一个囊括了古代近东各社会的意义单元"，那么，通过对中国天下的分析并将之与西方天下相对比，来讨论因两个天下的存在而引发的历史哲学问题，就是一个很妥当的做法。《天下时代》的最后两章，正是这么安排的。

承认有一个与西方的天下时代平行的中国的天下时代，前提是肯定"天下"与"Ecumene"这两个符号具有等价性。沃格林认为，无论是从"Ecumene"的宇宙论意义还是心性论意义来看，"天下"都是"Ecumene"的一个等价符号。因此，存在着两个天下就是我们必须面对的事实：

　　"天下"这个术语的两种意义代表着一个历史过程

的两个阶段，该过程从天下－大洋符号化表达的解体开始，经过对出于贪欲的逃离和精神层面的逃离进行的分化，延伸到根据新真理而对生存秩序进行的等价重构。然而，如果这个更为高级的意义单元（它跨越种种民族文化、亚文化、文明、帝国、移民、流放，以及诸如希腊人和犹太人的流离失所这样的现象）成为关注的问题，那么，我们便会面对如下事实：在此前的章节中作为"天下时代"而得到分析的那个过程，在中国有一个等价的过程与之平行。这里的问题不是普世的符号化形式出现在其中的多个社会（苏美尔、埃及、波斯、希腊、罗马、中国），而是多个天下时代。[1]

　　紧扣古代中国社会的自我解释，基于他在提出天下时代说时所建构的那个使意义呈现于历史之场域的可理解性模式，也就是历史的构型，沃格林着重从历史编纂、帝国因素和精神突破三个方面对中国文明史上的天下时代进行了专门分析，其中也包括对历史过程的勾勒与刻画。

　　关于早期中国的历史编纂，沃格林聚焦于司马迁的《史记》。在进入具体的论述之前，他首先非常简要地总结了资料方面的问题，指出采用批判性方法的现代史学相比于像《史记》这样的传统史学已经为我们提供了一个关于早期中国的"更加明晰的图景"。但他也非常敏锐地指出了现代

〔1〕　沃格林：《天下时代》，第373页。

史学对中国传统史学的一大误解，即以为司马迁"同研究现实层面的历史的现代史学家怀有相同的目的"。沃格林斩钉截铁地断言，"司马迁根本不是一位研究现实层面的历史的史学家"。进而，在指出了《史记》中关于早期中国的历史叙述具有明显的历史溯源论性质之后，沃格林颇为醒豁地点明，以司马迁为代表的传统史学并非只是"一份事件记录"——就像在实证主义方法论指导下的现代史学对史学的定位那样，而是其"社会秩序本身必不可少的一个组成部分"，换言之，与现代实证主义史学不同，中国的传统史学将自身定位为归属于并建构着社会秩序的一个智识力量。[2]

在此我们应当提出的一个问题是，在论述中国的天下时代时，沃格林为什么先从历史编纂形式讲起？我们看到，《天下时代》是从第二章开始论述西方的天下时代的，而被放在第二章之前的第一章，即对历史溯源论的批判性分析，其意义是为即将展开的关于天下时代的论述奠定一个批判性的理论基础。在这样的脉络中，西方的历史编纂形式也得到了讨论，但并未被提到最重要的地位上。对比之下会发现，在论述中国的天下时代时，沃格林的确是将历史编纂作为最重要的一个因素了。事实上，对传统中国的历史编纂的赞

---

[2]　沃格林：《天下时代》，第375页。如前所述，沃格林认为，历史意识是否已经成为一个社会建构自身秩序的智识力量，是区分宇宙论文明与心性论文明的重要标志。当然，在现代中国的灵知主义社会中，史学仍然是建构秩序的智识力量，这一点也是显而易见的，且一直左右着中国现代思想史的写作。

叹出现在本节的首句:"中国文化的特点是发展出了辉煌的历史编纂。"[3]与此相关,在前面我们已经论述过,在《时间中的永恒存在》一文中,沃格林在提出历史的构型时依次论及将精神突破、帝国因素和历史编纂作为历史解释的独立因素的史学实例,而在最后论及将历史编纂作为历史解释的独立因素的史学实例时,所举的唯一实例正是司马迁的《史记》,尽管是以不完全确定的口气。既然把司马迁的《史记》作为独立地以历史编纂撑起了历史解释的唯一实例,那么,沃格林的言下之意可能就是,司马迁在《史记》中虽然表现出明确的历史意识,但精神突破和帝国因素在其中并未得到明确的强调。

既然沃格林已经承认中国有一个与西方平行发生的天下时代,而提出由精神突破、普世帝国和历史编纂三要素组成的历史的构型,就是用来解释天下时代的历史发生过程的,那么,我们就能够对上述问题做出一个明确的回答。分析地来说,既然沃格林认为在中国发生的精神突破具有不彻底性,而帝国因素主要指向意义呈现于历史场域的空间因素,那么,判断中国存在一个与西方平行的天下时代的关键因素就主要落在其"辉煌的历史编纂"这一点上了。上述问题的合理性和这个回答的正确性都能够得到证明,因为沃格林在此正是以司马迁的历史编纂为主要证据,断言中国已经获得了某种类似于西方的"历史形式的生存":

---

[3] 沃格林:《天下时代》,第374页。

历史编纂形式的这一发展，再加上历史溯源论的特征，这表明作为帝国式天下的中国已经获得了某种类似于历史形式的生存，尽管宇宙论形式并未被彻底打破。[4]

可以很清楚地看到，随着天下时代说的提出，沃格林不再像在《秩序与历史》前三卷那样，把中国文明判定为一种缺乏历史意识的宇宙论文明了，尽管他仍然保留了原来持有的"发生在中国的精神突破是不彻底的"这个判断。

沃格林总结了《史记》的三项编纂原则，围绕其历史溯源论特征层层递进地展开分析。第一项原则是越晚的史学写作对历史开端的回溯也就越远。我们知道，这是历史溯源论的一个典型特征：因为要将历史的开端回溯到宇宙过程中的某个时刻，再通过思辨的方式使之延续到当下和未来，所以对历史开端的回溯往往带有神话性质，而年代久远就可想而知了。第二项原则是"为后来的统治家族建构谱系"，由此"可以感受到将历史延伸至久远年代的动机"。具体来说，一定要将帝王谱系回溯到与上天的直接联系，即以帝王为上天之子。第三项原则是"根据德来建构历史"，可以说是司马迁式的传统史学编纂中最为重要的因素：

德是秩序的神圣实质（sacral substance），能通过

---

[4]　沃格林:《天下时代》，第375—376页。

杰出祖先的功绩而在一个家族中累积。增长到一定程度后，这个家族便适合行使社会统治者的功能。一个统治家族的德最终将会耗尽，但在一个王朝的历程中，在最终倾覆前，通过有德的统治者来达成中兴是可能的。因此，历史的那些大伤口是以一个家族对德的耗尽为标志，其顶点在于统治家族被另一个家族取而代之，后者的德在那时已达到足够强度。对三代历史的建构所遵循的正是这个模式。[5]

我们在第三章曾经引用并分析了沃格林在《以色列与启示》中对中国文明中的"德"的符号的论述。从对德的功能的描述来说前后两书看起来并无明显差别，可以说都是聚焦于政治的正当性问题：有德或德的累积是政治正当性的来源，失德或德的耗尽构成被革命的正当理由。但如果只是这么看就忽略了存在于前后两书的论述之间的一个根本性的差异。在《以色列与启示》中，对"德"的论述基本上是在宇宙论秩序的前提下展开的，也就是说，完全是在宇宙论秩序的语境里讨论德所发挥的政治正当性功能。但在《天下时代》这里，我们看到，沃格林直接指出"德是秩序的神圣实质"。强调德的神性根基这一点意味着，对德的论述不再限于宇宙论秩序。根据沃格林对"历史形式的生存"的解释，这当然是一个根本性的变化，虽然在等价物理论提出之后，心性论

---

[5]　沃格林：《天下时代》，第377页。

意义上的真理仍可以采取宇宙论的形式，宇宙论意义上的真理也可以被等价地重构为心性论意义上的真理。

关于中国天下的帝国因素，基于将"天下"作为"Ecumene"的符号化等价物这一前提，沃格林修正了他在《秩序与历史》前三卷中的一些看法，并依据更多的文献对相关问题进行了更为深入的分析。首先，我们在第三章中已经论述过，沃格林认为"中国"是一个宇宙论秩序的符号，但他也评价"中国"的符号在典范意义的纯粹性上堪比"以色列"的符号，具体说来，认为二者所表达的秩序都处在即将与宇宙论符号相决裂的最后阶段。现在我们看到，在《天下时代》中，沃格林修正了这一看法，他明确指出，"中国"的符号不光具有宇宙论意义，同时还有"地缘政治内涵和文明内涵"，非常接近我们所分析过的夷夏之辨的三重含义。在此，基于对中国天下的认可，在之前分析的基础上，我们还可以做出一些进一步的对比性分析。

沃格林认为，《出埃及记》的精神意义是以色列逃离宇宙论帝国，或者说正是在逃离宇宙论帝国的历史性经历中才诞生了以色列，其后的以色列虽然与宇宙论秩序决裂，但仍然未能摆脱其民族负担，一直到"第二以赛亚"，以色列又经历了一次"逃离自身"的运动，才完成了其救赎论秩序，虽然离救赎论秩序的最终完成（耶稣及其门徒）还差一个环节：

> 从宇宙论形式下的帝国秩序中，经由摩西的存在的飞跃，形成了历史形式下的被选民族。处于神之下的现

在的生存意义，通过帝国的信仰崇拜仪式从有节奏地与神–宇宙秩序契合的过程中殊显化出来了。但是，这种神权政体——以为了在实际历史中获得生存而建立的王权统治为补充——仍然为其秩序的紧敛性所苦。精神的秩序还没有从这个民族的制度和道德观念的秩序中殊显化出来。首先，在他澄清这种张力之谜的努力中，以赛亚把历史的时间划分为这个具体社会的紧敛的、不思悔改的现在，和一个几乎同样紧敛的、已经被理想化的未来。经由耶利米，这种不思悔改的现在随后取得了它的生存意义，因为这位先知对神所遭受的一切的参与变成了超乎这个具体社会之外的以色列秩序的中心。最后，通过第二以赛亚，从生存的苦难中形成了在现在、此时此刻就得到救赎的体验。我们称之为以色列逃离自身的这场运动，从一个具体社会的秩序发展到救赎论秩序的这场运动，就这样完成了。完成这个用语必须得到正确的理解。它意味着存在的秩序已经将其救赎的真理揭示为受难结出的花朵。但是，它不意味着关于这个真理的幻想就是历史上救赎的现实：人对神的受难的参与尚未遭遇神对人的受难的参与。[6]

---

[6] 沃格林：《以色列与启示》，第671–672页。另一段同样精彩的描述明确强调了救赎论秩序的世界历史意义："当精神和社会的秩序指向上帝的意志，结果社会及其成员的行动被体验为对这个意志的执行或背叛时，历史性的在场就被创造出来了，同时把它的形式辐射到过去，这个过去在它自己的现在时还没有自觉地意识到自己与历史有关。经过 [转下页]

将这个过程作为一个理解的参照系对比地来看中国，我们就能够想到，夷夏之辨具有地理和种族意义这一点使得中国的天下看起来一直保留了种族负担乃至地理负担，但是，"夷狄进于中国则中国之，中国退于夷狄则夷狄之"的夷狄中国进退论的出现，其实正意味着对这种种族和地理负担的超越。换言之，正是教化意义在夷夏之辨中的首要性使得在《春秋》中得到深入阐发的夷夏之辨克服了其种族和地理负担，而呈现出明显的普世性。反倒是说，在卷入西方的灵知主义现代性之后，儒教被迫沦为具有特殊性的民族文化了。在民族主义持续高涨的现代中国历史，儒教的去普世性过程所导致的问题尚未得到充分的注意，遑论深入的分析。在这种处境之下，儒教不再被认为是一个普世教化，中国文明中的天下意义也不再被承认——其目的却是让某种意识形态化的天下主义取而代之，在某种意义上这已经成为儒教复兴和中国文明更新的一个思想上不小的障碍了。[7]

〔接上页〕历史形式的辐射，无论强调过去的负面特征，比如人必须逃离的地狱，还是强调其正面特征，如人必须经过福音的预备以便进入精神的自由，过去都被融合到一连串事件之中，这些事件的意义中心在于历史性的在场。作为社会生存形式的历史有扩展其意义领域的趋势以便容纳全人类——如果历史是揭示神与人相处的方式的话，它不可避免得这样做。历史倾向于变成世界的历史，正如它一有机会就在《旧约》中所做的那样，以恢宏的气势叙述了从世界创生到耶路撒冷陷落的历史。"见沃格林：《以色列与启示》，第202-203页。

〔7〕 最近的一个例子是写过《宅兹中国》的葛兆光，他基于被广为接受的现代民族国家理论对"天下主义"提出了立场宣示式的批评，由此他判定"天下"只是一个乌托邦式的想象，参见葛兆光：《对"天下"的想象：一个乌托邦想象背后的政治、思想与学术》，载《思想》第29期。

然而，我们也不必过分夸大这个思想障碍所能起到的阻拦作用，既然在夷夏之辨的观念中，教化意义的首要性意味其种族负担和地理负担可以被超越。实际上，一种更为彻底的看法在上述这样的对比性分析中仍然不可能明确地呈现出来：既然"负担"的概念是基于犹太–基督教传统中特有的、吉尔松所谓的"逃离的形而上学"（a metaphysics of Exodus）才有的符号，而中国的天下秩序并不是通过那种类似的逃离的形而上学才达成，那么，在理解中国的天下时代时，也就不应该将种族因素和地理因素仅仅理解为负担。对于此处可能引出的更深层次的问题，我将在下一章进一步探究，但此处我们应当指出，沃格林显然已经注意到了与此相关的一个差异，即中国天下与西方天下——近东宇宙论文明和以色列都作为其历史的一部分——在帝国因素上的一个差异：

> 中国从不曾是诸多社会之中的一个：从一开始，对中国社会的成员们来说，尽其所知，中国社会的历史就是人类的历史。因此，中国人关于秩序的意识所具有的结构与近东有着深刻差异，因为由多个社会所提供的体验土壤，中国并不存在。如果说，有关一个天下及其组织的观念终究还是在中国发展出来了，那么，它并非来自中国与其他社会的文化接触，亦非产生于组织多元文明帝国的过程，而是内生的。从有关中国与人类的同一性的不间断意识那里，中国的天下

主义获得其独有特征。……在西方视角下被称为中国"传统历史"的东西，从中国的视角来看，是文明人类的历史，而中国社会是文明人类的唯一承载者。在这方面，中国的传统历史堪比以色列对世界历史的那种建构。根据该建构，普遍意义上的人在神之下的此世生存重负，是由身为被选民族的以色列，作为代表来承载的。然而，二者的不同之处在于，神的这一选择使以色列与处在宇宙论形式中的周边各文明相分离，而中国的天下主义则是从作为母体的中国的宇宙论秩序本身发展出来的，它从不曾与该母体完全分离。[8]

通过对地理因素的对比性分析，将中国天下的关键性历史场域刻画为一个从未脱离其宇宙论母体的内生性帝国，从而区别于西方天下过程中与精神上的逃离体验相对应而建立起来的多元文明帝国，这当然是一个非常睿智的观察。既然从宇宙论秩序转向心性论秩序会带来个人与民族的双重建构，那么，结果就是，这种新秩序中的两个维度都可能成为冲突的接触面，也就是说，冲突可能发生在一个社会内部，也可能发生在不同的民族或社会之间。再加上特殊的地缘因素，大概就可以理解一个内生性帝国的发生逻辑。在分析中国天下的历史过程时，沃格林就试图按照内生性帝国的逻辑刻画早期中国的历史图景。不过，不能忘记，这种分析仍是

---

〔8〕　沃格林：《天下时代》，第386页。

基于与逃离的形而上学相契合的冲突问题展开的，我们必须说，此处尚有更深层次的因素未被揭示出来。

关于发生在中国的精神突破，从前面的引文中我们已经知道，沃格林仍保留了原来的看法，即认为发生在中国的精神突破"不完全"，"并未彻底脱离宇宙论形式"，尽管和《秩序与历史》前三卷所不同的是，在《天下时代》中他认为中国也获得了与西方类似的"历史形式的生存"。在专门论述发生在中国的精神突破时，沃格林再次明确肯定了在中国发展出了与西方的天下时代"属于同样的普遍类型"的制度与符号。既然精神突破是摆脱宇宙论秩序进入到历史性生存的主要建构力量，而沃格林又坚持认为发生在中国的精神突破不完全、不彻底，那么，问题就是，究竟是什么因素让他认为在中国也存在一个类似于西方的天下时代呢？换言之，究竟是什么因素让沃格林在面临巨大的分析障碍的前提下出于理智的严谨而将中国文明中的"天下"符号看作是西方文明中的"Ecumene"符号"在文化意义上的精确的等价物"呢？

总结我们在前面所做的各种不同角度的分析，我们可以得到如下认识。伴随着历史溯源论的发现而提出关于历史中的真理的等价物理论，以及由此而来的历史意识的更新，是沃格林从原来以宇宙论文明论中国转向以心性论文明论中国在理论上的主要原因。在宇宙论文明中发现了原来以为只有在心性论文明或历史性文明中才可能发现的单线历史建构，同时在心性论文明或历史性文明中发现了原来以为只有在宇宙论文明中才可能发现的神话思辨式的历史溯源论建构，要求历史哲学家做出理论上的解释，于是就有了等价物理论。在某种意义上说，等价物理论正是为了解释这些现象而提出的。将由此而来的新认识应用到历史解释的问题上，沃格林提出了使意义得以呈现于历史场域中的可理解性模式，即由精神突破、帝国因素和历史编纂三者共同组成的历史的构型，这就使得历史解释不再完全限于精神突破这个单一的因素了，甚至由于精神突破是发生在具体个人的心灵之中的神显事件，也就是说，并非发生在历史场域中的一个现象，所以在参与者对其所参与的具体历史过程的解释中，精神突破的因素并不一定明确显现出来。历史的参与者对具体历史过程的解释可能主要通过帝国因素或历史编纂因素表达出来，正如沃格林所认为的，司马迁就是通过历史编纂这一独立因素呈现中国天下时代的历史图景，其中所表达的以孔子为新纪元的鲜明的历史意识充分表明中国也进入到了"历史形式的生存"，而帝国的兴衰正是这一历史过程发生的具体场域。

以对西方的天下时代的分析作为参照系，沃格林一方面决然地肯定中国文明达到了历史性文明，另一方面仍然坚持认为，发生在中国的精神突破具有不彻底性、不完全性。至于由这两个方面所构成的解释的张力，沃格林显然有充分认知。出于理智的谨慎，他坦陈，这使得他在解释中国的天下时代时遭遇了"几乎无法克服的分析障碍"。于是他非常感慨地说：

没有哪个文明拥有如此众多富有创造性、坚强有力、投身于灵性精神冒险和理智冒险的个人，这些冒险原本可能达成对宇宙论秩序的彻底脱离，但最终还是未能摆脱困境，不得不屈服于占据主导地位的形式。在前帝国阶段，中国的特征是，一种早先建立的秩序对所有发生于秩序内部的心性运动形成巨大压力；在帝国阶段，中国的特征则是，儒教正统展现出令人难以置信的力量，并最终压倒所有竞争者。[9]

沃格林还特别引用了马克斯·韦伯的研究来说明发生在中国的精神突破的不彻底与不完全所导致的社会后果。沃格林指出，韦伯在论述古代中国的官僚体系时认为，相比于西方社会的理性主义特征，中国社会的显著特点正是"理性主义的缺失"，而填补了西方式理性主义的空白的是一种独特的实用理性以及相应的实用伦理，表现在社会生活的各个方面。[10]进而，在寻找原因时，韦伯仍然沿着这个寻求缺失的思路而诉诸动机力量，认为"竞争性力量的缺失"是中国社会"理性主义缺失"的原因。在此，沃格林没有提及的是，在将上述所谓儒教的实用理性主义（pragmatic rationalism）与基督教的尤其是清教的理性主义做对比时，韦伯认为关键性的差异正在于儒教缺乏一个超越性的上帝以

---

〔9〕　沃格林：《天下时代》，第387页。
〔10〕　在此我们看到了李泽厚"实用理性说"的先声。

及由一个超越性的上帝带来的生存张力体验。韦伯如是描述由这种超越性的缺失而带来的伦理后果：

> 任何一种基督教的伦理，哪怕是一种与世俗秩序建立了密切妥协关系的基督教伦理，都不可能像极端的现世乐观主义的儒教体系那样，如此彻底地消除了此世与个人的超世规定之间所存在的悲观主义的紧张性。同样，在儒教的伦理中，看不到存在于自然与神之间、伦理要求与人的缺陷之间、罪恶意识与救赎的需要之间、尘世行为与彼世报答之间、宗教义务与社会政治现实之间的任何紧张性。[11]

如果暂不考虑天主教与新教的差别而笼统地将韦伯笔下的西方式的"理性主义"看作沃格林意义上的由真理的殊显化而带来的社会后果，那么，理性主义缺乏与超越性缺乏之间的关联就被清晰地勾勒出来了，因为在沃格林看来，正是超越的突破才引发了在真理认知上从紧敛性到殊显化的历史性进展。质言之，韦伯的观点其实是，儒教缺乏类似于西方基督教那样的超越性，正是被儒教所主导的中国社会缺乏西方式理性主义的精神根源。在《天下时代》中，沃格林虽然一改以前的看法，承认中国进入了类似于西方式的历史形式的生存，但仍然受到韦伯的这个看法的影响。更直接地说，沃格

---

〔11〕 韦伯：《儒教与道教》，洪天富译，江苏人民出版社，2010年，第241页。

林的立论地带可能是，他认为在中国文明中并非缺乏理性精神与竞争性力量，而是说，中国文明中的理性精神与竞争性力量未能完全实现其潜能，从而未能完成对宇宙论秩序的彻底突破。当然，沃格林也并未满足于这个立论地带，他只是出于理智的谨慎认为这一点导致了巨大的分析障碍，而且他也明确意识到了像韦伯那样的否定性分析的局限。于是，他指出，韦伯在否定性地分析了中国相对于西方的若干项缺失之后，"明智地戛然而止，这是因为，沿着否定性陈述的路线进一步回退——假定真能这样的话，所能做的也只不过是对令人困惑的状况加以更细致的限定，但却不能对我们希望理解的那些形式做出多少肯定性分析"。[12]

对发生在中国的精神突破的分析，沃格林在此也"明智地戛然而止"。鉴于对中国文明的这一特点尚不能做出肯定性的分析，沃格林只好多闻阙疑地得出结论说，中国发展出了"自身独有的天下主义"，中国通过一种"相当含蓄而克制的殊显化模式"而进入了自身的天下时代：

> 导致有关中国秩序的这些问题的，并不是殊显化事件的缺失，反倒是它们的存在。假如中国完全没有秩序的演变，那它就将保持原始状态，至多不过是一个处在宇宙论形式中的社会。但是与此相反，它具有古希腊类型的古典文化的各种特征；更有甚者，它发

---

[12] 沃格林：《天下时代》，第388页。

展出了一种自身独有的天下主义。它是相当含蓄而克制的殊显化模式，这导致了在对其加以分析时的各种困难。[13]

就中国天下发生的实际历史过程而言，沃格林感到存在着解释上的诸多困难。在他看来，导致困难的因素除了在精神突破上呈现出来的不彻底性或不完全性和地缘特点上的内生性之外，还有一个正是历史编纂上的。由于后世所建构起来的朝代相继（dynastic succession）的叙事模式将所有的历史事件都纳入到同一个主体——无论这个主体被叫做"天下"还是"中国"——的历史之中了，所以发生在中国的实际的历史变迁过程无法被清晰地观察到。因此，沃格林无奈地说："关于普世性王国或第一个国的起源，我们一无所知。"[14]具体到现代史学所公认的信史，问题就变成：在朝代相继的表层叙事下，对中国天下的深层理解是应当以周王朝的建立为中心还是以汉帝国的建立为中心？对于这一问题，虽然存在文献解释上的困难，但沃格林还是给出了明确的回答：

> 在《史记》所描述的传统历史中，夏、商、周这三个王国朝代（royal dynasties）之后是秦、汉帝国朝代

---

〔13〕 沃格林：《天下时代》，第389页。
〔14〕 沃格林：《天下时代》，第393页。

（imperial dynasties）。中国被构想为一个从一开始便一直是某一类型的帝国（empire）。但是，在秦始皇建立帝国之前，真的有过帝国，以至于可以正确地将那些王国朝代和帝国朝代称为在一个实质上相同的社会中建立起来的前后相继的朝代吗？制度的结构以及对秩序的符号化表达，在基督纪元前100年和在前1000年是一样的吗？如果说这些事件发生在一个连续性的社会之中，那么，对于这里的任何一个问题都不能断然给出否定的回答。但是，在很大程度上我们又必须对之做出非常接近于否定的断言。[15]

沃格林显然将秦汉帝国的建立作为中国天下时代的核心事件。对王国朝代与帝国朝代的区分也表明他对周秦之变有较明确的认识——我们知道，那意味着封建秩序与郡县秩序的巨大差别。如果说秦帝国的建立是现实层面的天下的展开，孔子是精神层面的天下的建构者，那么，汉帝国的"复古更化"就是现实层面的天下与精神层面的天下的某种结合。但不能忘记，孔子正是通过对包括三代在内的上古历史的建构来建构精神层面的天下。因此，如果从孔子的思想来理解中国的天下时代，而作为中国天下的自我解释，那么，就必须理解孔子所建构的包括三代在内的上古历史。于是我们就面临与西方的天下时代的一个重要差别：在西方天下中，精神

---

[15] 沃格林：《天下时代》，第390页。

层面的天下只在少数人的精神层面存在，并未被建构为一段发生在以往的真实的历史，因而被体验为从现实层面的天下的逃离，但在中国天下中，精神层面的天下不仅在少数人的精神层面存在，还被体验为一段发生在以往的真实的历史，因而就不是被体验为从现实层面的天下的逃离，而是被体验为对以往那段理想化历史的回复。[16] 这也就清楚地解释了，汉帝国发生的现实层面的天下与精神层面的天下相结合时何以使用了方向性明确的"复古更化"这个符号。

这一重要差别值得高度重视，就我们对中国文明的理解而言，至少有两个方面需要特别指出。首先是由此带来的经史关系的独特性。正是由于精神层面的天下被建构为一段以往发生过的真实历史，从而才会出现"六经皆史"的论调。至于现代史学家如何援引这一论调来隐秘地颠覆古代史学传统，至今仍是一个非常艰难的、甚至根本无法展开的批判性课题。现代史学家无法面对的是，在古代史学传统中，三代历史其实具有神圣历史的性质。一旦神圣历史的观念本身被彻底废弃，在原来文明史的高度上重构三代历史从根本上来说就不再可能。其次，三代历史的神圣历史地位其实也预示了后来汉代出现的今古文经学之争。今古文经学之争从表面看是今文与古文之争，从内里看是教化制度之争，其实

---

〔16〕 既然回复的前提是现实的无序状况，而逃离的对象正是现实的无序状况，那么，回复运动可以归入广义的逃离之中。也就是说，沃格林统一用"现实的逃离"与"精神的逃离"来分析多个天下时代的形成仍是有效的。

质的问题则在于如何看待孔子与三代教化的关系。或者更清晰地说，其中的根本性争议在于：是说孔子对三代的建构——以周礼为极致——就是他最终建构的精神层面的天下，还是说，孔子通过损益最终建构的精神层面的天下超越了他对三代的建构？今文经学采取后一立场，而古文经学采取前一立场。至于古文经学因此有可能流于史学从而失去经学自身的高度，也是不难想到的。

凸显出这一点也意味着，对中国天下的历史分析必须同时聚焦于孔子所建构的那个天下——即三代的天下，和与真正的普世帝国相结合的那个天下——即秦汉的天下。沃格林虽然没有明确地意识到这一点，但他的分析的确是从周代的政治符号开始的。

关于对现实层面的天下的体验，沃格林以老子《道德经》中的"清静无为态度"（a quietist attitude）作为典型来说明。在他看来，在老子的清静无为态度背后，是对原初的宇宙论秩序因征服与探索所蕴含的贪欲冲动而解体的体验，这意味着在原来的宇宙论帝国解体后，"天下"的含义发生了字面上的扭曲，即"天下"之所指从原来的具有神话性质的宇宙论意义变成一片仅仅是地理意义上有待征服的领土：

> 实在的结构已被碎片化，因为神话视域的废除同时也摧毁了位于该视域之外的神性奥秘。"天下"变成一片领土，与其人口一起都是可供征服的。它不再是由奥秘环绕着的人的居住地，而是一片并无神秘可言

的地理延展区域。它的征服者很快就会发现，他们的征服需要一片新的奥秘视域，如果它要成为世间之人的居住地的话。[17]

如果说老子的清静无为态度关联于其对历史的理解同时包含着对皇、帝、王、霸四个历史时期的强烈批判，那么，将老子的清静无为态度与宇宙论秩序解体的体验相联系就是正确的。沃格林并没有基于老子的思想展开详细分析，但他却从对《白虎通》的阅读中敏锐地发现了一个来自儒教传统的看法，从而断言，三代的天下秩序已经是心性论秩序，而三代之前的天下秩序则是宇宙论秩序。

《白虎通》卷一为爵，卷二为号，也就是说，明确区分了爵与号。就帝国性王权而言，天子为爵称，强调的是帝国的最高统治者与天的关系，即"王者父天母地，为天之子也"。用我们现在的话来说，这是一个宗教性观念，强调的是最高统治者受命于天的事实与对天负责的职分。于是才有这样的提问与回答：

> 帝、王之德有优劣，所以俱称天子者何？以其俱命于天，而王治五千里内也。《尚书》曰："天子作民父母，以为天下王。"何以知帝亦称天子也？以法天下也。《中候》曰："天子臣放勋。"《书·亡逸篇》曰："厥兆

---

[17] 沃格林:《天下时代》，第372页。

天子爵。"何以言皇亦称天子也？以其言天覆地载，俱王天下也。故《易》曰："伏羲氏之王天下也。"[18]

而皇、帝、王则是号，与爵不同，故而说：

> 帝、王者何？号也。号者，功之表也。所以表功明德，号令臣下者也。德合天地者称帝，仁义合者称王，别优劣也。《礼记·谥法》曰："德象天地称帝，仁义所生称王。"帝者天号，王者五行之称也。皇者何谓也？亦号也。皇，君也，美也，大也。天人之总，美大之称也。时质，故总称之也。号言为帝何？帝者，谛也。象可承也。王者，往也。天下所归往。《钩命决》曰："三皇步，五帝趋；三王驰，五伯骛。"号之为皇者，煌煌人莫违也。烦一夫，扰一士，以劳天下，不为皇也。不扰匹夫匹妇，故为皇。故黄金弃于山，珠玉捐于渊，岩居穴处，衣皮毛，饮泉液，吮露英，虚无寥廓，与天地通灵也。[19]

与爵明确王者的事天职分不同，号是用来表明王者的功德的，而功德又是其能够号令臣下的正当性基础。功德又有优劣，这就是有皇、帝、王等不同的号的原因。沃格林正是将

---

〔18〕 对这一段文字的详细解释参见陈立：《白虎通疏证》（上），新编诸子集成本，中华书局，1994年，第2—6页。

〔19〕 对这一段文字的详细解释参见陈立：《白虎通疏证》（上），第43—46页。

从帝到王的转变判定为从宇宙论秩序到心性论秩序的转变：

> 在《白虎通》中，一段甚至更为深思熟虑的话，将从帝到王的转变，描绘为一条从宇宙论秩序到人类学秩序的序列，其用词之精确，即便从现代的批判性视角来看也不能再要求更多：德合天地者称帝，仁义合者称王。[20]

按照沃格林这里的理解，帝、王都是天之子，都有其神性根基，但帝属于宇宙论符号，而王则是心性论符号，尽管王仍有其宇宙论含义，因为除了对上事天，王还有对下治民的一面。王权有接上与接下两面也正是《白虎通》区分爵与号的题中之义：

> 或称天子，或称帝王何？以为接上称天子者，明以爵事天也。接下称帝王者，明位号天下至尊之称，以号令臣下也。[21]

---

[20] 沃格林：《天下时代》，第398–399页。沃格林在此使用他曾用来描述希腊的"人类学秩序"，表明他认为中国的秩序更接近希腊的类型，而非以色列和基督教的救赎论秩序。

[21] 基于此处"接上"与"接下"的差异而对中国历史上的王权展开深入研究的一个案例是尾形勇：《中国古代的"家"与国家》，张鹤泉译，中华书局，2010年。尾形勇主要聚焦于秦汉以后的王权形态，而将爵与号的差异落实在制度差异上，即"皇帝"是代表国内政治的君主地位和权威的称号，而"天子"是代表对蛮夷时的君主地位和权威的称号。

不过，当沃格林将从帝到王的转变厘定为从宇宙论秩序到心性论秩序的转变时，有一个问题他未能进一步展开分析。基于他的历史哲学，从宇宙论秩序到心性论秩序的转变被理解为历史性进展，但是，《白虎通》以功德优劣来区别帝与王似乎有以历史性倒退来理解从帝到王的转变的嫌疑，而这就与以历史性进展来理解从帝到王的转变背道而驰了。也就是说，从中国社会的自我解释来看，从帝到王的转变可能并不被认为是一种进展，反而可能被认为是一种倒退。对此，沃格林提出了自己的理解，但并未充分意识到其背后可能具有的更深的意味。沃格林显然注意到了，皇、帝、王、霸的符号联系在一起讲述了一个宇宙衰败的过程，故而他以"精神层面的衰败对宇宙造成的后果"来刻画这一过程。[22] 不过，既然按照他的历史哲学，历史性进展就是指从宇宙论秩序到心性论秩序的转变——此即意味着，历史性进展正是在宇宙衰败的过程中获得的，那么，对宇宙衰败过程的描述也就能够被理解为是以宇宙论语言对历史性进展过程的描述。实际上，沃格林正是这样理解的，因为他明确断言，《白虎通》所引《钩命决》中"三皇步，五帝趋；三王驰，五伯骛"之语，以及宋均用来解释此语的"道德隆备，日月为步；时事弥顺，日月为之骤；勤思不已，日月乃驰"之语，都是用来表达历史性进

〔22〕 沃格林：《天下时代》，第398页。

展的宇宙论语言。[23]关联于他对中国文明中的精神突破具有不彻底性、不完全性的论断，不难想到，用宇宙论语言来表达在社会秩序建构上的历史性进展正可以被他看作中国文明进展到了心性论秩序但又未能完全摆脱宇宙论秩序的一个具体表现。但是，既然"进步"与"倒退"是具有明显方向性的术语，那么，以"不彻底性"、"不完全性"这些表达程度的术语来理解中国社会的这一自我解释，就可能存在着严重的缺陷乃至错误。[24]

对于周代乃至更早期的中国，沃格林继续借助《白虎通》中关于王权的看法并结合内生性帝国的地缘特点来加以说明，其结论可以说是在揭示出帝国征服的逻辑的同时指出三代的天下秩序被中国的传世经典自我解释为一个"礼仪共同体"（ritual community）：

> 从《白虎通》中浮现出一幅早期中国的画面：一群由各自首领所统率的小型领土国家所组成的部落联盟，这些领土并不确定的异姓部落本身作为礼仪单元而存在。如果其中一个国家变得足够强大，其首领就会在"王"的称号下让周边土地屈服于其统治。这种王国在建立起来之后又可能会被某个成员国家所征服，甚至是才进入文明圈不久的成员国家，比如商王国正

---

〔23〕 沃格林：《天下时代》，第398页。
〔24〕 对这一问题的充分解释将在第九章展开。

是被作为其成员国家的周以及位于它们西部边陲的蛮族盟友所征服。然而，中国的历史记忆早已达到了这样的认识，即征服者与被征服者都属于那个囊括了"百姓"（the Hundred clans）的礼仪共同体。登上王位的部落首领就是这个礼仪共同体在礼仪上的首领，并将这个礼仪共同体理解为天下。尽管由于种种国家理由，被征服者受到肆意屠戮，但前朝的幸存者作为新王国的诸侯之一仍拥有尊贵却无足轻重的地位。[25]

虽然关于早期中国历史上普世性王权与帝国式征服之间的关联在文献上"异常罕见"，但沃格林还是基于他的天下时代说断言，那"肯定是一种通过武力获取和维持的权力地位"。[26]这一点当然是正确的，因为即使儒教传统将三代历史理想化，也并未回避三代更替是通过暴力革命的方式。沃格林由此引出的是对于分析中国天下至关重要的一个对比性关系，即天下与国的对比性关系。也就是说，从儒教经典文献中呈现出来的"天下"向来是一个与国相对比的、在层级上高于国的且能够将万国纳入其礼仪秩序中的礼仪共同体，而与此相关的正是同样呈现于儒教经典文献中的普世性王权与地方性国家之间的和谐共存。

沃格林指出，正是在天下与国的对举中，发展出了两

---

〔25〕 沃格林：《天下时代》，第393页。
〔26〕 沃格林：《天下时代》，第394页。

种完全不同的、对立的符号：天下崇文，国尚武；天下崇德，国恃力；天下只能以王道得之，国欲以其方式维护天下秩序则流于霸道。"天下—文—德—王道"与"国—武—力—霸道"这两个符号系列形成了鲜明的对比。通过引用孟子对王、霸之别的论述，沃格林还非常准确地指出，规定了精神层面的天下的核心原则，也就是王道的原则，正是孔子所发明的仁：

　　《孟子·尽心下》有一段意涵丰富的话："不仁而得国者有之矣，不仁而得天下者未之有也。"孟子将孔子所说的"仁"作为一项原则引入，它被认为是天下之治的本质，但在国那里，仁虽然也是应当有的但却不必然。而且，尽管这段话是以一项经验观察的形式出现的，但它必须被理解为对当时诸侯的一项告诫：想成为王者而不行仁政只是徒劳。不过，判定其徒劳的关键是违背了宇宙论意义上的事物本性，于是，不应当由不仁者来统治的警告就赋予了作为天下之治之本质的仁在宇宙秩序中的无可动摇的地位。该论证所采用的经验观察形式仍为以下反问留下了余地：假如不仁者统治天下的情况真的发生了又会怎么样呢？因此，我们必须认为，这段话包含着对大灾难的不祥预感，而儒者必定会将秦始皇的胜利体验为一场这样的灾难：不可能之事发生了，不仁者成为中国天下的统

治者。〔27〕

可以看到，此处所引孟子的话正是在将天下与国的对举中提出仁的原则。而沃格林还非常清晰地注意到，对具体的统治者仁或不仁的评判被放置在宇宙论的语境中，从而使仁获得了在宇宙秩序中的无可动摇的地位。至于沃格林还从孟子的这段话中读出了对大灾难的预感，从而推导出儒者对秦始皇统一天下的正确态度，其背后的参照系当然还是他在分析西方天下时代时所描述过的波里比阿眼中的现实层面的天下与保罗眼中的精神层面的天下所构成的张力结构。

在孟子那里，对精神层面的天下与现实层面的天下的对比性体验明显地表现在关于王道与霸道的对比性符号上。如果我们将目光移到比孟子更晚而与秦帝国的建立更靠近的荀子及其弟子韩非，那么，我们会发现，在战国晚期的语境中，对现实层面的天下的体验则是被更为清晰地记录下来了。在《正论》篇中，荀子驳斥"桀、纣有天下，汤、武篡而夺之"的谬论，指出正确的看法应当是，桀、纣非去天下而天下去之，汤、武非取天下而天下归之。在概括论述天下不可能仅仅通过征服式兼并而获取时，荀子说：

> 天下者，至重也，非至强莫之能任；至大也，非至辨莫之能分；至众也，非至明莫之能和。此三至者，

〔27〕 沃格林：《天下时代》，第396–397页。

非圣人莫之能尽。故非圣人莫之能王。圣人备道全美者也，是县天下之权称也。……故可以有夺人国，不可以有夺人天下；可以有窃国，不可以有窃天下也。可以夺之者可以有国，而不可以有天下；窃可以得国，而不可以得天下。是何也？曰：国，小具也，可以小人有也，可以小道得也，可以小力持也；天下者，大具也，不可以小人有也，不可以小道得也，不可以小力持也。国者，小人可以有之，然而未必不亡也；天下者，至大也，非圣人莫之能有也。

荀子的意思是说，单纯的强力总是有限的，而至重、至大、至众的天下则是无限的，所以单凭强力只可以夺人之国，而不可以夺天下。与天下的"三至"相对应的是圣人的"三至"，或者说与天下的无限相对应的是圣人德力的无限。[28]于是，只有至强、至辨、至明的圣人，才能应对至重、至大、至众的天下，因而才能有天下。圣人德力无限的一个关键因素恰在于圣人之德能够鼓动天下万民之力，这一点明显地表现在荀子对"革命"的解释上。荀子认为，圣人通过革命而为王，这正是圣人"能用天下"的表现，因为"诛暴国之君若诛独夫"，而诛独夫民贼正是为天下万民所愿。故而荀子对"王"的一个理解是："能用天下之谓王"。可以看到，荀子这里直接针对的，正是那种通过帝国的征服式兼并

---

[28] 不难想到，孟子所说的"仁者无敌"，是这一体验的等价性表达。

可以得天下的尚力论调，这自然与荀子所处的战国时代的实际历史处境有密切的相关性。

与荀子对天下秩序的这种批判性重构方向形成鲜明对比的是他的学生韩非。《韩非子》里谈到天下时多用"兼天下"、"制天下"、"天下可兼而有"等说法，在此类语境中"天下"的含义正是有待被征服的人居之地。[29] 前面我们已经提到韩非和波里比阿在身份上的一个类似点：波里比阿是罗马帝国征服过程中的一个受害者，这使得他将希腊人的"Ecumene"与现实层面的历史结合起来，创造了将"Ecumene"理解为有待被征服的人居之地的新意义；而作为韩国公子的韩非则是秦帝国征服过程中的一个受害者，尽管"天下"的现实层面的含义并非是他首创，但也使他接受了这一含义，而大异于他的老师荀子。

关于精神层面的天下，既然孟子是孔子最重要的继承者，那么，沃格林通过对《孟子》的解读来说明孔子对精神层面的天下的建构，就是一个正确而简要的做法。沃格林对中国天下的历史过程的分析在论述德之衰败与恢复的循环中达到了高潮，而这一论述仍是通过对《孟子》的解读。具体而言，沃格林主要分析了《孟子》中的四段话。

----

[29] "天下可兼而有"的说法出现在《韩非子》的第一篇《初见秦》。或说此篇乃张仪之辞，此处不辨，因以"天下"为有待被征服的人居之地乃是纵横家与法家的共识。关于先秦思想史上的天下观，可参考蔡孟翰：《论天下：先秦关于"天下"的政治想象与论述》，载《文化纵横》2017年第2期。

既然沃格林在分析时对于《孟子》中的四段话只是提示了出处而未附上原文，那么，在此我们有必要将原文引出并稍作解释。

第一段话见于《孟子·尽心下》：

> 孟子曰："春秋无义战。彼善于此，则有之矣。征者，上伐下也，敌国不相征也。"

孟子的意思是说，既然春秋时期诸侯之间的战争毫无道义可言，那么，就不能用"征伐"来刻画之，因为"征伐"这个符号是指天子出于道义而对诸侯发动的惩戒性战争。沃格林正确地指出，这段论述春秋时期诸侯之间战争性质的话意味着以仁为原则的王道在那个时代的丧失。春秋是五霸的时代，因此，用沃格林秩序哲学的术语来说，这段话是孟子对五霸时代的政治失序状况的一种诊断。

第二段正是论述霸与帝、王之间的差异的，见于《孟子·尽心上》：

> 孟子曰："尧舜，性之也；汤武，身之也；五霸，假之也。久假而不归，恶知其非有也。"

尧舜是帝，其心术特点是发乎仁义本性，用《中庸》的话来说就是"自诚明"；汤武是王，其心术特点是返乎仁义本性，用《中庸》的话来说就是"自明诚"。五霸的心术特点则是假乎仁义而行，因而其实质是违背人的本性的。[30]沃格林指出，这里包含着一种历史哲学，即刻画了一个包含三个阶段的德之衰败的过程。[31]不过，既然沃格林认为从帝到王的转变意味着宇宙论秩序到心性论秩序的转变，那么，他当然就不可能在同等意义上理解从帝到王的转变与从王到霸的转变。从宇宙论秩序的视角（perspective）看，帝、王、霸构成德之衰败过程的三个阶段，亦即历史性倒退的三个阶段，但如果立场（standpoint）还是心性论秩序的，那么，依前所论，从帝到王的转变正意味着从宇宙论秩序到心性论秩序的历史性进展。然而，从王到霸的转变却不包含类似的历史性进展，只是意味着心性论秩序因被贪欲冲动驱使下的帝国征服所打碎而发生的一种纯粹的历史性倒退。换言之，无论是从宇宙论秩序的视角看，还是从心性论秩序的立场看，从王到霸的转变都是一种纯粹的历史性倒退。沃格林并未辨析这一点，而问题在于，笼统地说帝、王、霸构成

----

〔30〕 说仁为人的本性与说仁义为人的本性在儒教传统是一致的，实际上孟子将对人的本性的理解概括为仁义礼智四德，而对于四德的统一性的理解则在程朱的"仁包四德"说中最为显豁。另外，从事迹上说，五霸尚有功于王道，所以仍有值得肯定之处，如《白虎通》解释"霸"时所说："霸者，伯也。行方伯之职，会诸侯朝天子，不失人臣之义，故圣人与之。"见陈立：《白虎通疏证》（上），第62页。从心术上说，五霸假仁义而行，是为了满足自己的贪欲，所以完全不值得肯定，如董仲舒在与江都易王刘非的对话中说出的一个孟子与荀子都有过类似表达的看法："夫仁人者，正其谊不谋其利，明其道不计其功。是以仲尼之门，五尺之童，羞称五伯，为其先诈力而后仁谊也。"《汉书·董仲舒传》，见班固撰、颜师古注《汉书》第八册，中华书局，1962年，第2524页。

〔31〕 这实际上是老子的理解，孟子并不认同"至禹而德衰"的看法。

德之衰败的过程的三个阶段则非常容易混淆帝王之别与王霸之别。

第三段的论述主题与第二段一样，只是将德之衰败的过程延续到了孟子所处的战国时代，见于《孟子·告子下》：

> 孟子曰："五霸者，三王之罪人也；今之诸侯，五霸之罪人也；今之大夫，今之诸侯之罪人也。"

从春秋到战国，事关天下统治的仁义之德一再衰败，那么，这个衰败的过程如何才能得到扭转呢？由此就引出了沃格林所分析的孟子的第四段话，见于《孟子·离娄下》：

> 孟子曰："王者之迹熄而《诗》亡，《诗》亡而后《春秋》作。晋之《乘》，楚之《梼杌》，鲁之《春秋》，一也。其事则齐桓、晋文，其文则史。孔子曰：'其义则丘窃取之矣。'"

孟子这段话论述的是孔子作《春秋》的事件。沃格林在此引用这段话，我们正可从中窥见其理解的深度。正如前面所提及，在孟子和司马迁那里都得到明确表达的、以孔子为新纪元的历史意识，是基于"五百年必有王者兴"的循环观念，从其精神实质上说也就是德之兴衰的循环观念。沃格林显然是将孔子作《春秋》的事件看作是对孔子为王这一事件的一个表达——我们知道，这其实就是在汉代经学中被显题化的孔子素王说。[32] 当然，此处并未出现基于孔子为万世立法的认知而来的、以孔子为绝对新纪元的历史意识，原因不难想到：对孔子素王说的理解被紧紧地关联于具有宇宙论风格的时代循环观念了。[33] 也就是说，在沃格林看来，孟子和司马迁的意思都是，孔子的出现正好因应了"五百年必有王者兴"的历史循环信念，意味着在此前处于衰败过程的天下由此获得了一个扭转的新时机，一个从德的衰败转向德的恢复的新时机。所以他说："当由于仁的耗尽而导致的无序体现在王国的制度中时，对实质的恢复会沿着从王到孔子的路线运动。"

顺此，沃格林以如下一段话概括他所观察到的中国天下的"历史哲学"：

> 我想强调的是，一个由各种意义构成的中国宇宙在形态改变、收缩与扩展的方式上存在着某种多变的东西。我们从经验观察转向实质，从制度转向原则，

---

[32] 我猜测沃格林可能看到了有关孔子素王说的一些资料，但在《天下时代》中并未直接提到"孔子素王说"。中译本有一处被译为"素王"，原文是"uncrowned kings"，就"王"的复数形式这一点以及从整个语境来看，这里并非专指被认为是素王的孔子，而是指在历史的循环中所有具有王者潜质并成就了其王业的人，比如汤、武等，因而这里还是直译为"未冕之王"较为信达。此外，沃格林也没有讨论由孔子素王说引出的那些令人感到棘手的问题。

[33] 现在有些试图传承今文经学的学者在理解素王说时只停留于孔子为汉立法，而忽略了孔子为万世立法才是素王说的根本，大概也是宇宙论风格的思考习惯使然。

从原则转向运作方式，从王朝之德转向文化之德和作为普世规则的仁，又从仁转回到联盟实行的方法，最后抵达一种历史哲学，这种历史哲学将文明的进程描绘为其实质被耗尽的过程，这与詹巴蒂斯·维柯所说的循环（corso）在原则上并无多少不同。那些殊显化的意义尽管已呈现于其中，但却从未以精确的方式得到过详细阐述，而为了表达这些意义而创造出来的符号，也从未取得分析性概念的地位。结果则是，每到紧要关头，符号化表达便会从看似业已达到的理论层面滑落回极度紧敛的表达，随后又进展到理论洞见。[34]

紧敛的符号化表达与殊显化的意义体验并行不悖，这带来了理解上的困难。可以想见，沃格林仍会基于"发生在中国的精神突破具有不彻底性和不完全性"的论断来解释这一点。除了仍然不忘指出这一点之外，沃格林对呈现于中国天下的自我解释中的循环观念做出了一个重要的断言，尽管只是通过一个简单的类比。在第二章中我们就已经提及，沃格林高度评价维柯的历史哲学，指出其根源来自奥古斯丁的历史哲学。更具体一点说，维柯基于奥古斯丁的神圣历史建构而以罗马历史为模板建构出一个"永恒理念的历史"作为诸民族的进程，即从神的时代到英雄时代、再到人的时代，提出以

---

〔34〕 沃格林：《天下时代》，第398页。

民族为主体的世俗历史必然呈现为对这一进程的重演。[35] 沃格林之所以高度评价维柯的历史哲学，从表层看是因为他的历史哲学虽然关注的是以民族或多元文明为主体的世俗历史，但他并没有像后来的斯宾格勒那样彻底抛弃奥古斯丁的神圣历史建构，反而是基于奥古斯丁的神圣历史建构来建构世俗历史。那么，奥古斯丁的神圣历史建构何以如此重要呢？必须说明，沃格林并非因为他自己是西方人才站在奥古斯丁的基督教立场上。奥古斯丁的神圣历史建构，是一种以普遍人性为历史归宿、以神圣之爱为历史主体的普遍历史建构，而这正是沃格林所珍视的。[36] 在维柯所建构的诸民族进程的三个历史阶段中，最后一个阶段"人的时代"即意味着从民族的特殊性达到人类的普遍性。我们知道，对此，维柯诉诸全人类的共通感或共同意识（common sense）："共通感是全体阶层、全体人民、全体民族或者全体人类所共有的非反思性判断。"[37] 而在维柯笔下，人的时代实现于罗马历史的重要标志正是罗马对基督教的接受。

因此不难推断，沃格林认为由孟子和司马迁等人所表

[35] 参见沃格林在《革命与新科学》第三章对维柯的分析。

[36] 在思考"为什么不该完全抛弃神圣历史的问题"时对斯宾格勒的批评也点明了这一点："斯宾格勒的历史建构的价值在于，它清晰地同时也令人称赞地表达了反基督教的立场：它无情地揭示了，要是简单地无视掉神圣历史的问题，将会有什么事发生在我们头上。历史的主体不再是人，而是各种多元文明。"见沃格林：《革命与新科学》，第138页。

[37] 转引自沃格林：《革命与新科学》，第154页。另见维柯：《新科学》（上）第142节，朱光潜译，商务印书馆，1989年，第103–104页。朱光潜对这句话的译法不如前者清晰，故译文从前者。

达出来的内在于中国天下的历史哲学与维柯的那种历史循环论"在原则上并无多少不同"，虽然只是一个相当笼统的类比性断言，但仍意味着他对出现在中国天下中的历史循环论有着较高的评价。沃格林当然也没有停留于类比，事实上他专门辟了一节分析中国天下的循环观念，尽管他的分析非常简要，也很难谈得上深入。

前已述及，孔子通过对包括三代在内的上古历史的建构来建构精神层面的天下。观察一下会发现，孔子在对三代历史的建构中已经将循环观念纳入其中了。也就是说，历史循环论其实是孔子所建构的精神层面的天下的一个内在组成部分，而这正是中国天下中的历史循环论的真正来源。[38] 沃格林区分出中国天下中的三种历史循环观念：王朝循环、五百年循环和天下兴亡循环（the cycle of ecumenic decay）。[39] 天下兴亡循环亦可笼统地叫做"天下秩序循环"，即指因德的累积与耗尽而构成的历史循环。沃格林分析了三种循环观念的区别与联系，而他没有明确指出的是，这三种

---

[38] 孟子和司马迁将孔子纪元关联于五百年循环，正是将孔子所建构的三代循环应用于孔子的结果。这当然就是我们理解孔子素王说的正确思路。

[39] 沃格林没有提到"五德终始说"，不知是因为没有注意到，还是出于其敏锐的文献选择能力。一般认为，五德终始说发端于战国时期的邹衍，并无经典上的根据，正如欧阳修在《正统论》一文中所批评的，"溺于非圣之学"，但秦汉以来被应用于实际政教建构中且发挥了相当重要的作用，到宋以后逐渐失去其重要性，参见刘复生：《宋朝"火运"论略——兼论"五德转移"政治学说的终结》，《历史研究》1997年第3期；刘浦江：《"五德终始说"之终结——兼论宋代以降传统政治文化的嬗变》，《中国社会科学》2006年第2期。

循环观念其实都来自孔子对三代历史的建构，即三代循环（the cycle of Three Dynasties）。[40]

首先，三代历史正是被孔子刻画为一个天下兴亡的循环，这被认为是点出了历史循环的实质，从而也构成理解其他循环观念的基础。其次，三代历史既然是夏、商、周三个王朝的历史，那么，三代循环就其形态而言就表现为王朝循环。再次，五百年循环的观念从符号化表达的实际历史来看首先见诸孟子：

> 由尧舜至于汤，五百余岁；若禹、皋陶，则见而知之；若汤，则闻而知之。由汤至于文王，五百有余岁，若伊尹、莱朱，则见而知之；若文王，则闻而知之。由文王至于孔子，五百有余岁，若太公望、散宜生，则见而知之；若孔子，则闻而知之。（《孟子·尽心下》）

> 五百年必有王者兴，其间必有名世者。由周而来，七百有余岁矣；以其数则过矣，以其时考之则可矣。夫天，未欲平治天下也，如欲平治天下，当今之世，舍我其谁也？（《孟子·公孙丑下》）

---

〔40〕 在分析司马迁的历史编纂原则时他只述及司马迁对三代历史的建构，但未能明了司马迁历史建构背后的今文经学背景。

不难看出，孔子所建构的三代循环正是孟子的五百年循环观念的思想来源。

仅仅从德的累积与耗尽的意义上来理解天下兴亡循环或天下秩序循环，未免简单，原因在于，沃格林未能对孔子如何建构三代循环展开讨论。此处我们做一扼要分析以为补充。在"大道既隐，天下为家"的礼运语境中，三代历史的实质差异与相互关联被认为表现在礼的因革损益上。

> 子张问："十世可知也？"子曰："殷因于夏礼，所损益，可知也；周因于殷礼，所损益，可知也；其或继周者，虽百世可知也。"（《论语·为政》）

对这一章的著名解释来自汉儒马融："所因，谓三纲五常；所损益，谓文质三统。""所因"表达的是贯穿三代历史的共同的秩序原理，即责任原理（三纲）与美德原理（五常）。[41] 这是圣人制礼为教的基本原理，当然也就是天下秩序的基本原理。由此可见，将天下兴亡循环刻画为因德的累积与耗尽而构成的循环凸显了天下秩序的美德原理但忽略了天下秩序的责任原理，从而有失片面。"所损益"正是试图基于天下

---

〔41〕 君臣、父子、夫妇为构成社会秩序的"大伦"，宜有主事与从事之别，即君、父、夫为主事者，臣、子、妇为从事者。基于此，我们主要应当从责任意识来理解"纲"的意思，即三纲是指三种人伦中主从之间相互的责任意识，而五常则是指人之为人所应当具有的普遍美德，植根于普遍人性。责任与美德层次不同，共同维系着一个社会的良好秩序。

秩序的责任－美德原理而对三代历史的循环做出一个明确的解释。

根据马融的解读，孔子基于"文质三统"来建构三代教化的循环。其实，以文质相复的救失的循环来刻画三代循环可以说是汉代经学的一个共识：

> 三王有失，故立三教以相变。夏人之立教以忠，其失野，故救野莫若敬。殷人之立教以敬，其失鬼，救鬼莫若文。周人之立教以文，其失荡，故救荡莫若忠。如此循环，周则复始，穷则相承，此亦三王之道，故三代不同也。[42]

这段引文来自汉代纬书《春秋元命苞》，是孔颖达为郑玄所注《礼记·表记》作疏时所引用，对应的经文是孔子阐述三王之道的一段话。[43]夏承虞道而立教以忠，其失在野，殷革夏命后立教以敬，就是为了救夏道之野；殷道之失在鬼，周革殷命后立教以文，就是为了救殷道之鬼。也就是说，殷、周之礼教，都是为了救前代礼教之失而对前代礼教有所损益。至于判断礼教之失的根据，即在于礼教中的文质偏失，何休将这一点说得最为明确：

---

〔42〕 郑玄注、孔颖达疏：《礼记正义》，见阮元校刻《十三经注疏》（下），中华书局影印本，1980年，第1642页。另见赵在翰辑，钟肇鹏、萧文郁点校：《七纬》（下），中华书局，2012年，第393页。

〔43〕 见下引及分析。

王者起，所以必改质文者，为承衰乱救人之失也。天道本下，亲亲而质省；地道敬上，尊尊而文烦。王者始起，先本天道以治天下，质而亲亲；及其衰敝，其失也亲亲而不尊。故后王起，法地道以治天下，文而尊尊；及其衰敝，其失也尊尊而不亲，故复反之于质也。[44]

王者制礼为教，皆遵循三纲五常这个基本原理，但仍有质文之别，或重亲亲，或重尊尊。这就是说，礼教的具体实行必有相应的偏失，或因亲亲而不尊以至于野，或因尊尊而不亲以至于鬼。于是，当前王之德被耗尽而被后王取代，就有了相应的救前代礼教之失的必要，而具体的救失之法就是文质损益。因此，救失的循环也就是损益的循环。将质、文对应于亲亲、尊尊表明文质问题与天下秩序的责任–美德原理紧密相关，其根据就来自《礼记·表记》中孔子对三王之道的阐述：

子曰："夏道尊命，事鬼敬神而远之，近人而忠焉，先禄而后威，先赏而后罚，亲而不尊；其民之敝，蠢而愚，乔而野，朴而不文。殷人尊神，率民以事神，先鬼而后礼，先罚而后赏，尊而不亲；其民之敝，荡

〔44〕 何休注、徐彦疏：《春秋公羊传注疏》，见阮元校刻《十三经注疏》（下），第2220页。

而不静，胜而无耻。周人尊礼尚施，事鬼敬神而远之，近人而忠焉，其赏罚用爵列，亲而不尊；其民之敝，利而巧，文而不惭，贼而蔽。"

一个可能的问题是，文质为二元，夏、商、周为三代，如果说三代循环表现为文质循环，那么，到底该怎么理解三代的文质归属？依此处所引孔子的这段话，如果说夏道重质，那么，以文质循环的原理而言殷道必然重文，相应地，周道必然重质，而殷质周文又是广泛见诸经学文献中的一个确定看法，这里岂不是存在一个明显的矛盾吗？实际上，在这段话后面还记载了孔子的另一句话，他是将虞、夏之道与殷、周之道对举：

子曰："虞、夏之质，殷、周之文，至矣。虞、夏之文，不胜其质；殷、周之质，不胜其文。"

依此，虞、夏被同归为质，而殷、周被同归为文。这看起来与上面孔子所说的那段话是一致的，从而与我们在其他地方常常看到的殷质周文说以及由此再往前推而得出的虞质夏文说相矛盾。要解决这一理解上的问题，须打破质文简单二分的思维定式，而能够想到质文递嬗过程中的层级差异。概而言之，关联于尧舜之道，对三代礼教的文质归属的正确理解应当是：虞道为质之质，夏道为质之文，殷道为文之质，周道为文之文。也就是说，虞、夏与殷、周之间为质文递嬗的第一层级，虞、夏为质，殷、周为文；虞、夏之间，殷、周之间又有质文之别，为质文递嬗的第二层级，虞为质，夏为文，殷为质，周为文。[45] 由此我们就可以化解夏质殷文说与殷质周文说表面上存在的矛盾。至于孔子对周礼的高度赞赏，由此也能够得到一个确解：

> 子曰："周监于二代，郁郁乎文哉！吾从周。"
> （《论语·八佾》）

这里的意思是说，夏礼为质之文，殷礼为文之质，周礼借鉴了前二代之礼而为文之文，比之前二代之礼更为美备，从而得到了孔子的高度赞赏。因此，从质文递嬗的层级差异中，我们也看到了三代礼教的进展关系。所谓礼乐至周而大备，就是说周礼在质文递嬗的循环中也超越了前二代之礼。这就意味着，在孔子那里，三代循环并非一个简单的闭合式循环，而是一个上升的螺旋式循环。至于三代礼教与尧舜之道的关联，董仲舒有一个清晰的说明：

> 三王之道，所祖不同，非其相反，将以救溢扶衰，

---

[45] 孔颖达在解释孔子"虞、夏之质，不胜其文；殷、周之文，不胜其质"与"虞质夏文，殷质周文"的确定看法并不相悖时说："夏家虽文，比殷家之文犹质，殷家虽质，比夏家之质犹文于夏，故夏虽有文，同虞之质，殷虽有质，同周之文。"通过区分质文递嬗的层级差异，这段话的意思也就容易理解了。引文出自郑玄注、孔颖达疏：《礼记正义》，见阮元校刻《十三经注疏》（下），第1642页。

所遭之变然也。故孔子曰："亡为而治者，其舜乎！"改正朔，易服色，以顺天命而已；其余尽循尧道，何更为哉！故王者有改制之名，亡变道之实，然夏上忠，殷上敬，周上文者，所继之救，当用此也。孔子曰："殷因于夏礼，所损益可知也；周因于殷礼，所损益可知也；其或继周者，虽百世可知也。"此言百王之用，以此三者矣。夏因于虞，而独不言所损益者，其道如一，而所上同也。道之大原出于天，天不变，道亦不变，是以禹继舜，舜继尧，三圣相受而守一道，亡救弊之政也，故不言其所损益也。繇是观之，继治世者其道同，继乱世者其道变。今汉继大乱之后，若宜少损周之文致，用夏之忠者。[46]

尧、舜、禹之间不存在损益的问题，因为三者皆为圣，不存在救弊的问题。也就是说，夏继承了尧舜之道，因而不存在损益的问题。[47]从前面我们对质文的层级区分来看，虞道（即尧舜之道）为质之质，夏道继承虞道而为质之文。既然礼的基本含义是"节文"，那么，这就意味着说，尽管礼的起源可以追溯到更早，但礼教的真正开端是夏代，又经过殷、周二代之改制从质之文进到文之质，再从文之质

---

〔46〕 班固：《汉书·董仲舒传》，见班固撰、颜师古注《汉书》第八册，第2524页。

〔47〕 此义亦见于《白虎通·三教》，见陈立：《白虎通疏证》（上），第370页。

进到文之文而达于为孔子所高度赞赏的美备程度。[48]

董仲舒这段话里提到的"改正朔，易服色，以顺天命"，正是马融所谓"文质三统"中的"三统"，也是我们理解孔子所建构的三代循环中包含进展维度的一个可能角度。朱子《论语集注》"十世可知"句下云："三统，谓夏正建寅为人统，商正建丑为地统，周正建子为天统。"这一看法的根据大概来自《白虎通·三正》：

> 正朔有三，何本？天有三统，谓三微之月也。明王者当奉顺而成之，故受命各统一正也，敬始重本也。……三微者，何谓也？阳气始施黄泉，万物动微而未著也。十一月之时，阳气始养根株，黄泉之下，万物皆赤；赤者盛阳之气也，故周为天正，色尚赤也。十二月之时，万物始牙而白，白者阴气，故殷为地正，色尚白也。十三月之时，万物始达，孚甲而出，皆黑，

---

[48] 但不能由此推论说从尧舜到夏（即从帝到王）是一个进展，如前所析，恰恰相反，从帝到王被理解为一个历史性倒退过程。于是我们看到，《礼记·表记》在记载了孔子以质文区分虞夏与殷周的那段话之后，又特意记载了一段孔子高度赞美舜帝的话，表明舜帝之德在三王之上："后世虽有作者，虞帝弗可及也已矣。君天下，生无私，死不厚其子，子民如父母。有憯怛之爱，有忠利之教，亲而尊，安而敬，威而爱，富而有礼，惠而能散。其君子尊仁畏义，耻费轻实，忠而不犯，义而顺，文而静，宽而有辨。《甫刑》曰：'德威惟威，德明惟明。'非虞帝其孰能如此乎！"

人得加功，故夏为人正，色尚黑。[49]

可见，汉儒的三统说具有明显的宇宙论色彩，是将心性论真

---

〔49〕 见陈立：《白虎通疏证》（上），第363页。颜师古注《汉书·刘向传》
"王者必通三统"句引张晏云："一曰天统，谓周十一月建子为正，天
始施之端也。二曰地统，谓殷以十二月建丑为正，地始化之端也。三曰
人统，谓夏以十三月建寅为正，人始成之端也。"见班固撰、颜师古注：
《汉书》第七册，第1951页。李贤等注《后汉书·章帝纪》"重三正，
慎三微"句云："三正谓天、地、人之正。所以有三者，由有三微之月，
王者所当奉而成之。《礼纬》曰：'正朔三而改，文质再而复。三微者，
三正之始，万物皆微，物色不同，故王者取法焉。十一月时，阳气始施
于黄泉之下，色皆赤。赤者阳气，故周为天正，色尚赤。十二月，万物
始牙而白。白者阴气，故殷为地正，色尚白。十三月万物孚甲而出，
其色皆黑，人得加功展业，故夏为人正，色尚黑。'《尚书大传》曰：
'夏十三月为正，平旦为朔。殷以十二月为正，鸡鸣为朔。周以十一月
为正，夜半为朔。'必以三微之月为正者，当尔之时，物皆尚微，王者
受命，当扶微理弱，奉成之义也。"见范晔撰、李贤等注：《后汉书》第
一册，中华书局，1965年，第153页。显然，这几处关于三统或三正的
解释高度一致，其言说特点都是从万物生长的宇宙论视角而以天、地、
人的次序说周、殷、夏的三正。另，孔颖达疏郑玄注《礼记·檀弓上》、
邢昺疏何晏注《论语·为政》皆引纬书《春秋元命苞》和《乐稽耀嘉》
云："夏以十三月为正，息卦受泰，注云：'物之始，其色尚黑，以寅为
朔。'殷以十二月为正，息卦受临，注云：'物之牙，其色尚白，以鸡鸣
为朔。'周以十一月为正，息卦受复，注云：'物之萌，其色尚赤，以
夜半为朔。'"见阮元校刻《十三经注疏》（上），第1276页，（下），第
2463页。显然，和前面的引文一样，这也是从万物生长的宇宙论视角
解释三统或三正，但差别在于，这里的解释没有直接提到天、地、人，
言说次序则是夏、殷、周，而以"物之始""物之牙""物之萌"与夏、
殷、周的三正相对应。不难想到，若要认定《春秋纬》和《乐纬》中对
三正的解释与前面所引《礼纬》（一说《礼三正记》）和《白虎通》中对
三正的解释一致，就必须将《春秋纬》和《乐纬》中的"物之始"与张
晏所说"人始成之端"相对应，"物之萌"与张晏所说"天始施之端"
相对应。

理以宇宙论风格表达的结果，与记载于《礼记·表记》中的孔子对三王之道的那段阐述在言说风格上颇不相同。郑玄以"外宗庙内朝廷"与"内宗庙外朝廷"的对比来注释"夏道尊命，事鬼敬神而远之，近人而忠焉"与"殷人尊神，率民以事神，先鬼而后礼"，孔颖达顺此将"夏道尊命"的"尊命"理解为"尊重四时政教之命"，即尊朝廷之命，尊人王之命，显然是有道理的。[50] 由此我们可以推导出对三代教化特点的一个可能理解。

首先，尧、舜、禹之间的禅让是圣圣相传，是圣与圣之间的"无缝对接"，而夏意味着一个新的开端，之后的历史不再是圣圣相传的禅让，而代之以世袭与革命，因此说夏是王国历史的开端。夏作为王国历史的开端，其政教特点就在于尊时王之命。其次，"殷人尊神，率民以事神，先鬼而后礼"，按照郑玄注的意思是说殷人重宗庙过于朝廷。由此不难想到，"殷人尊神"的实质是"尊祖"，即尊祖先之法。

---

〔50〕"外宗庙内朝廷"与"内宗庙外朝廷"可能涉及宗庙与朝廷的位置关系，其意义在于对宗庙与朝廷的重视程度的差异，即，前者重朝廷过于宗庙，后者重宗庙过于朝廷。另外，陈来以巫觋、祭祀与礼乐或原始宗教、自然宗教、伦理宗教来刻画夏、商、周三代的文化特点与进展关系，他特别引用了《礼记·表记》中孔子所说的这段话，而将"夏道尊命"的"尊命"解释为"尊占卜之命，巫觋之行"，似乎并无确切的根据。引文见陈来：《古代宗教与伦理》，生活·读书·新知三联书店，1996年，第280页。受西方文化人类学的影响，再加上试图解释中国文明独特性的强烈动机，学术界在理解中国文明的早期历史时往往过于突出巫的意义，这一点尤其反映在张光直那里，而在陈来、李泽厚那里也不例外。

祖先被尊为先王，因而祖先之法也可以称为先王之法。这与夏之尊时王之命有所不同，是王国历史发展的一个新阶段。[51]最后，《礼记·礼运》载孔子曰："夫礼，必本于天。"《左传·文公十五年》云："礼以顺天，天之道也。"因而我们可以说，"周人尊礼尚施，事鬼敬神而远之，近人而忠焉"中的"尊礼"，其实质就是"尊天"。但尊天并不意味着仅仅停留于敬事上帝，如《礼记·中庸》所说，"郊社之礼，所以事上帝也"。尊天的实质是尊圣，更进一步说就是尊礼，即尊圣人在王天下过程中依据天道而以典章制度的形式所确立的那个可以"经天地、理人伦"的完备的教化系统。这一点我们从《礼记·礼运》所载孔子论礼"必本于天"的上下文可以清晰地看到：

> 夫礼，先王以承天之道，以治人之情，故失之者死，得之者生。……夫礼，必本于天，殽于地，列于鬼

---

[51]《史记·殷本纪》有两处记载明确反映出殷人尊祖先之法或先王之法的政教特点。一处是在叙述伊尹放太甲于桐时："帝太甲既立三年，不明，暴虐，不遵汤法，乱德，于是伊尹放之于桐宫。"另一处是在叙述盘庚迁都时："殷民咨胥皆怨，不欲徙。盘庚乃告谕诸侯大臣曰：'昔高后成汤与尔之先祖俱定天下，法则可修。舍而弗勉，何以成德！'"与此相应，《尚书·盘庚》有"常旧服，正法度"之语，屈万里认为"常旧服"的意思是"尊尚旧规"，见屈万里：《尚书释义》，中国文化大学出版部，1995年，第72页。另，尊祖先之法或先王之法的政教特点非常典型地表现在《古文尚书》中的《伊训》一篇。按照孔传，《伊训》是在太甲元年祭祀成汤时伊尹所作，即"伊尹乃明言烈祖之成德，以训于王"，其中明确提到成汤"制官刑，儆于有位"，即以"三风十愆"为有位者之戒。

神，达于丧祭射御、冠昏朝聘。故圣人以礼示之，故天下国家可得而正也。[52]

也就是说，周人的尊天道，超越了我们一般所谓宗教意义上的尊天，其实质是尊圣王之礼。这也解释了周人何以与夏道类似，也是"事鬼敬神而远之，近人而忠焉"。这当然也意味着王国历史发展的又一个新阶段。其实敬事上帝是三代之所同，而具体落实到王国的秩序则呈现出主要形式上的差异，即夏尊时王之命，殷尊先王之法，周尊圣王之礼。至于时王、先王、圣王与上帝之间的联系，当然要从时王、先王与圣王的德去理解。夏尊时王之命，殷尊先王之法，周尊圣王之礼，其实就是"夏尚忠，殷尚敬，周尚文"的确义。时王之命与先王之法当然也是礼的形态，但与圣王之礼对举则表明了三代教化在完备程度上的差异。这样，我们也就能清晰地观察到三代文质循环过程中呈现

---

[52] 或如孔颖达在《礼记正义序》一开篇所云："夫礼者，经天纬地，本之则大一之初；原始要终，体之乃人情之欲。夫人上资六气，下乘四序，赋清浊以醇醨，感阴阳而迁变。故曰人生而静，天之性也；感物而动，性之欲也。喜怒哀乐之志，于是乎生；动静爱恶之心，于是乎在。精粹者虽复凝结不动，浮躁者实亦无所不为。是以古先圣王，鉴其若此，欲保之以正直，纳之于德义。犹襄陵之浸，修堤防以制之；要驾之马，设衔策以驱之。故乃上法圆象，下参方载，道之以德，齐之以礼。然飞走之伦，皆有怀乎嗜欲，则鸿荒之世，非无心于性情。燔黍则大享之滥觞，土鼓乃云门之拳石。冠冕饰于轩初，玉帛朝于虞始。夏商革命，损益可知，文武重光，典章斯备。"

出的一种明显的进展。[53]

回到沃格林对三种循环观念的分析。关于王朝循环，沃格林认为这是中国天下的一个"奇特之处"，因为他观察到，虽然循环的符号出现在每一个宇宙论文明中，但王朝循环的符号不见于其他宇宙论文明，如埃及与美索不达米亚。[54] 同样出于理智上的严谨，沃格林只是提出了这个问题而未给出一个明确的回答，其实从他的论述中我们就可以找到答案。王朝循环关联于统治家族的德的累积与耗尽，但统治家族集体之德的累积与耗尽都是通过作为具体统治者的个体之德的增进与丧失来进行的，而让有德的个体成为统治者的则是上天的命令，在这个意义上，基于德的累积与耗尽的王朝循环观念其实是一个直接指向有德者与超越的神性实在之间的关系的观念，也就是说，是一个心性论观念，而非像埃及或美索不达米亚的宇宙论文明中那样是一个宇宙论观念。一旦能够明确地指出这一点，我们就能够断言，王朝循环的符号——作为一个历史学符号或人类学符号——其实属于心性论秩序，并不属于宇宙论秩序，从而我们也就能够解释沃格林在将中国天下的王朝循环观念与宇宙论文明做对比时所感受到的那种"奇特之处"。

相比之下，五百年循环明显属于宇宙论符号。光有德的累积与耗尽，其实还构不成一个严格意义上的循环观念，

---

[53] 三代教化是在精神突破后教化逐渐完备的过程，不可误解为精神突破的三个阶段。

[54] 沃格林：《天下时代》，第400页。

因为还缺乏一个周期的观念，而五百年循环就满足了这个需要。因此，王朝循环被认为是一个为期五百年的循环，其实意味着正是五百年循环的宇宙论观念与德的累积-耗尽的心性论观念共同构造了王朝循环的观念。与对王朝循环观念的对比性观察类似，此处沃格林的观察仍然是说，这个五百年循环的观念在其他宇宙论文明中"没有平行之物"。那么，五百年循环的宇宙论观念与德的累积-耗尽的心性论观念是如何结合在一起的呢？恰当地聚焦于"圣人"在中国文明中的意义，沃格林提出了一个非常深刻的分析：

> 在那些圣人出现并被承认为天下秩序独立于王朝体制的来源之前，五百年循环的殊显化观念是不可能出现的。而且，只有当王朝体制被削弱到那种程度，以至于在人们看来其所要代表的天下秩序已然明显地让位于由各国之间的权力斗争所造成的无序，圣人的此类独立性权威才有可能得到确认。因此，五百年的循环，以及第三种类型的循环，亦即天下秩序及其德之兴衰的循环，在体验的层面是相互联系的。王权的天下体制继续存在，但其塑造秩序的力量已然分解为国之强力与圣人之德。对构成了三角关系的这三个循环观念的体验在普世性的德及其衰败与复兴的符号化形式中得到了表达。[55]

---

〔55〕 沃格林：《天下时代》，第402页。

精神突破首先发生在圣人的心灵之中，心性论秩序的新真理由此而来。因此，只有当圣人出现并被承认是天下秩序独立于王朝体制的来源时，循环的观念才成为可能。换言之，历史地来看，循环得以成立的关键正在于圣人的出现：一方面，如果没有圣人在历史上的出现，就不可能有五百年循环的观念；另一方面，圣人既然是有德之称，那么，圣人的出现就与王朝更替中天下秩序的兴衰——或者更直接地说是德之兴衰——直接对应起来了，也就是说，如果圣人的出现表现为一个循环，那么，这个循环自然也就是天下秩序之兴衰的循环或德之兴衰的循环。

沃格林在论及中国文明中的"圣人"符号时将之与希腊的"哲人"符号相对比，除了提示我们注意二者"绝非同样的现象"之外，通过指出天下秩序循环的符号以及以孔子和老子为代表的两种类型的圣人的区分都可以在希腊找到类似的对应，他也强调了二者的类似性。在此或许我们更为关心的问题是，如果将呈现于中国文明和希腊文明的循环史观与犹太–基督教文明中的直线史观相对比，那么，对于其中明显的差别，即循环史观与直线史观之间的明显差别，理解上的要点是什么呢？

回溯一下我们在第三章论述过的，沃格林对循环时间观和直线时间观的双重解构，答案或许不难想到：既然直线时间观通过一个指向终点的神的旨意来统摄历史，而循环时间观则通过一个其神性根基仍然得到承认但被实体化地理解的宇宙来统摄历史，那么，上述差别的关键就在于对宇宙的重视程度与安置方式上的不同。具体来说，在犹太-基督教文明的直线史观中，宇宙基本上没有什么重要性，其思想上的极端就是灵知主义的反宇宙主义主张；而在中国文明和希腊文明的循环史观中，宇宙被赋予了相当的重要性，甚至毋宁说，正是因为对宇宙的充分关切、对宇宙之神性根基的充分重视才使得摆脱了宇宙论文明、已经进入到历史性文明的中国文明和希腊文明，在其历史溯源论的建构中都走向了循环史观。在此回溯一下沃格林以比较的方式论述希腊的历史意识时说过的一段话将非常有助于我们对这个问题的深入理解：

> 我们首先必须认识到，希腊的循环史观是一种新的符号形式。无论是在宇宙论形式的近东社会，还是在历史形式的以色列，都找不到与之对应的东西。因为，美索不达米亚帝国和埃及帝国从未发展出一种在历史时间中有始有终的社会观念，而是保持了紧敛性，受限于对宇宙的神圣秩序的体验，以及对各个社会参与宇宙的节奏的体验。以色列作为上帝的被选民族而存在，它在历史时间中拥有一个开端，却望不到终结，因为，将以色列创造出来，使之成为全人类救赎之脐点的神圣意志，是不可颠倒的，也是亘古不变的，超越了宇宙的节奏和历史的阶段。可见，希腊的符号化形式既不属于宇宙论的类型，也不属于以色列的历史类型，它似乎两者兼而有之；这种显然具有中

介性的结构确实激起众说纷纭。一方面，希腊人完全不具备真正的历史理念，他们从根本上是以永远循环的符号化形式来表达自我的；另一方面，希腊人又是历史编纂的肇始者，特别是希罗多德，他是历史之父，而修昔底德的著作也是有史以来最伟大的史学著作之一。[56]

不难看出，沃格林在此处就希腊的历史意识而说的话，在很大程度上也适合于中国的历史意识，特别是就其与近东帝国和以色列相比较而言。也就是说，如果以以色列为有历史意识的文明的典范，而近东帝国则被厘定为无历史意识的文明，那么，处于这两端之间的就是发展出了循环论的历史意识的希腊文明和中国文明。循环论的历史意识相对于两端而呈现出来的"兼而有之"的特点，恰恰说明这种历史意识比直进论的历史意识包含了对宇宙过程的更大关切。

现在让我们来看看沃格林对中国天下的整体历史过程的总结性论述：

> 中国的早期秩序并非近东意义上的帝国，而是一个氏族社会的组织，它将自身理解为文明化了的人的天下。……通过一场存在的飞跃，中国社会已朝向一种人类学的秩序观念运动，尽管该运动并不十分彻底，

[56] 沃格林：《城邦的世界》，第119页。

不足以完全打破宇宙论秩序。在这场存在的飞跃的觉醒过程中，有效权力的组织者与精神秩序的代表取代了紧敛性的王制。一旦发生了这一殊显化，便很难再指望回到那种紧敛性的王制了——无论在什么时候，都没有哪个竞争者能恢复普世王权，因为即便他在现实层面上获得成功，那也将是一场其正当性并未获得普世精神认可的强权的胜利。因此，晚周的各种无序状况通常被解读为"天子的王权因封建诸侯国的兴起而被削弱"，这一制度性描述尽管正确，但并不充分，因为它忽略了这样一个事实，早期秩序的精神已然解体。当群雄争霸以秦的胜利而终结时，氏族社会的普世王国并未得到恢复，因为那些氏族几乎已被消灭殆尽，各地的封建诸侯也已消失；由国所代表的强权原则，已吞没天下及其秩序。因此，用中国的术语来说就是国对天下的胜利：新的帝国就是一个没有精神上的正当性的膨胀了的国。而相应的结果就是发端于汉代的各种运动与学派之间的斗争，为的是为那个窘迫的、巨人般的强权帝国提供其所缺失的精神实质。对精神与权力所进行的新的综合在经历了种种变化之后，最终确定于新的儒家正统学说，但是，它从未能恢复早期王国在分解为天下与国之前的那种秩序。[57]

---

〔57〕 沃格林：《天下时代》，第402–403页。

可以看到，沃格林基本上把中国天下的秩序厘定为一种没有完全打破宇宙论秩序的人类学秩序。这一秩序的根源当然就是发生并传承于历代圣人心灵中的精神突破。在历代圣人的谱系中，如果以"祖述尧舜，宪章文武"的孔子为至圣，那么，孔子就是中国天下历程中精神秩序的最终代表。其实我们正应当从这个意义上来理解孟子所谓孔子为集大成者的真正含义。就权力的有效性组织——也就是帝国的建立——这一面而言，沃格林非常深刻地指出，秦的胜利只是意味着"国对天下的胜利"，也就是说，历经周秦之变，天下变成了一个"膨胀了的国"，之后的儒者虽仍像孔子那样汲汲于救世，且因被纳入政治体制不再有孔子那样栖栖遑遑的丧家犬形象，但从未能恢复到以前那种作为礼仪共同体的天下秩序。这就是沃格林对中国天下的最后定论。这个最后定论显然和汉代今文经学以及深受今文经学影响的司马迁的看法有高度一致之处，也和宋代理学家认为"尧、舜、三王、周公、孔子所传之道，未尝一日得行于天地之间"，而汉、唐不过是"架漏牵补，过了时日"的那种看似迂阔其实极为深邃的高标论调有高度一致之处。对此，我们不得不叹服沃格林深邃的洞察力。也正是在此意义上，我们有足够的理由说，就其所发挥的参与式、总结性理论功能而言，司马迁的《史记》之于中国天下或中国文明，与奥古斯丁的《上帝之城》之于西方天下或西方文明，是地位相当的重量级著作。

不过，认为秦以后的中国天下变成了一个膨胀了的国，沃格林的这一批判性看法虽然是从孟子关于王道与霸道的对比中得出的，但我们也不应忽略，这一看法还可能隐含着他基于奥古斯丁的双重天下主义而来的某种批判意识。如前所述，通过区分上帝之城与魔鬼之城，奥古斯丁建构了神圣历史，而将世俗历史贬为魔鬼之城的历史，其背后是对普世教会的历史意义的高度凸显。对此，沃格林高度赞赏，并常常引用汤因比以教会为"西方文明之蛹"的著名观点作为辅证。如果以这个立场来看中国天下在汉以来的新的秩序综合，特别是由董仲舒所倡导的"罢黜百家，表彰六经"的政教建构，那么，我们可能会得出结论说，由于缺乏一个类似于罗马教会那样的独立的普世教会，孔子所建构的精神层面的天下在秦汉以降的中国历史上只能屈服于现实层面的天下。教统依附于治统这一独特的政教综合方式的确带来了相应的问题，因此说，就秦汉以后中国历史的实际状况而言，这一批评有其重要意义。不过，就反思性认知的平衡而言，仅仅停留于这一批评也可能是片面的。如果考虑到因罗马教会的存在而导致的西方基督教文明中所特有的政教问题——比如说，马基雅维利认为罗马教会正是造成意大利衰弱与分裂的根源，再比如说，霍布斯、卢梭都曾究心于政治权威与宗教权威很难结合在一起这个基督教文明中特有的"双头鹰"问题，那么，我们就不会满足于这一片面的批评。[58] 进而言之，中国天下采取了教统于政这种独特的政教综合方

---

〔58〕 现代政治哲学以"公民宗教"的主题来处理这个问题，参见罗纳德·贝纳：《公民宗教：政治哲学史的对话》，李育书译，人民出版社，2018年。

式，或许恰恰应当被理解为一种谋求政教平衡的艺术，也就是说，或许恰恰是为了避免类似于西方基督教文明中所出现的那种类型的政教问题。从实际历史来看，正是通过文治与武功的结合，中国一直保持着或试图保持"大一统"的内部秩序，这与欧洲后来的历史走向完全不同。

第八章　由多个天下的存在而引发的历史哲学问题

　　在《天下时代》题名为"普遍人性"的第七章，基于在第二章到第五章对西方天下的详细分析，以及在第六章对中国天下的专门分析，沃格林对由多个天下的存在而引发的一些历史哲学问题提出了总结性看法。既然沃格林对西方天下的分析已经是在他解构了包括轴心时代说在内的一切单线历史观的基础上展开的，而且已经将他的历史哲学呈现得比较全面，那么，对中国天下的专门分析就不是他的天下时代说的核心部分。实际上，对中国天下的专门分析作为沃格林的天下时代说的一个重要组成部分，其意义主要在于让我们充分直面人类的多元文明平行现象并坦然承认多个天下的存在。如果说沃格林的历史哲学其精神归宿始终是奥古斯丁式基督教，那么，其运思方法则始终是柏拉图、亚里士多德式古典哲学。而且，正是后者所崇尚的理性的诚恳与谨慎才让他摆脱了早期那种毫不掩饰的基督教中心主义的历史哲学，从而走向了一种可称为多元普遍主义的历史哲学。

　　即使仅就西方天下而言，多元文明平行现象也不容忽视。沃格林自陈早就注意到的这个问题最终以充分承认历史复杂性的方式而被重新叙述：

生存真理并非出自某个单一的精神事件。它并不是从某个特定的起源点出发，进入到一种被帝国式冲动吞没的人类，而是具有多场运动的历史形式，在波斯、印度、以色列和希腊出现。于是，单一的生存真理的殊显化过程破裂为一个精神突破的光谱，光谱上的每一个都带着各自所在族群文化的标志。而且，在这些突破中，没有哪个曾将自身对神显事件的解释扩展为一个关于秩序的充分平衡的符号化形式，这个秩序被认为能够覆盖人在社会和历史中的整个生存区域。相反，人对神性突入的回应倾向于强调的，是有关人位于神之下的单一的生存真理的不同方面，例如希腊人关于神性实在的智性启示，或是以色列-犹太人关于神性实在的灵性启示。[1]

如果说出现在波斯、印度、以色列和希腊的精神突破事件都能够归于西方历史的话，那么，这个光谱上的每一个精神突破事件恰恰不能被前后相继地排列在一条单线历史上。就西方天下中关于人位于神之下的生存真理而言，同一历史过程中的这些多元文明平行现象既呈现了人类在求索秩序中走向自身的多条路径，也反映了每一条路径的特殊负担和由此而来的特殊局限。如果说关于生存秩序的一种更为充分平衡的符号化形式在这里呼之欲出，那么，需要认真考虑的就是对

---

〔1〕　沃格林:《天下时代》，第405–406页。

那些特殊负担和特殊局限的一种根本性的认知和由此而来的一种更为彻底的综合。在这里，沃格林总结性地讨论了保罗的绝望与希望。

在帝国的铁蹄下，各种挫败和灾难一定会让敏感的参与者体验到失望的情绪。如果失望的情绪达到了这样的地步，即认为帝国强权作为历史的主宰并未给人类的生存秩序留下任何真正的空间，那么，失望就可能变成绝望。沃格林以但以理以降的犹太启示录为例，说明对现实历史的绝望可能导致一种意识的分裂；如果说这种绝望也是保罗所深深感受到的，那么，基督的显现和保罗的复活者异象恰恰就是一种彻底的治愈力量：

> 在启示录式意识中，对那种位于实在之内、以超越其结构为目标的运动的体验，已分裂为一个信念和一种以变形为导向的信仰（the metastatic faith）。那个信念是说，历史是一片无序的领域，人的行为无法修复它；那种以变形为导向的信仰则是说，某种神性的干预会在即将到来的王国中建立起完美的秩序。这种同一实在之内的秩序与无序之间的张力，因为幻想两种在时间上彼此相接的实在而解体。这是一种意识的分裂，它将通过基督的显现和保罗的复活者异象，使人确信在历史中有比帝国更重要的东西，即，真理的出现是一个在历史中建构了意义的历史事件；变形是在未被变形的历史中取得进展的，从而得到治愈。通

过保罗的异象，人在历史时间中对秩序的求索得以显明，呈现为神性实在——亦即《歌罗西书》2:9所说的神——在此世的实在中发挥变形功能的肉身化。因此，对这种位于实在之内的运动的体验，并不是欺骗性的；就人充满信任地回应那运行于他的心灵中的神性实在而言，这种运动足够真实。当在实在之内发挥变形功能的逃离以上帝肉身化为人的形式而变成历史意识时，它便获得了对自身的充分意识。[2]

一言以蔽之，是保罗的绝望与希望成就了西方人的生存秩序，从而也成就了西方文明的天下时代。在保罗的绝望中，包含着对现实历史极度悲惨的认知，此即他对一个更为残酷的帝国征服的天下的认知，这使得他超越了在他之前的那些具有特殊负担和特殊局限的精神突破，达到了对现实历史的一种根本性的认知。在保罗的希望中，包含着他对一个精神层面的天下的真实期待，此即以基督的出现与再临为两个关键时间点的那种纯粹基于精神的历史建构，这意味着他的历史建构相比于在他之前的那些历史建构是一种更为彻底的综合。显然，尽管沃格林承认在保罗的异象中也可能存在着灵知主义的影响，但他仍然认为，保罗的异象指向此世的实在，并没有在意识的分裂道路上越走越远，反而是对意识的分裂的彻底治愈。

––––––––––––––––

〔2〕　沃格林：《天下时代》，第406–407页。

对西方天下时代的这一总括性说明意味着，发生在西方历史上的多元文明平行现象，最终被保罗所接受的灵性启示所综合。多元文明之所以能够被综合到同一个普遍历史，主要是因为这些多元文明出现在了同一个普世帝国的历史过程之中。这也意味着，不能由此认为，保罗式的灵性综合一定比其他形式的历史综合更为高级。与神显事件的多样性相对应的是历史综合形式的多样性。既然神显事件同为殊显化真理的来源而在同一级别上是等价的，那么，不同的历史综合形式也就在同一级别上是等价的。承认多个天下的存在，即是承认普遍主义本来就有多种形态，这的确引发了一些历史哲学问题。不管怎么说，当种种出于恐惧的单线历史建构被彻底解构，我们就能够在理性的激励下坦然接受历史的复杂性。在此，让我们首先就历史的根源、历史的结构和历史的旨归（即历史主体）这三个历史哲学的基本问题来看沃格林的总结。

正如前面已经论述过的，沃格林的基本思路是，认为历史的根源在于人的体验性意识，而他的核心观点始终是，"秩序的历史就是历史的秩序"。虽然沃格林的思想从《秩序与历史》前三卷到第四卷发生了不小的变化，但这个核心观点作为沃格林历史哲学的基本原理并没有变，而更应当说，后来经过修正的论述与前面的相比更加缜密了。秩序的历史来自意识的殊显化，也就是沃格林所说的存在的飞跃或雅斯贝尔斯所说的精神突破。在总结部分的第七章，我们看到，沃格林对此的表述一如既往："通过意识的殊显化，历史显

现为这些殊显化在其中得以发生的过程。"〔3〕

在《天下时代》的导言中，沃格林对历史的沉思性概括已然清晰地表达出了他对历史的结构的新认识：

> 历史不是一条由人们及其在时间中的活动构成的溪流，而是人参与一条以终末为方向的神显之流的过程。〔4〕

神显事件带来了更为殊显化的体验方式和更为优越的真理认知，因着超越的突破而指向了某个位于时间之外的完满状态，从而构成了历史得以产生的终末论维度。更具体地说，当超越的突破发挥其创造秩序、创造历史的召唤功能时，历史就被身处其中的人发现为一个实在超越自身结构的运动过程；而实在超越自身结构的运动过程之所以可能，正是因为实在受到了其神性根基的牵引，换言之，神性根基的牵引规定了实在超越自身的运动过程的终极方向；于是，既然实在超越自身结构的终极方向可以被合理地理解为终末，那就意味着，"历史的结构是终末论的"。〔5〕此处需要说明的是，如"神显"的符号一样，"终末论"的符号属于以色列和基督教传统，但沃格林这里的"终末论"显然并非一个单纯的基督教神学概念，而是一个内在于其体验实在论的、由对时间的

---

〔3〕　沃格林：《天下时代》，第409页。

〔4〕　沃格林：《天下时代》，第53页。

〔5〕　沃格林：《天下时代》，第409页。

沉思而来的秩序哲学概念。

既然历史的结构是终末论的，而构成历史的终末论结构两端的是处于奥秘之中的神与处于生存张力之中的人，那么，历史就不是一个仅仅属于人的过程，而是一个神人互动的过程，是处于时间与永恒之间的显现之流（the flux of presence）。而人的人性正由神人之间的关联与互动所构成，此即意味着历史正是人性得以展现的那个过程。于是，我们就能对人性与历史的关联有一个清晰的双向沉思：人性有一个历史维度，历史也有一个人性维度。这就意味着，历史以普遍人性为旨归，历史的主体是普遍人类。在总结部分的第七章，沃格林对普遍人类的沉思正是聚焦于其作为一个"终末论标记"（eschatological index）：

> 普遍人类不是一个生存于这个世界的社会，而是一个符号，它指的是人对下述过程的意识：人在他的现世生存中，参与到一个实在的奥秘之中，这个实在呈现为一个以自身的变形为目标的运动过程。普遍人类是一个终末论标记。

> 将普遍人类识别为一个终末论标记，这就穿透了问题的中心，即由历史呈现出来的一个人性维度。假如没有普遍性，就没有人类，有的只是一个生物学意义上的物种的成员集合体，人类的历史就会像猫类的历史或马类的历史一样。人类若要拥有历史，它的成员就必须能够对在自身心灵中的神显运动做出回应。

若是如此，则拥有历史的人类就是由人所回应的那个神建构的。于是，人们发现，属于相同生物学类型、散落各处的多个社会，通过参与相同的神显之流，成了具有单一历史的单一人类。[6]

人作为一个类是由神所建构的，这当然不是说只有领受了灵性启示的民族或个人才获得了普遍人性。基于相同的生存张力结构，不同社会中的人都有可能以其自身的方式超越自身所处的社会而达到对人的普遍性理解，从而建构出新的社会秩序，即种种不同形态的普世社会。多个天下以各自的方式对应于普遍人性，相应地，多元文明以各自的方式对应于普遍历史，就是如此。当然，也不可对人性做现成化的理解。人性的历史维度意味着人性是历史有待实现的目标，所以才说，普遍人性是历史的旨归。

保罗的灵性综合之所以彻底，表现为绝望之后的希望，是因为他遭遇了一个比以往人们所体验到的更为残酷的帝国现实。将保罗的灵性综合与西方天下时代的历史构型对应起来，我们能够想到，精神突破的彻底性可能是与帝国现实的残酷程度密切相关，而这当然也会给历史编纂带来根本性的影响，即出现神圣历史与世俗历史的截然二分。由此引发的一个重要的历史哲学问题就是关于历史的绝对纪元（the absolute epoch of history）的问题。

---

〔6〕 沃格林：《天下时代》，第410页。

沃格林首先肯定了黑格尔在这个问题上的深刻看法。历史之所以会有一个绝对纪元，是因为存在着一个历史时刻，人对历史的认知达到了一个全新的高度，即纯粹精神的高度，用黑格尔的话来说，"自我意识已将自身提升到属于精神概念的那些环节，从而也出现了绝对地把握那些环节的需要"。[7]用沃格林的话来说，正是在与那样的历史时刻紧密相关的那些重大历史事件中，"实在自我显明为一个变形过程"。[8]黑格尔认为基督的显现就意味着那个历史时刻的出现，此即意味着，他是以基督的显现为历史的绝对纪元，即"世界历史围绕其旋转的枢纽"。对此，沃格林表示高度肯定：既肯定黑格尔提出的绝对纪元问题是历史哲学的核心问题，也肯定黑格尔以基督的显现为历史的绝对纪元是一个深刻的洞见。不过，沃格林顺此提出了一个反思性的问题：历史的绝对纪元是否必须等同于基督的显现，或者说，不应当等同于某个其他事件？

为了恰当地展开这个问题，沃格林再次讨论了雅斯贝尔斯的轴心时代说。出于与奥古斯丁、黑格尔类似的对普遍人类或普遍人性的关切，而为了"抵制斯宾格勒和汤因比将历史分解为各个带有各自独立内部进程的'文明'的做法"，

---

[7] 沃格林：《天下时代》，第415页。另参见黑格尔：《历史哲学》，王造时译，上海书店出版社，1999年，第328页；或黑格尔：《世界史哲学讲演录（1822—1823）》，刘立群、沈真、张东辉、姚燕译，商务印书馆，2014年，第361–362页。

[8] 沃格林：《天下时代》，第416页。

雅斯贝尔斯接受了黑格尔提出的"历史的绝对纪元"的观念，但他不同意黑格尔将基督的显现作为历史的绝对纪元的具体看法，因为在他看来，这一看法只适用于基督教信仰内部，而基督教信仰并不等于全人类的信仰。[9] 由此我们可以更加清晰地理解雅斯贝尔斯何以提出轴心时代说：因为他要找到一个被多个高级文明都经历过的共同的历史时段，以此来代替黑格尔将基督的显现作为历史的绝对纪元的那个在他看来带有西方式偏见的看法。

既然沃格林已经将黑格尔的历史哲学判定为那种具有历史溯源论特征的单线历史建构，已经对雅斯贝尔斯的轴心时代说进行了彻底的解构，而他又承认黑格尔和雅斯贝尔斯都予以相当重视的历史的绝对纪元问题乃是历史哲学的核心问题，那么，他的立论的分寸究竟在哪里呢？沃格林当然不是像雅斯贝尔斯那样简单地去寻找另外一个历史时段来充当历史的绝对纪元。也就是说，当我们说沃格林用天下时代说代替了雅斯贝尔斯的轴心时代说时，切不可简单地理解为沃格林用波斯帝国的兴起到罗马帝国的衰亡那个历史时段来代替基督纪元前800年到前200年的那个历史时段。天下时代说对轴心时代说的代替，并不仅仅停留于时间的置换，更是包含着思想的升级。在以天下时代来捍卫普遍历史的同时又承认存在多个天下，就是以多元主义的方式来捍卫普遍主义。多元普遍主义不会因为多元文明现象的广泛存在而取消

---

〔9〕　沃格林：《天下时代》，第416、417页。

其普遍立场，但也避免了那种将多元文明最终归于同一个普遍历史过程的单线历史建构。实际上，对于历史的绝对纪元这个历史哲学的核心问题，沃格林的做法是基于他的体验实在论对这个问题本身进行批判性的分析，消解可能包含在其中的提问的谬误，最终通过将其还原为一个被恰当理解的问题从而避免可能的不恰当回答。

批判性分析的关键在于应当从意识的结构去理解历史的绝对纪元，此即是说，应当避免从一种脱离人的参与性生存的角度去理解"历史"以及"历史中的事件"。如果规定了历史的绝对纪元的重大历史事件不是基于"处在终末论张力中的人的生存"被意识到，而是被扭曲为一个脱离了人的参与性生存的物理事件，那么，历史的绝对纪元就可能被"当成外在世界的一个对象"。沃格林指出，这是一个"错误构想"（misconstruction）。此即意味着，关联于普遍人性的觉悟或普遍人类的出现，历史的绝对纪元这一概念有其真实的意义，但是，从某个参与者的位置将历史过程中的某个突出事件标识为历史的绝对纪元，只是表明在这个参与模式中意识殊显化过程在那个时刻进入到了一个全新的阶段——正是在这个值得用大写的"之前"和"之后"来划分历史的时刻，才有了普遍人性的觉悟，才诞生了普遍人类。既然生存在具体社会中的人走向普遍性的道路是多样的，存在着"普遍参与的各种模式"，存在着多个天下，那么，就存在着多个指向绝对纪元的符号。就现象而言，每一个绝对纪元的符号都只在其相应的普遍参与模式中发挥作用；就本质而言，每一个绝对纪元的符号都是等价的，因而对全人类而言都是有效的，因为站在其背后的正是作为历史真正主体的普遍人类。

有了以上分析，我们就能避免对历史的绝对纪元的不恰当理解和相应的不恰当回答。从而，我们也就不必陷入关于历史的绝对纪元的可能争论。比如说，在保罗和奥古斯丁那里，基督的显现是一个绝对纪元符号，而在孟子和司马迁那里，孔子获麟绝笔是一个绝对纪元符号，而我们不必争论究竟是基督的显现还是孔子获麟绝笔才是历史真正的绝对纪元。[10] 实际上，二者在基督教信仰和儒教信仰中各自都发挥着绝对纪元的功能，就其实质意义而言二者是等价的。

天下在空间上开放，于是就有多个天下；包围着天下的那个处于奥秘之中的实在在时间上向处于生存张力之中的人开放，于是就有人类的普遍历史。基于等价物理论而从意识的结构去理解历史的绝对纪元可以让我们避免将某个天下中的绝对纪元标志作为人类历史唯一的绝对纪元标志这种错误构想，但也不可避免地引发了一些令人不安的关于历史的奥秘的疑问：

（1）为什么会有取得洞见进展的多个纪元？为什

---

〔10〕 虽然在孟子与司马迁那里，孔子获麟绝笔是一个绝对纪元符号，但孔子纪元并未像基督纪元之于西方历史那样表现于中国历史。要理解这一独特现象，必须基于对中国文明的平衡艺术的详细分析，参见本书第十章。

么实在的结构在所有时代都以经过殊显化的形式为人所知？

（2）为什么那些洞见必须由先知、哲人和圣徒等极少数人来发现？为什么不是每个人都成为那些洞见的接收者？

（3）当那些洞见业已被获得时，为什么它们并未得到普遍接受？为什么纪元性真理必须在历史上经受各种纠缠：一边是不完全表达、躲避、怀疑、不信、拒斥以及扭曲，另一边是历次复兴、重生、重新发现、重新阐述以及进一步的殊显化？[11]

此前对历史的终末论维度的揭示已经点出了历史的奥秘性：历史作为一个始终不脱离其奥秘性的过程对其终末性的完美始终保持着开放。[12] 而对历史的绝对纪元的批判性分析也以某种方式指向历史的奥秘性：不应当将基于神显事件而来的纪元意识扩展为一个单线历史观念，而是应当基于对新旧真理的等价性认知以及居于这种认知背后的对实在的根本性奥秘的充分承认而将历史作为一个奥秘来看待。不过，对于凭借其体验性认知能力而处于参与性生存中的人来说，无论是否能够避免对历史的绝对纪元的错误构想，也一定会就

---

〔11〕 沃格林：《天下时代》，第423—424页。

〔12〕 "历史过程，以及能在其中被辨识出的秩序，并不是一个故事，一个可以从开头讲起，一直讲到它的幸福与不幸结局的故事；它是处于启示过程中的一个奥秘。" 沃格林：《天下时代》，第54页。

历史的奥秘提出疑问，或许还得忍受这些疑问的折磨。

从引文看，沃格林将针对历史的奥秘而提出的疑问分为三类。三类疑问可分别归结为以下三个问题：（1）为什么会有多个天下？（2）为什么会有多种精神突破？（3）为什么会有人类历史？如果说三类疑问彼此相关而各有侧重，那么，三类疑问其实都指向一个，即对存在的根基的探寻。于是我们看到，当沃格林将那些疑问归拢为单数的、大写的疑问（the Question）时，他是要从人不断探寻存在的根基这一生存的张力结构去理解疑问的意义。既然存在的根基就是神——正如沃格林引用莱布尼兹时所指出的，那么，这些疑问其实都指向同一个疑问，即对神的探寻。这一点不难从他对呈现于不同类型的秩序中的那些疑问的具体讨论中看到。

沃格林依次分析了三个例子，指出疑问出现在所有类型的秩序中，无论是宇宙论秩序、心性论秩序还是从宇宙论秩序到心性论秩序的过渡形式。第一个例子是一条为了治疗牙疼的巴比伦咒语，为了说明牙疼的原因，医生兼祭司讲了一个生活在牙齿与牙龈之间的虫子被创生的故事，即从天地被造一直说到虫子的创生。从这条巴比伦咒语中我们可以直观地看到虫子身处于其中的一个宇宙论因果链条，这表明在宇宙论秩序中，或者说在对宇宙之原初体验的语境中，对根基的探寻可能以疑问的形式清晰地呈现出来。沃格林进一步分析说，如果将这一因果链条的方向反转，即从虫子的创生一直递推到天地被造，那么，"对根基的探寻，亦即疑问本身，就殊显化为一种对实在的体验的结构；且直到那种超越了由紧敛神话所展现出的各种宇宙内根基的根基被发现，疑问才会停止"。[13]

对于对宇宙论因果链条的反转方向的追问且一直追问到宇宙之上的例子，沃格林举了《广林奥义书》中婆罗门耶若婆佉所表现出的神秘主义智慧来加以说明。实际上，他是将这个例子作为宇宙论秩序与心性论秩序之间的过渡形式的一个代表来看待。在这个例子里，对根基的探寻从人生存于其中的地上的世界上升到天上的世界，历经半神半人的世界、太阳的世界、月亮的世界、众星的世界、众神的世界、众神之王因陀罗的世界、梵天的世界，最后到婆罗门的世界。而在被问到婆罗门的世界由何织成时，耶若婆佉提示追问者别问得太多，以免头会掉下来，因为关于神，不能问得太多。沃格林分析说，从这个例子中的"后宇宙论的否定辩证法"可以看到，单数的、大写的疑问并非任意的疑问，而是"关乎所有存在的神秘根基"的疑问，这个疑问"促使人超越神话所涵摄的实在，走向符号领域被穷尽的边界，而追问者在到达那里之后还要执意前行的话他的头就有掉下来的危险"。更进一步，沃格林认为，相比于那条巴比伦咒语，发生在耶若婆佉与追问者之间的"这篇对话将那种进行追问的上升揭示为一个参与的过程，人的人性通过该过程而变得明晰，成为处在以根基为目标的追问性张力之中的自我所具

---

[13] 沃格林：《天下时代》，第427页。

有的人性"。[14]

尽管普遍人性在此追问过程中已然显明，但沃格林还是认为，《广林奥义书》中的这个例子仍只是从宇宙论秩序到心性论秩序的过渡形式的一个代表。原因在于，在沃格林看来，耶若婆佉的婆罗门式智慧并未由其后宇宙论的否定辩证法达到对一个超越的神的体验，无论是以希腊哲人那样的方式还是以以色列先知那样的方式。也就是说，沃格林认为发生在印度的这种精神突破与希腊哲人或以色列先知的精神突破相比是不完全的，只是"一种初步的突破"，尽管这种初步的突破"所达到的高度足以使婆罗门式意识结出商羯罗的神秘主义这一硕果"。[15]顺此，沃格林进一步指出，印度教缺乏类似于希腊或以色列那样的神显体验，"作为一种宗教的印度教在历史上没有创建者"，且在印度文化中也没有出现历史编纂现象。

第三个例子是可能成书于基督纪元1世纪的犹太教埃辛派文献《亚伯拉罕启示录》，沃格林将之作为心性论秩序的代表，且特别用来展现"婆罗门式意识与灵性真理之间的紧密关联"。从这篇犹太教文献中可以清晰地看到，对存在根基的探寻呈现为三个步骤：首先正是表现为对宇宙论因果链条的追问；然后，追问被扩展到宇宙外那个"超越了该因果链条中的各种宇宙内神灵的神"，即超越的创世神成为探

---

〔14〕 沃格林：《天下时代》，第428–429页。
〔15〕 沃格林：《天下时代》，第430页。

寻的对象；最后，追问终止于超越的创世神与人的启示性交会，即超越的创世神在荆棘丛中向摩西的显现。如果说婆罗门式神秘主义智慧停止于第二个步骤，那么，该如何理解在这篇犹太教文献中呈现出来的从第二个步骤到第三个步骤的突破呢？沃格林分析说，就这里所呈现的犹太教神秘主义体验而言，对根基的探寻在达到第二个步骤之后"并未因为头有可能掉下来而中断，但探寻者认识到，进一步的求索是徒劳的，因为超出这一点之外的知识只有通过神的显现才是可能的"。[16]

追问终止于超越的创世神的自我显现，相对于缺乏这一步骤的那些体验而言，这自然意味着秩序的更新。实际上，正是在与前两个例子相关联的语境中，沃格林将呈现于埃辛启示录中的体验辨识为"对宇宙论风格的真理的进一步脱离"：

> 那条巴比伦咒语将有终点的链条接受为宇宙内万物的客观秩序；婆罗门式对话将疑问推向中心，并使超越的边界变得可见，然而它却没有追问宇宙内链条的秩序；埃辛启示录取消了宇宙内秩序，并以一种导向创世神的创世秩序取而代之。[17]

---

〔16〕 沃格林：《天下时代》，第433页。
〔17〕 沃格林：《天下时代》，第434页。

埃辛启示录也明确提到了心灵在探寻作为存在根基的神时所发挥的枢纽性功能，从而也清晰地揭示了内在与超越的关联机制：

> 埃辛启示录中的"心的灵"（mind of the heart）是柏拉图-亚里士多德式的心灵（psyche）和奥古斯丁所说的灵魂（anima animi）的阿拉姆语等价物，作为指代该求索所在之处的术语。它是内在与超越相会之处，但它本身既非内在的，亦非超越的。该文本极为清晰地表明了张力的间际特征及其所在之处：寻求着人的神与寻求着神的人之间的张力——寻求并发现对方的相互性——以及人与超越于他的心灵者的相会。由于神甚至会显现在心灵的混乱之中，先于并推动求索本身，所以神性超越（the divine Beyond）同时也是一种神性内在（a divine Within）。[18]

沃格林由此认为，埃辛启示录"可与《会饮》中美的柏拉图式上升相媲美"。与这种更为彻底的精神突破相对应的正是其鲜明的纪元意识，尽管就由此开出的历史领域而言，"其奥秘的殊显化被启示录式预言性回答所打断"。[19]实际上，沃格林在此再次阐述了启示录式想象如何通过乱改意义的奥

---

〔18〕 沃格林：《天下时代》，第434–435页。
〔19〕 沃格林：《天下时代》，第437页。

秘而对历史意识扭曲，并在引申到其现代形式后再次重申，古典哲人所达到的意识的平衡"是一个稀有事件，应当作为西方文明的一脉得到悉心呵护。它必须在西方文明中与作为失衡的另一脉的'终结历史'运动相竞争"。[20]

作为一个历史哲学家，沃格林更为关心的，并不是对疑问的具体回答，而是疑问乃是人对实在过程的体验式参与中的一个恒常结构这一点。从上面的三个例子可以看到，在宇宙论秩序的建立、崩溃以及随之而来的心性论秩序的建立与发展过程中，探寻根基的疑问一直存在，但提出疑问的方式则发生了重要的变化，与真理从紧敛到殊显化的进展过程相对应。对根基的探寻作为一个恒常结构始终出现在不同类型的秩序体验中，这也意味着，囊括了所有存在的实在的多种结构，以及这些结构的形态变化，即精神突破和精神突破发生于其中的历史过程，都可能以疑问的方式出现。

在对有关历史奥秘的疑问的案例分析中，沃格林并没有举中国文明的例子，估计是因为他对中国的文献还不够熟悉。尤其是，当我们考虑到，从宇宙论秩序到心性论秩序的

---

[20] 沃格林：《天下时代》，第440页。在第五章"保罗的复活者异象"一开始，沃格林已经谈到过启示录式想象对意识的平衡所构成的威胁："启示录式想象通过乱改意义的奥秘而威胁到意识的平衡。这是因为，那种在实在中进行、带有方向性的运动确实带有奥秘特征：尽管我们能将该方向体验为真实的，但我们既不知道，为什么实在会处于这样一种状态中，以至于它必定会通过运动而超越自身，我们也不知道，为什么这种运动并未通过某个发生在以往的转化事件而臻于完美；我们既无法预测这样一个事件在将来出现的日期，也不知道它将采取的形式。"见沃格林：《天下时代》，第332–333页。

过渡形式——或者说，种种不完全突破的模式——是他的构思中的一个重要环节，我们可以合理地设想，如果能够在中国的文献中找到关于历史奥秘的疑问的相关案例，沃格林一定不会放过。不难想到，中国文献中关于历史奥秘的疑问的一个极好例子是屈原的长诗《天问》。在此我们尝试对《天问》做一沃格林式的简要分析。

《天问》长达370多句，提出了170多个问题，追问的内容涵盖了从宇宙的开端到提问者当下的漫长历史时段。从整体结构上，一般将《天问》分为三个部分，第一部分从开始到"羿焉彃日？乌焉解羽？"一句，追问的是宇宙的开端与演变，即我们过去常说的天文地理，第二部分从"禹之力献功，降省下土四方"一句到"易之以百两，卒无禄？"一句，追问的是从舜到春秋的这段历史，第三部分从"薄暮雷电，归何忧？"一句到最后，是有关楚国史与当下的一些追问。如果说在《天问》中对宇宙的追问占据了三分之一，对历史的追问占据了三分之二，那么，必须指出，对神话的追问贯穿了宇宙部分和历史部分。原因不难想到：神话本来就是宇宙论秩序的符号化表达，而在历史溯源论建构中，神话与历史往往互相渗透，并彼此联结。也是出于这个原因，在对宇宙的追问部分，也包含了对历史的追问。比如说，在古代史学传统中，先后负责治水的鲧、禹父子是被当作历史人物来看待的，而在《天问》的第一部分出现的鲧、禹治水，则主要是就其如何导致天地结构的变化这一点而被置入疑问的，也就是说，在这部分出现的对鲧、禹事迹的追问从属于对宇宙的追问。[21] 实际上，我们可以合理地设想，将《天问》中的所有追问一一给出回答，就能构成一个较完整的历史溯源论。而《天问》将这些内容以疑问的方式呈现出来，恰恰表明其对历史溯源论的某种程度的怀疑。但我们也不可将这些怀疑做过度解释，仿佛屈原已经看穿了历史溯源论建构的根本问题。实际的情况可能是，屈原并不怀疑历史溯源论的建构方式，而是对原有的历史溯源论的具体内容产生了怀疑。换句话说，这些追问本身就意味着一个以疑问的方式构成的历史溯源论，而屈原的怀疑只是针对其具体内容。

首先映入眼帘的是追问宇宙开端及其结构的开首四句："遂古之初，谁传道之？上下未形，何由考之？冥昭瞢暗，谁能极之？冯翼惟象，何以识之？"虽然这四句和之后的部分追问都属于对宇宙的追问，但这四句的表达方式与后面的追问有明显的不同。[22] 如果说后面的追问是直接的（比如说"明明暗暗，惟时何为？阴阳三合，何本何化？"），那么，开首四句的追问就是间接的。追问并不是直接指向宇宙开端及其结构这个宇宙论问题，而是直接指向作为对宇宙开端及其结构的认知者的人：谁传道之？何由考之？谁能极之？何以识之？也就是说，作为追问者的人从一开始就出现在了对

---

[21] 如王夫之在"不任汩鸿"句下注释说："此因地形而问鲧禹之事。"王夫之：《楚辞通释》，见《船山全书》第十四册，岳麓书社，2011年，第277页。

[22] 后面的追问只有一处与前面四句表达方式相同，即"隅隈多有，谁知其数？"一句。

宇宙的追问之中。基于沃格林的秩序哲学，我们可以说，这意味着《天问》的开首四句已经将作为参与者的人及其所处的张力结构清晰地呈现出来了。而疑问的形式也达到了一个表达效果，即对宇宙奥秘的承认。

其次我们发现，在对宇宙的追问部分，上帝从未明确地出现过，哪怕是一次。我们当然不能由此得出结论说，《天问》完全属于宇宙论秩序的符号化表达，因为上帝虽然没有明确地出现在对宇宙的追问部分，但却明确地出现在对历史的追问部分，而且不止一次。实际上，这才是《天问》所追问的中心：

> 帝降夷羿，革孽夏民。胡射夫河伯，而妻彼雒嫔？
> 冯珧利决，封豨是射。何献蒸肉之膏，而后帝不若？

> 授殷天下，其位安施？反成乃亡，其罪伊何？

> 天命反侧，何罚何佑？齐桓九会，卒然身杀。

> 受赐兹醢，西伯上告。何亲就上帝罚，殷之命以不救？

> 皇天集命，惟何戒之？受礼天下，又使至代之？

> 厥严不奉，帝何求？

对于"冯珧利决，封豨是射。何献蒸肉之膏，而后帝不若？"两句，朱子解释说，"言羿猎射豨，以其肉膏祭天帝，天帝犹不顺羿之所为也"。然后引用了柳宗元《天问对》中的话进一步解释："夸夫快杀，鼎豨以虑饱。馨膏腴帝，叛德恣力。"〔23〕王夫之也说："盖无道必亡，孽民纵欲，虽有强力，不足凭也。"〔24〕这里刻画的是一个重德轻力的上帝形象。顺此来理解后面有关上帝的疑问，意思就是清楚的：上帝关心的是万民，所以会选择有德者登大位，而惩罚那些继承了祖先之位的失德者。毋庸赘言，这正是我们熟悉的呈现于儒教经典中的"敬德保民"思想。而这也正是《天问》的主导思想"，正如赵逵夫所概括的：

> 事实上，屈原正是继承了西周末期、春秋时代的敬天保民思想，承认天和天命的存在，但以为天是按民意办事的。《离骚》中说："皇天无私阿兮，览民德焉错辅。"这便是明证。《孟子·万章》引《秦誓》："天视自我民视，天听自我民听。"《左传·桓公六年》季梁说："夫民，神之主也。是以圣王先成民而后致力于

---

〔23〕 朱熹：《楚辞集注》，见《朱子全书》第19册，上海古籍出版社、安徽教育出版社，2010年，第75页。

〔24〕 王夫之：《楚辞通释》，见《船山全书》第十四册，第283页。惟王夫之解释"帝降夷羿，革孽夏民"时说："言天降羿，令为孽。"这显然是错误的，因为不能说羿革孽夏民是出于上帝的命令，正确的解释应当是羿违背上帝的命令而革孽夏民，如朱子从王逸旧解所说："言变更夏道，为万民忧患。"

神。"《僖公五年》宫之奇说:"鬼神非人实亲,惟德是依。"故《周书》曰:"皇天无亲,惟德是辅。"屈原的天道观正属于这一类。屈原认为,即使有天命的人,如果违背了民意,天也要夺之而授天命于有德之人。《天问》说:"授殷天下,其位安施?反成乃亡,其罪伊何?"刘永济《屈赋通笺》:"《考异》曰:'位一作德。'按作'德'是,此言上帝授殷,必以汤有德也,其德何以移易致于灭亡?"(闻一多、姜亮夫之说同)又《考异》"反一作及","及成乃亡"二句是说,至其成功(立国)之后,又使它灭亡,它到底是因为什么罪?言外之意,是因为它失去了民意。又《天问》:"皇天集命,惟何戒之?受礼天下,又使至代之?"王逸注:"言皇天集禄命而与王者,王者何不常畏惧而戒惧也。""言王者既已修行礼义,受天命而有天下矣,又何为至使异姓代之乎?"洪兴祖《补注》:"受礼天下,言受王者之礼于天下也。有德则兴,无德则亡,三代之王,是不一姓,可不慎乎?"阐发诗意,至为明晰。[25]

上帝并未明确出现在对宇宙的追问中,而是明确出现在对人类政治秩序的追问中,并不表明作为宇宙创造者的神

---

〔25〕赵逵夫:《〈天问〉的作时、主题与创作动机》,载《西北师大学报》2000年第1期。

与作为政治秩序之正当性来源的神是两个神。实际上，作为政治秩序之正当性来源的超越的神，就是作为宇宙创造者的创世神。于是，对宇宙的追问就可能包含着一种意味：基于超越的神而对宇宙秩序进行重新整饬。既然照料包括人在内的宇宙中生存的万物就是政治的全部责任，那么，将关注的重点放在政治秩序的建立上就是合宜的。这在一定程度上反映出中国文明高度重视政治的特点，其背后即是超越的神与政治秩序的紧密关联。我们在前面已经指出过，儒家近宗教而道家近哲学。从这里的分析可以看到，其实儒、道两家的不同与各自所关切的侧重点的不同紧密相关：儒家呈现出明显的政治关切，而道家呈现出明显的自然关切。政治关切与对超越的神的体验紧密相关，而自然关切往往诉诸对宇宙开端的体验就够了。这是中国文明中超越与开端问题的表现形态。将开端问题与超越问题统一起来而力求达到平衡，明显见于孔子所作《易传》。《易传》作为经典其意义可以从两方面来理解：一方面，呵护自然是一项政治责任，另一方面，政治应当以自然为基础。如果说前一方面意味着应当将自然问题纳入政治考量，那么，后一方面就意味着，应当将政治问题引向自然问题。

最后是追问与追问者所处生存环境的相关性。《天问》最后一部分以疑问的方式谈及楚国的历史并表达了作者的心志，内容虽短但极其重要，其言下之意非常明确，就是劝谏楚怀王敬德保民，不要"疑贤信奸"，表达了追问者追问的现实意图。[26] 而且，对现实意图的表达仍然被明确地关联于对超越的上帝的追问："厥严不奉，帝何求？"既然上帝的形象已经在前面的追问中显明，那么，从中读出普遍人性的意味就是自然的。由此我们也能够清晰地看到，追问者已然将自身置于历史的生存之中。或者说，对楚怀王的讽谏之所以被认为能够发挥作用，其前提正是屈原认为作为追问者的他所处的当下已然进入了历史的生存，即，历史已然成为追问者所处社会秩序的内在的建构力量。

当然，疑问毕竟表达了对奥秘的承认。即使上帝以德为归，在宇宙和历史中仍有无法解答的奥秘存在。很多现代学者认为在《天问》中屈原质疑了上帝的存在，或是退一步说，虽未质疑上帝存在但质疑了上帝的纯然至善，这当然都是过度的解读，因而也是错误的解读。[27] 沃格林在提出疑问的主题时已经说明，从历史哲学的角度聚焦于那些疑问并不是为了去回答它们，而是说，我们反倒应当通过承认其无法回答性而认识到宇宙和历史的奥秘永远存在。

之所以强调承认奥秘的重要性，是因为存在着否认奥

---

〔26〕 王夫之在解《天问》一篇的题目时说："篇内言旁薄，而要归之旨，则以有道则兴，无道则丧，续武忌谏，耽乐淫色，疑贤信奸，为废兴存亡之本。原讽谏楚王之心，于此而至。"又在"禹之力献功"句下说："自此以下，述古人得失成败而详问之。于去谗远色、贵德贱力之理，反覆致诘，欲令怀王镜古以致悟也。"见王夫之：《楚辞通释》，《船山全书》第十四册，第273、281页。

〔27〕 后一种情况即表现在将"天命反侧"解读为天命反复无常；类似的情况也发生在对儒教经典的解读中，比如将"天命靡常"也解读为天命反复无常。其实两个表达都与"皇天无亲，惟德是辅"同义。

秘的冲动。否认奥秘显著地表现在现代灵知主义者的历史终结论建构中。在分析历史溯源论时沃格林已经指出，历史终结论的现代建构（如黑格尔的历史哲学）与历史溯源论的古代建构（如苏美尔列王表）一样都是在由帝国征服事件所引发的焦虑的推动下产生的。这也就意味着，否认奥秘的冲动也来自由帝国征服事件所引发的焦虑，无论产生这种冲动的人是作为帝国征服事件的征服者还是受害者。保持追问是承认奥秘的表现，与此相对，禁止追问（prohibition of questioning）就是否认奥秘的表现。早在《科学、政治与灵知主义》一文中，沃格林就对现代灵知主义思潮中的禁止追问现象进行了详细的批判性分析。在对比性地刻画政治科学在古代与现代的不同处境时，沃格林说，

> 出现了一种古人所未知的现象，它是如此彻底地渗透到了我们的现代社会之中，是如此地无所不在，以至于几乎没有给我们留下看清它的余地：那就是禁止追问。这不是抗拒分析的问题，对分析的抗拒古代也存在。发生在现代的禁止追问，不是某些人因为感情的问题或传统的原因在固执有些意见；也不是某些人因天真地相信自己意见的正确性而参与辩论；也不是科学分析令某些人不安而促使他们表现出抵触情绪。我们在这里所遇到的是这样一些人，他们明知道自己的意见经不起严格的分析，并且知道自己的意见何以经不起严格分析，于是为了坚持其教条而禁止人们去

检验他们的前提。这种有意识的、深思熟虑的立场，这种精心谋划的对理性的阻挠，就构成了这种禁止追问的新现象。[28]

在精彩地分析了显著表现于马克思、孔德与尼采思想中的禁止追问现象之后，沃格林以黑格尔的精神现象学与海德格尔的基础存在论为例，说明禁止追问在现代灵知主义者那里被有意作为体系建构的一个内部环节，而其动机就是在尼采那里得到最直白表达的"谋杀上帝"：

> 存在的秩序在近东和远东文明中被理解为一个由宇宙神明力量主宰的世界，在犹太－基督教的符号中被理解为一个超越世界的神的创造，在哲学沉思中被理解为一个存在的根本秩序。在这些理解当中，存在的秩序始终是某种既定的东西，不是在人的控制之下的。因此，为了使创造新世界的努力看起来有意义，就不得不取消存在的这种既定性，不得不把存在的秩序解释成根本上是在人的控制之下的。而为了控制存在就得进一步要求取消存在的超越起源：它要求斩去存在

---

[28] 沃格林：《没有约束的现代性》，第26–27页。在此或许应当指出，在《广林奥义书》的那个例子里，婆罗门最后对追问者说，"别问太多，以免头掉下来"，这并不是一项禁止追问的威胁，而是一种不要打破砂锅问到底的告诫，或者说，婆罗门是在提醒追问者应当承认追问的无法回答性。

之首，即谋杀上帝。[29]

实际上，现代灵知主义者对这一动机从不遮遮掩掩，甚至大谈特谈。这其实从一个侧面反映出，禁止追问之所以被现代灵知主义者有意识地保持在其体系内部，而毫不顾忌可能的责难——比如说，认为这种做法本质上属于自欺，是因为现代灵知主义者并不想彻底废除上帝的位置，他们是想继续保留上帝的位置而用人来取代上帝。也就是说，谋杀上帝是为了让人占据上帝的位置。于是，超越的假象仍保留在内在主义思辨之中，而哲学最终成了神学的世俗化翻版，正如我们在黑格尔那里所看到的那样。于是，世俗秩序仍披上了一层神圣的外衣，而国家就成了利维坦，正如我们在霍布斯那里所看到的那样。

以意识的平衡来对抗种种声称历史会终结的意识形态运动，实际上是沃格林历史哲学的要义之一，反映了他作为古典哲人的继承者在现代处境下立场鲜明的抵抗行动。这个问题之所以与历史的奥秘有关，是因为承认奥秘是意识保持平衡的重要保证，反过来说，否认奥秘则是意识走向失衡的前发症候，而其理论表现就是种种历史终结论建构。就人与实在过程的关联而言，为了否认奥秘而禁止追问，其结果就是"使人在其生存中对实在过程的开放性参与不再可能"。[30]

———————————

〔29〕 沃格林：《没有约束的现代性》，第47–48页。
〔30〕 沃格林：《天下时代》，第441页。

早在《天下时代》第四章"征服与逃离"中，沃格林就通过高度赞扬柏拉图的历史思想而阐明了开放性的参与意识之于历史哲学的重要性。沃格林首先惊叹于柏拉图在形成自己的历史思想时所掌握的"经验范围之广"，认为即使在20世纪的历史编纂学视角下，柏拉图以结盟民族为顶点的社会秩序四阶段演化论仍然有效。其次，沃格林认为，柏拉图的社会演化论，其"成功的秘诀在于那种将对宇宙之原初体验也包括在内的意识的开放性"。正是这一点使他"不必发愁于实体化了的历史的意义（meaning of history），而是能专注于真正迷人的现象，即那些创造了历史中的意义（meaning in history）的人类行动"。[31] 与此相关，柏拉图从不奢望人类历史能够达致完美，而是认为即使是一个理想化的城邦也一定会走向衰落。最后，沃格林指出，柏拉图之所以能够承认历史领域里的平行文明现象，也正是因为他秉持意识的开放性，充分承认历史的奥秘性，从而能够免受启示录式的思想诱惑：

> 由于柏拉图并没有被引诱着去将某个特定事件——例如他自己的智性意识的殊显化——提升到作为一个让所有人类自开端起便一直朝它运动（黑格尔受到的诱惑）的目标这种级别，所以他能承认历史领域中各个平行文明的多样性。确实，在他所勾勒的历

---

[31] 沃格林:《天下时代》，第314页。

史过程中，他能赋予希腊形态以最高地位，因为它在意识的显明性上已发展成熟；但他知道，这片领域因为有亚洲和埃及形态的存在呈现出多样性。而直到基督纪元18世纪，通过伏尔泰的平行历史观念，一种与柏拉图同样开放的意识才被重新引入西方文明。[32]

我们也可以这么理解：对宇宙的体验作为超越性体验的一部分可能有多种模式，而这种多样性只能归于人类在与超越者建立关系上的奥秘；只要我们承认这种来自意识开放性的体验多样性根本上属于奥秘，那么，我们就应当承认基于超越体验而形成的文明的多样性；既然在人类的超越体验中的确存在进展，那么，承认平行文明现象就不会导致单纯的文明循环论。可以看到，沃格林这里对伏尔泰的平行历史构想的某种程度的肯定与他在《秩序与历史》前三卷基于那种真诚的西方中心论而对伏尔泰的几乎全盘性的否定形成了鲜明对照。

开放性的参与意识还涉及我们如何从容地体验历史的节奏从而能够从当下的焦虑中摆脱出来。焦虑的症候往往表现为过于拔高当下，乃至于将当下构想为人类历史的目标。于是就出现了一种非常低级的历史观，沃格林称之为香肠式的历史观（the sausage view of history），因为这种历史观的特点正是，"将'当下'视为一部机器，生产出不断延长的

---

[32] 沃格林：《天下时代》，第314—315页。

'过去'"。[33]不难看到，那些将现代性理解为人类历史之终极目标的形形色色的历史终结论，作为现代性意识形态的重要组成部分，正是基于香肠式的历史观建构起来的。对此，沃格林循循善诱地开导说：

> 如下思考总是一个有益的尝试：对于两千五百年后我们所处的时代而言，我们当下所处的时代属于一个遥远的过去，就像对于我们当下所处的时代而言，赫拉克利特、佛陀和孔子所处的时代属于一个遥远的过去一样。顺此进一步思考当下有什么值得记住且为什么值得记住就会确立起那种应有的视角：我们所在的当下，就像任何一个当下一样，是神显之流中的一个阶段，而我们就像在我们之前和之后的所有人一样参与其中。奥秘的视域在时间中随着空间中的普世扩张开放，它仍然是将自身呈现给当下活着的人的那个大写的疑问；而关于当下，值得记住的将是我们回应那个大写的疑问时的意识模式。[34]

从意识的结构看，香肠式历史观的根本错误在于人试图将本来属于人对神的开放式参与的问题投射到外在世界的时间中加以解决。"当显现之流被归结为此世的时间时，过

---

〔33〕 沃格林：《天下时代》，第443页。
〔34〕 沃格林：《天下时代》，第443页。

程的结构便不可避免地被扭曲，甚至是被摧毁。"[35] 如果我们能够将这样的错误概括为"对时间的完全内在化"，那么，清醒地认识到要始终从人的开放性参与的张力结构中去理解时间的意义就是非常必要的。对于时间的完全内在化的错误，如前所述，沃格林在《历史溯源论》一文中已经提出了这个被他关联于历史溯源论的建构而概括为"时间长度"的问题，而在将《历史溯源论》一文收入《天下时代》时所补写的第三节中，这个问题得到了进一步的分析。如果说之前的分析主要是从批判性立场上展开的，那么，在《天下时代》的终章，沃格林再次提及这个问题，除了继续保持之前的批判性立场之外，他还从建设性立场提出了对时间的恰当体验：

> 并不存在万物发生于其中的"时间长度"；有的只是万物的实在，它具有某种时间维度。进一步而言，具有特殊时间维度的各个实在的诸层级，它们并非自主的实体，而是通过建基和组织化的种种关联，形成了存在的等级结构。存在的等级结构，从无机物这一层开始，经过植物和动物领域，扩展到人的生存，而人的生存正处于朝向存在之神性根基的张力之中。存在着一个整体的过程，间际性实在及其历史过程只不过是该过程的一部分，尽管是非常重要的一部分——

---

[35] 沃格林：《天下时代》，第444页。

其重要性表现在，正是在间际性实在及其历史过程中，那个整体的过程在超越其自身结构的终末论运动中得以显明。在这个整体过程里面，有一些东西（比如说大地）比其他一些东西（比如说居住在大地上的个人）持存时间更长；而我们不加进一步限定地称为"时间"的，正是天体物理学意义上的宇宙所特有的持存模式，这种持存模式允许宇宙的时间维度由宇宙在空间中的各种运动来加以衡量。但是，就连这种终极的、我们用来作为衡量所有其他事物持存性尺度的持存模式，也不是事物发生在其中的那个"时间"，而是处于那个也包括了神性实在——我们用诸如"永恒"这样的符号来表达其持存模式——的整体之内的事物的时间维度。万物并不发生在天体物理学意义上的宇宙之内；宇宙，连同建基于其中的万物，发生在神之中。[36]

从批判性立场看，这段引文试图说明，如果将人的生存时间内在化为天体物理学意义上的宇宙时间，不仅会隔断人与超越之神的联系，而且也会隔断宇宙与超越之神的联系。因此，只有消除将时间完全内在化这个不仅仅是现代才有的谬误，才能去除因这个作为恒常现象的谬误而带来的对实在结构的遮蔽，而去蔽的结果就是"存在的等级结构"的再次显露，即，神、宇宙、宇宙中的万物与人，处于不同的

---

〔36〕 沃格林：《天下时代》，第445–446页。

等级而互相关联为一个整体。只有这样，我们才能回到对实在之奥秘的重新承认，从而才能回到对历史之奥秘的重新承认，从而才能真正以柏格森意义上的那种"开放的心灵"重新参与到历史之中。

因此，从建设性立场看，这段引文的要点在于，沃格林明确指出，人的历史过程属于实在的整体过程的一部分。动态来说，原初存在共同体呈现为一个过程，这就是所谓"实在的整体过程"。这是沃格林在《历史中体验和符号化的等价物》一文的后半部分就已经提出过的。而要理解实在的整体过程，就应当区分不同模式的存在，即生存模式的存在与非生存模式的存在。这是沃格林在将《历史溯源论》一文收入《天下时代》时所补写的第三节中就分析过的。其实，将对不同模式的存在的区分进一步细化，我们就能得到对"存在的等级结构"的理解。如果说对生存模式的存在与非生存模式的存在的区分主要着意于宇宙及其神性根基与宇宙内万物的差异，那么，相比之下，"存在的等级结构"则是一个更为精密的符号，因为除了两种模式的存在的差异，这一符号还进一步指涉了宇宙内万物的差异，即无机物、植物、动物与人之间的差异。在此我们自然会联想到亚里士多德的"形而上学的生物学"，尤其是他基于灵魂论而区分植物、动物与人的古典生物学理论，以及儒教传统中"人为万物之灵"或人与天、地并列而为三才之一的相关论述，比如《礼记·礼运》中所说："人者，其天地之德，阴阳之交，鬼神之会，五行之秀气也。"

祛除了时间的完全内在化这个关联于人的生存焦虑的恒常性谬误，才能避免形形色色的对历史的意义的封闭式思辨，才能保持对历史中的意义的开放式体验，才能将历史本来的归属呈现出来从而恢复历史本来的结构与定位。通过对时间的完全内在化的批判性分析而将历史从其嚣尘上的内在主义终末论中拯救出来，从而将历史还原为实在的整体过程的一部分，这就是《天下时代》的最后结论。如果说中国文明中的"道"这一符号无论在体验的对象还是层级上都是沃格林所谓"实在的整体过程"的等价物，那么，沃格林的这一结论就意味着提出这样的主张：恢复道在历史哲学中的奠基性地位。不消多说也能看到，这一主张与中国智识界一百多年来所形成的现代史学传统以及以史学为主导的现代人文学传统完全背道而驰，将对其构成一个根本性的、因而也是全盘性的挑战。或者从另一个角度来说，对那些充分意识到沃格林革命的重要意义从而以沃格林式的新科学自励和自期的少数中国智识人而言，恢复道在历史哲学中的奠基性地位，是一个绝对值得去为之奋斗但却异常艰难、从目前的思想氛围看根本不可能完成的历史性任务。

第九章　精神突破与教化模式

　　作为一部历史哲学著作，沃格林的《秩序与历史》提出了不少深刻的洞见，尤其是在处理多元文明与人类普遍历史的关系问题上，他的天下时代说远远超越了黑格尔、斯宾格勒、汤因比、雅斯贝尔斯等人提出的历史哲学观点。沃格林虽然在《天下时代》中辟一专章来探讨中国文明，且基于他的秩序理论对中国文明展开了卓有见识的分析，但他的分析远未完善，而是遗留下了不少重要的问题。

　　首先，沃格林最终将中国文明厘定为一种没有彻底摆脱宇宙论秩序的人类学秩序，这个结论留下了不少进一步探讨的余地。相比于《秩序与历史》前三卷，沃格林在《天下时代》中对中国文明的看法发生了根本性的转变，但他仍坚持他在更早时候形成的关于"发生在中国的精神突破具有不彻底性、不完全性"的论断，而韦伯在《儒教与道教》中提出的看法充当了他的重要证据。韦伯在比较性语境中针对中国文明的特点提出了一系列否定性论断，之后"明智地戛然而止"，沃格林也和韦伯一样，在提出类似的否定性论断之后"明智地戛然而止"。但真正的明智不应当在否定性论断面前戛然而止。其次，正如我们前面所论及的，沃格林将人类社会从宇宙论秩序到心性论秩序的变迁理解为一个历史性的进展过程，而从中国文明内部的参与者视角来看，由皇、帝、王、霸所代表的历史变迁则可能被刻画为一个历史性的倒退过程，这至少从表面上看起来对沃格林关于中国文明的论述乃至于其核心洞见提出了严重的挑战。最后，沃格林并未像分析西方的天下时代那样对中国的天下时代做较为细致的全面解释，以至于我们在基于沃格林的核心洞见来理解中国的天下时代时有些关键性的问题还不是很清楚，其中最重要的可能是中国文明中的历史意识的来源问题。

以上这些都要求我们对发生在中国的精神突破和中国的天下时代展开更进一步的分析。以往在轴心时代说的理论框架下，有不少文献讨论发生在中国的精神突破。但这并不意味着"在中国也发生了超越的突破"这个雅斯贝尔斯的观点已经成为一个无须讨论的共识。事实上，由于韦伯在求异的比较性语境中做出的关于中国文明的论断与雅斯贝尔斯在求同的比较性语境中做出的关于中国文明的论断一样有影响，甚至在学术界越来越后现代的氛围中影响更大，很多学者并不同意在中国也发生了超越的突破这个观点。

首先必须指出的是，韦伯的观点与雅斯贝尔斯的观点都是基于超越性这个来自基督教文明的标准而提出的，二者的差异只在于基于这个同样的标准而对中国文明所做出的具体判断正好相反。在雅斯贝尔斯的论述中，以色列的先知、希腊的哲人和中国的圣哲如老子和孔子都被归为哲人，于是，轴心时代的精神突破统统被刻画为哲学对神话的突破。

正如前面所引用的，雅斯贝尔斯以人"在自身内部的深奥和超越者的昭明中去体验绝对"来描述精神突破的实质。如果我们将希腊的哲学传统与以色列的启示传统分开，作为精神突破的两种不同类型，那么，我们可以说，希腊人的哲学的突破大体上对应于"在人自身内部的深奥中体验绝对"，而以色列人的启示的突破或宗教的突破大体上对应于"在超越者的昭明中去体验绝对"。[1]

相应地，支持在中国也发生了精神突破的学者的观点大体上也可分为两类。一类是大多数华裔学者所持的观点，认为中国的精神突破类似于希腊，属于哲学的突破。这类观点在一定程度上也承认韦伯式论断的合理性，或者说，韦伯式论断构成他们认为中国的精神突破属于哲学的突破而非宗教的突破的部分理由。与此相关，这类观点的缺点正是对超越性问题重视不够，或者说在一定程度上忽略了雅斯贝尔斯

----

[1] 沃格林以寻求着神的人和寻求着人的神来区分希腊和以色列的不同类型，正确地强调了二者的关联性。或者请参看沃格林对哲学的精彩界定："哲学是通过对神性存在——作为存在秩序的源头——的爱而产生的对存在的爱。存在的逻各斯是哲学探究的适当对象；对于有关存在秩序真理的求索离不开对处于非真理中的各种生存模式的诊断。关于秩序的真理只能在抵抗背离真理的堕落这一永恒斗争中获得并重新获得；朝向真理的运动开始于一个人意识到他在非真理中的生存。在作为一种生存形式的哲学中，诊断功能和治疗功能是不可分离的。自从柏拉图在他那个时代的无序中发现了这种联系以来，哲学探究便成为在时代的无序中建立秩序绿洲的方式之一。"见沃格林：《以色列与启示》，第25页。另外，"宗教"一词晚到西塞罗才出现，用在此处作为分类术语，而沃格林则有意避免使用"宗教"一词，参见中译者在《以色列与启示》第216页的说明（注释2）。

论述精神突破的实质时强调的是对"绝对"的体验。更有甚者，从这个方向上发展出来的、以不同版本所呈现出来的一个广为流行的看法是认为发生在中国的精神突破并不以超越性为终点，而是走向了将超越性也一并突破了的、完全克服了宗教的人本主义，而完全克服了宗教的人本主义又被认为是中国文明契合于现代性的优点所在。[2]当宗教被放置在与神话相同的或类似的地位也成了被突破的对象，"绝对"就只能被落实为一些普遍性的概念而真正的超越性问题也就不免落空了。毋庸赘言，这种看法包含着严重的时代错觉，其实是现代启蒙以来的人本主义思潮在文明史研究上的错误投射。而且，既然这种看法是以希腊文明作为参照系而提出的，那么不难想到，这种看法的背后其实是对希腊文明的浅薄理解，具体来说，完全没有意识到或完全无视超越性或神圣性在希腊文明中的重要意义。

另一类观点则充分重视超越性问题，并直面由韦伯式论断所带来的解释上的困难。在西方汉学家中，这类观点的代表人物是史华慈。史华慈一方面基于雅斯贝尔斯的观点断言在中国发生了超越的突破，另一方面也非常重视韦伯在比较性分析中做出的论断。实际上，他对雅斯贝尔斯的观点和韦伯的论断提出了综合与调和，即以"超越的内在化"来刻画中国的精神突破。史华慈认为，韦伯在比较性语境中以内

---

〔2〕 从冯友兰的《中国哲学史》、徐复观的《中国人性论史》到陈来的《古代宗教与伦理》、李泽厚的《己卯五说》、余英时的《天人之际》，无不如此。

在主义来概括中国文明的特点这并没有错，但应当基于超越的突破来理解中国式内在主义的意义，也就是说，"将超越者与一种内在的宇宙和社会的秩序的概念关联起来"，才是发生在中国的精神突破的特点。[3] 这样，通过将韦伯式论断纳入到雅斯贝尔斯的观点之下，史华慈就在一定程度上消解了因韦伯式论断而带来的对雅斯贝尔斯的观点的挑战和解释的困难，尽管他对于中国的精神突破为何呈现为"超越的内在化"并未给出全面、清晰的解释在一定程度上也减弱了他的论断的说服力。[4]

反对以超越的突破来刻画中国文明的观点可以张光直为代表。张光直一反雅斯贝尔斯观点中对突破或断裂的肯定，认为没有发生突破或断裂的连续性文明在人类文明史上更具普遍性，而中国文明正是这样一种比西方式的断裂性文

---

〔3〕 参见史华慈：《古代中国的思想世界》，程钢译，江苏人民出版社，2004年。在此或许应当提到，这个观点常常被误解为与现代新儒家的"内在超越论"等同。简而言之，"超越内在论"是以超越概念为基础理解内在化，"内在超越论"则是以内在为基础理解超越性，实际上是将内在超越化，从而取消了超越，二者次序正好相反，意义也正好相反。比如张灏，虽然他指出了史华慈的"超越的人文主义"不同于现代人文主义，但又将之等同于现代新儒家的"内在超越论"。可参见我在《乌托邦与古今儒学》（载《读书》2019年第8期）一文中的分析。

〔4〕 另一个试图直面韦伯式论断对雅斯贝尔斯观点的挑战的学者是罗哲海。罗哲海也基于雅斯贝尔斯的轴心时代说来看待中国文明，但他也深为韦伯式论断的某种合理性所困扰，于是他采取了一种远不如史华慈的方式来解决这个问题，即将那些看起来与超越的突破相矛盾的思想归为未突破的早期思想的残留或向早期思想的倒退。参见 Heiner Roetz, *Confucian Ethics of the Axial Age: A Reconstruction Under the Aspect of the Breakthrough Toward Conventional Thinking*, State University of New York, 1993。

明更具普遍性的连续性文明。可以看到，这种观点调动了一些考古学上的新发现和新材料，但其实只是韦伯式论断在口气上的转变而已。这种观点包含着对西方式断裂性文明的有意义的反思，尤其表现在李约瑟和伊利亚德那里。[5] 但如果不是将这种有意义的反思纳入到断裂性与连续性的平衡问题里，不是在承认中国经历了精神突破的基础上来思考所谓的连续性究竟意味着什么，而是一味地试图整个颠覆雅斯贝尔斯的精神突破说，对韦伯式论断中所包含的强烈批判倾向毫无意识或毫不理会，则难免流于一厢情愿的幻想式的肯定。连续性来自现象层面的对比性观察，而基于这个对比性观察断言中国文明乃是一种与西方式的断裂性文明不同的连续性文明，则意味着没有对这个现象做出任何解释，在理解上完全流于表面。[6] 此外，按照沃格林给我们提供的洞见，基于

----

[5] 普鸣指出，张光直可能受到伊利亚德的影响。而伊利亚德认为，肇始于西方的现代性意味着人类的第二次失乐园，其思想根源正是出现于高级宗教中的那种纯粹灵化的超越性上帝观念。这一点和沃格林认为现代性来自灵知主义的反叛而灵知主义内在于以纯粹灵化的超越性上帝为标志的高级宗教的观点有很大类似。普鸣也指出李约瑟如何在与中国文明的对比中批评欧洲文明。在李约瑟看来，相比于中国文明中的宇宙和谐理念，"欧洲式思维的特征是一种'精神分裂或人格分裂，欧洲人只能按照德谟克利特式的机械唯物论或柏拉图式的神学唯灵论来思考'。就像韦伯一样，李约瑟认为，中国没有那种在西方极为重要的激进二元论。但李约瑟却反转了态度，明确站在了同情中国的这一面"。见普鸣：《成神：早期中国的宇宙论、祭祀与自我神化》，张常煊、李健芸译，李震校，生活·读书·新知三联书店，2020年，第20—21页。

[6] 参见张光直：《考古学专题六讲》，文物出版社，1986年。在前面提到的两部著作中，普鸣分别从"创作"和"自我神化"的主题对张光直等人关于中国文明是一个连续性文明的观点提出了深入的批评。[转下页]

张光直所说的中国乃是一种"萨满式文明"的看法，也根本无法解释中国文明中那么辉煌发达的历史意识。[7]

关于精神突破，沃格林提出的一个洞见是，精神突破不是一个发生在历史场域中的现象，而是发生在某些具体个人的心灵中的事件，正如我们在前面已经论述过的。在沃格林看来，这些发生在先知、哲人或圣徒心灵中的事件因为在其后塑造了社会的秩序从而成为"历史中意义的源头"，但并不应将这些心灵事件等同于历史现象。这个区分无疑是正确的、深刻的。精神突破是个人隐秘、独特的体验，而与体验相联系的是境界，或者说，作为个人体验的精神突破，其结果是带来个人境界的提升。而个人境界要变成一种塑造社会秩序的精神力量，还需要通过一个教化过程。因此，我们用"境界"（spiritual horizon）与"教化"（paideia）这两个

[接上页]在《作与不作》的结尾，普鸣说："与其认为早期中国诸家之思想预设了一种古希腊所否认的连续性，不如追问这两个文明是否同样为断裂、僭越而感到焦虑以及当这场围绕创作问题的论辩在思想和政治领域以不同方式展开后，又产生了怎样的历史影响。"见普鸣：《作与不作：早期中国对创新与技艺问题的论辩》，杨起予译，唐鹤语校，生活·读书·新知三联书店，2020年，第302页。在《成神》中，普鸣力辨"巫根本不是萨满"，见普鸣：《成神：早期中国的宇宙论、祭祀与自我化》，第151页。

[7] 雅斯贝尔斯也是将超越的突破与历史意识紧密关联起来。另外，萨满式文明说有时也被前述那种将现代人本主义投射到中国古代历史的突破论者所利用，认为正是早期的萨满式文明导致了中国的精神突破没有走向以神的启示为中心的宗教，而是走向了人本主义的哲学。比如李泽厚的巫史传统说即是如此。应当不难看出这种观点的荒谬之处：仿佛中国从一个萨满式的原始宗教时代一下子就"突破"到了现代或非常接近现代的境地。

符号来描述这个关乎个人体验与社会秩序之区别与关联的结构，就是再恰当不过的。[8]

在对境界与教化进行了有效区分之后，当务之急就是要澄清所谓"不彻底性"与"不完全性"的确切含义。以沃格林的术语来说，"不彻底性"对应的是宇宙论秩序，意即没有彻底摆脱宇宙论秩序；"不完全性"对应的是心性论秩序，意即没有完全达到心性论秩序。也就是说，"不彻底性"和"不完全性"两个词语，分别对应于宇宙论秩序和心性论秩序，将沃格林用来评判多元文明的核心洞见的两端清晰地呈现了出来。既然"不彻底性"与"不完全性"都是针对秩序而言，不是针对事件而言，那么，我们就应当意识到，"不彻底性"与"不完全性"都不是用来表达个人境界的词语，其表意力量其实指向经由教化而形成的社会秩序。我们在第三章中曾经论述过从心性论秩序倒退到宇宙论秩序的可能性，其实也是就社会秩序的变化而言的，虽然沃格林在那里以"存在的飞跃"立论时使用的也是飞跃的不同档次和不同程度等含糊说法。

----

[8] 其实，雅斯贝尔斯已经提出了类似的看法："历史是单个人的不断往前推进。他们呼唤其他人跟随他们。凡是听到并且理解他们的人呢，都加入到了这一前进的运动之中。但历史同时依然是单纯的事件，在此之中诸如那些呼唤是徒劳的，历史是一个不断下降的过程，并不是跟随他们就行得通的。似乎巨大的重量一再使所有的精神飞跃陷于瘫痪。民众的强大力量以其平庸的特性，窒息了所有一切与他们不符的东西。民众之中的任何东西，如果未能获得实现民众存在的空间和理由，没有唤起民众的信仰，那么它就必定要消亡。"见雅斯贝尔斯：《论历史的起源与目标》，第58页。

对那些人类中极少数的先知、哲人或圣徒而言，精神突破就是精神突破，精神突破以后是不再可能回到原来的未突破状态的。但社会秩序却不然，因为从个人境界到教化还有一个不小的距离，而从教化到社会秩序还有一个不小的距离。质言之，如果教化所发挥的作用和力量有限，或遭遇到某种旧势力的反扑，那么，社会秩序就有可能倒退到原来的状态。比如，以色列人曾经历过从对耶和华的信仰倒退到对巴力神的崇拜的过程，就是这方面的一个极好的例证。反过来说，从精神突破这个意义的源头进展到社会秩序的更新，往往还会伴随着对新真理和新秩序的发现者和传播者的迫害，从而产生出像苏格拉底和耶稣以及跟随他的保罗那样的殉难者。以上分析足以表明，严格来说，"精神突破的不彻底性和不完全性"这一说法是错误的，或至少是引人误解的，因为精神突破是指能够提升个人境界的心灵事件，而"不彻底性"和"不完全性"的表意力量却指向社会秩序，二者并非指向同一个领域，而是指向两个不同的领域，尽管是两个密切相关的领域。

　　精神突破的结果是一个超越宇宙的神的出现，而"精神突破"与"存在的飞跃"这两个表述都不能直接呈现这一意涵。事实上，如前所述，对于"精神突破"或"存在的飞跃"，沃格林还使用了另一种表达，即"神显事件"。让我们首先对这个表达做一些语义学和语用学上的必要分析。"神显"（theophany）的符号属于犹太-基督教传统，也被一些宗教史家用来作为重要的学术概念。伊利亚德在此基础上又造了一个词"hierophany"，一般也翻译成"神显"或"圣显"。[9]从造词来说，"hieros"相当于"sacred"，而"theos"相当于"gods"，也就是说，相比于具有明显犹太–基督教来源的"theophany"，"hierophany"的所指更为宽泛。[10]事实上，在伊利亚德那里，"hierophany"可泛指一切类型的神圣性事物的显现，比如伊利亚德热衷于讨论的自然中的大量神显现象，包括被犹太–基督教传统归为拜物教和偶像崇拜的那些神显现象。[11]而"theophany"由于其本身的来源则往往被留给了犹太–基督教传统，或专指超越的神的显现。[12]沃格林同时使用了"hierophanic events"与"theophanic events"两个表达，显然是受到了伊利亚德的影响。但与伊利亚德不同的是，在沃格林那里，两个表达（中译本都译为"神显事件"）都是指存在的飞跃或精神突破，但前者比后者更为宽泛，具体来说是指发生在包括印度、中国等多个文明中的精神突破，后者则专指发生在希腊文明和犹太–基督教文明中的精神突破。在谈到宇宙论秩序中的神的显现时，沃格林

---

〔9〕 参见伊利亚德：《神圣与世俗》，"hierophany"是贯穿全书的核心概念。

〔10〕 这一点来自朱东华教授的辨析。在与他的讨论中，我受益良多，在此特别感谢。

〔11〕 伊利亚德说："我在最宽泛的意义上使用这个术语，就是指任何显示神圣的事物。"见《神圣的存在：比较宗教的范型》，xxvi。另外，伊利亚德还造了一个更哲学化的词"ontophany"，意指"ontological hierophany"，与人的存在论执着（ontological obsession）相呼应，故可翻译为"存在论神显"。

〔12〕 另一个基本同义的常见词是"epiphany"。

使用的是"cosmic-divine presence"这一表达。[13]也就是说，沃格林虽然在伊利亚德的影响下使用了"hierophanic events"这个表达，但他赋予这个表达的含义远没有伊利亚德那样宽泛。

就我们所要探讨的主题而言，伊利亚德的重要性还不止于此。或者说，关于沃格林与伊利亚德的关系，比概念使用上的同与异更值得重视的是思想上的同与异。[14]伊利亚德认为，神圣与世俗的区分是任何宗教现象的一个共同之处。就神圣与世俗的区分是一种结构性区分而言，沃格林与伊利亚德的一致之处在于，沃格林所提出的原初存在共同体，也是一种关乎神的存在模式的结构性分析，甚至某种意义上也可以合理地简化为神圣与世俗的区分。正是这个一致之处决定了二者宗教思想上的关联性。

如前所述，沃格林认为，原初存在共同体的模态从内在于宇宙中的神到超越的神，或者说从宇宙论秩序到心性论秩序，意味着一项历史性进展——以宗教学的眼光来看即意味着宗教进化的两个阶段，且后一个阶段以普世宗教的诞生

---

[13] 中译本译为"宇宙论神显"，容易引起误解，故我建议译为"内在于宇宙的神的显现"，见上引文。

[14] 格雷戈·塞巴在我们前面所引用过的文章中讨论了沃格林与伊利亚德思想上的异同，他特别引用了伊利亚德在1960年12月3日的日记中的一段话来说明二者思想有类似处："埃里克·沃格林来看我。我刚刚读完《秩序与历史》第一卷，惊讶于我们彼此观点的相似性。"他也分析了两人在宗教思想上的差异，为我们提供了重要的参考，见Gregor Sebba, "Prelude and Variations on the Theme of Eric Voegelin," p.42。

为结果。随着等价物理论的提出，沃格林又增加了一个认知，即，两个阶段上的体验具有等价性。也就是说，原来所认为的"历史性进展"在承认两种体验的等价性的前提下仍被高度重视。伊利亚德与沃格林最大的不同，是他基于比较宗教学的立场而不大在意沃格林所认为的那个历史性进展，因此他对一般被归为拜物教或偶像崇拜的那些信仰形式也同等对待，其理由当然还是要回到他给宗教所下的那个最低限度的定义，即神圣与世俗的结构性区分。伊利亚德虽然也基于基督教传统的视角区分了初级神显与高级神显，但他也明确指出，就其为神圣者的显现而言，它们本质上没有什么差别。正是基于这种认识，他对于传统的关于宗教进化的假设提出了明确的挑战：

> 实际上，既然我们能够证明（正如在最近数十年中所做到的那样），最原始的民族的宗教生活实际上是极其复杂的，它们不能被化约为"物活论""图腾崇拜"甚至是祖先崇拜，它们包含各种拥有一个造物主−上帝的一切全能的至上神的想象，那么，那些否认原始人能够接近"高级神显"的进化论假设就是无效的。[15]

----

〔15〕 伊利亚德：《神圣的存在：比较宗教的范型》，第11页。另一个类似的表达出现了"初级神显"和"高级宗教"的说法，而被用来作为宗教研究的指导性原则之一："在任何地方都不会仅仅发现初级神显（异常的、特别的、新奇的玛纳等神力显现），也可以发现进化论者所说的高级宗教形式（至上神、道德律、神话，等等）的踪迹。"见该书第35页。

对于高级神显与初级神显的差异，伊利亚德也做了一个解释，他将之归因于一种"灵性经济学"（a spiritual economy），在具体说明这一点时他正是以犹太–基督教传统为例，且非常清晰地点出了"普世宗教"的含义：

> 耶和华的"神圣形式"胜过了巴力的"神圣形式"，它显现了一种更加圆满的神圣性，赋予生命以神圣，却不听任集中在巴力崇拜中的那些基本力量的肆意放纵，它揭示了一种灵性经济学，人的生命和命运可以从中获得一种全新的价值；与此同时，通过它可以获得一种更为丰富的宗教体验，一种更纯洁、更完善的与神交流的形式。耶和华的神显最终获得了胜利，因为它代表着一种普遍的神圣模态，而且正是因着这个特性向其他文化开放；它通过基督教变成了全世界的宗教价值。由此可见，某些神显拥有、或者通过这种方式而变得拥有普遍的价值和意义，而其他一些神显依旧是地方性的和阶段性的——它们不向其他文化开放，甚至最终消失在了产生它们的社会里面。[16]

从这段引文可以看到，伊利亚德和沃格林一样，也承认普世宗教的高级性，尽管他不像沃格林那么看重这个层级差异的意义。将伊利亚德的看法与沃格林的看法做一综合的比较，

---

［16］ 伊利亚德：《神圣的存在：比较宗教的范型》，第8页。

可以观察到以下两点：首先，伊利亚德认为初级神显与高级神显就其为神显而言没有多大差别，这与沃格林后来用等价物理论来说明两种秩序中的体验具有等价性存在着某种异曲同工之处；其次，在伊利亚德归为灵性经济学的地方，沃格林用精神突破的历史性进展来解释，这二者之间也存在着某种异曲同工之处。实际上，虽然并没有直接、充足的证据，但我倾向于认为，沃格林在提出等价物理论时可能受到了伊利亚德的影响。[17]等价物理论的提出并未使沃格林放弃原来关于精神突破的核心洞见，但使他对原来的理论做出了调整。对于两种看法之间的相关性和差异，我们也可以这样来概括：伊利亚德站在比较宗教学的立场上更看重沃格林所谓的两种体验具有等价性的论断，而对沃格林认为是历史性进展的神显层级差异不甚措意；沃格林则站在政治哲学和历史哲学的立场上更看重伊利亚德所谓的灵性经济学的意义，而对伊利亚德所谓的不同层级的神显的同质性论断做了重新解释且并未置于首要地位。

如果说伊利亚德对那种严格等级制的宗教进化论的挑战是成功的，那么，我们是否仍然可以接受沃格林式的观点呢？我认为答案是肯定的。尽管如伊利亚德所说，可能并不

---

〔17〕 上引塞巴的论述表明，沃格林在洞察到"符号形式领域中的相对论"时就已经很熟悉伊利亚德的研究了，而在《历史中体验和符号化的等价物》一文中，沃格林一开始就提到"从事与不同社会中的祖先崇拜、入会仪式、加冕礼仪、永生神话或审判死者的神话有关的比较研究"，而用这个表述来概括伊利亚德所做的工作再恰当不过。

存在一个从纯粹的初级宗教到纯粹的高级宗教的直线进化过程，但既然宗教综合（religious syncretism）可能时时存在，那么，灵性整饬（spiritual ordering）就可能时时存在，而精神突破正是对灵性整饬达到某一更高的标志性水平的一个刻画。换言之，灵性整饬水平不同的神显就其都是神显而言没有高低差别这一比较宗教学论断，并不妨碍我们看到灵性整饬水平上的差异对于人类历史中的秩序建构的重要性，而沃格林正是从这一点中看到了人类秩序的历史性进展以及相应的历史意识的开显。从某种意义上说，沃格林提出等价物理论而对自己早期的观点的修正，意味着他和伊利亚德一样克服了那种严格等级制的宗教进化论。

关于初级神显与高级神显的共存与交融现象，伊利亚德主要是为初级神显辩护，强调初级神显往往并非独立存在，而是与高级神显相伴随。但是，不同层级形式的神显可能存在共存与交融现象，还有另一种可能的情况。就与沃格林的相关性而言，这种情况首先是由前面提到过的索勒姆提出的。为了解释犹太教神秘主义，索勒姆提出了宗教进化的三阶段论，其中前两个阶段和沃格林关于两种秩序的历史性进展的看法高度吻合，诚如艾德尔所指出的。不同的看起来是在第三个阶段。索勒姆认为，作为宗教进化的第二阶段，超越的神的出现意味着人更加清晰地体验到了人与神之间的巨大鸿沟，而制度化宗教并不能够真正使人跨越这个巨大鸿沟，有时反而还会成为跨越这个鸿沟的巨大障碍，因为这是一个"只能通过声音跨越的巨大鸿沟"。于是，神秘主义就应运而生了，这就是宗教进化的第三个阶段，索勒姆称之为"宗教的浪漫时期"。[18]索勒姆还特别指出，宗教进化的第三阶段——也就是神秘主义阶段——的一个显著特点是神话的回归，或者用艾德尔的说法就是"神学的再神话化"（remythification of theology）。[19]神话的回归意味着生产出一些在形式上和初级神显类似乃至完全一样的符号化表达，但索勒姆特别强调，我们仍不可忽视其中的差别：

> 神话和启示在人的灵魂中相遇。灵魂成为背景，灵魂通过事物不可捉摸的多样性达到对神性实在的体验。现在被当作万物原初的统一性，成为其前提。因此在某一范围内，神秘主义标志着神话思想的复活。当然，我们不能忽视先于二元性的统一性和必须在新的宗教意识中重新赢得的统一性之间的区别。[20]

神话在启示基础上的回归，或者说神话在启示主导的体验中与启示的共存，表明在灵性整饬过程中高级神显形式的出现并不一定导致彻底消灭初级神显形式的后果——比如以反对偶像崇拜的名义，而是可能容纳甚至会再生产出一些形式上类似于初级神显的体验与符号。[21]既然在沃格林的思想脉络

---

〔18〕 索勒姆：《犹太教神秘主义主流》，第8页。

〔19〕 Moshe Idel, "Voegelin's Israel and Revelation: Some Observations," p.306.

〔20〕 索勒姆：《犹太教神秘主义主流》，第8—9页。

〔21〕 其实，耶稣作为道成肉身，或沃格林笔下的"保罗的复活者异象"，就可理解为启示基础上的再生产神话。

中，与哲学和启示相对而言的神话主要指向宇宙论秩序，那么，神话的回归就意味着在经过了精神突破，进展到心性论秩序之后还有可能容纳乃至再生产出一些宇宙论风格的真理。而对于这个主题，我们并不陌生，因为这正是沃格林在思想转变过程中专门讨论过的。

沃格林曾指出殊显化的真理在占据了主导地位之后会出现与原来的紧敛性真理相调和的现象，而且他提出了意识殊显化过程中的分层化原理来解释这种现象。也就是说，正是由于意识的殊显化过程中存在着分层化，原来紧敛性的宇宙论真理能够在心性论真理占据主导地位之后得到保留。以原初存在共同体的四元结构而言，发生改变的是其结构样式，而其结构成员并无变化。与此相关的、很重要的一点是，无论是在哪一种结构样式中，宇宙之神性根基始终被认可。进一步来说，宇宙与神的关联在宇宙论秩序和心性论秩序中都被认可，尽管这一关联以不同的方式被体验到。[22] 始终认可宇宙之神性根基所彰显的依然是原初存在共同体的结构性真理，与现代以来那种将宇宙完全去神化、变成一个天体物理学概念的做法大相径庭。我们知道，沃格林曾特意拈

────────────────

[22] "宇宙溯源论"作为一个言语指引，表达的是"关于神性宇宙开端的体验"，但在经历了第二次思想转变之后，沃格林指出，这个概念"不仅适用于以严格意义上的宇宙论形式——以宇宙内众神为其神显的符号化表达——出现的宇宙溯源论，而且适用于因已受到精神突破的影响从而将神性实在定位于对所有现世事物的超越的另一种宇宙溯源论。"很显然，此处的两种宇宙溯源论就是指宇宙论秩序与心性论秩序中的宇宙溯源论，而中国文明史上记载于经典中的宇宙溯源论自然属于后者。引文见沃格林：《天下时代》，第58–59页。

出柏拉图的宇宙心灵学说来说明这个问题，而且他还批判性地分析了从布鲁诺到谢林试图重构柏拉图的宇宙心灵学说的种种现代努力。[23]

由此可见，艾德尔认为沃格林完全没有触及索勒姆所讨论过的关于神话在启示基础上的回归的问题，其实是因为他的讨论仅限于《以色列与启示》，而没有考虑沃格林在《秩序与历史》前三卷出版以后所发生的思想转变。但我们在此所关心的问题是，既然在《天下时代》中沃格林不仅承认在中国也发生了精神突破，而且也承认中国文明达到了普遍人类的意识，并进入到了具有普世意义的历史性文明的行列，那么，是否存在一种可能，即，充斥于中国古代经典中的宇宙论符号其实是精神突破之后的宇宙论回归——类似于索勒姆所刻画的神话的回归——的表现，而不是精神突破不彻底的表现？在思想转变之后，沃格林从未将他关于意识殊显化过程中的分层化原理运用于对中国文明的重新分析之中，这不能不说是他的中国文明论述所存在的一个明显的理论缺陷和一个巨大的理论缺憾。

让我们首先聚焦于"道"这个符号。如前所述，沃格林将"道"判定为一个宇宙论符号，所以他以"宇宙之道"（the cosmic Tao）来刻画之。而这一判定也成为沃格林认为发生在

---

[23] 另可参看《政治观念史稿》中对布鲁诺和谢林的论述，沃格林：《宗教与现代性的兴起》（《政治观念史稿》卷五），霍伟岸译，贺晴川校，华东师范大学出版社，2019年，第205页以下"布鲁诺"一节；《新秩序与最后的定向》，第235页以下"谢林"一章。

中国的精神突破没有彻底摆脱宇宙论秩序的一个重要证据，既然"道"看起来是由孔子和老子所开创的两个精神传统共同认可的一个重要符号。前面也已论述过，在《秩序与历史》前三卷，沃格林认为中国文明在追求秩序真理的进程中达到了普遍人类或普遍人性的意识，但没有达到像以色列或希腊那样的历史意识。可以说这是沃格林按照他的理论对中国文明做出的一个非常精确的定位。既然"道"往往与"德"被关联起来加以理解，而"德"的符号与普遍人性的觉悟有更紧密的相关性，那么，我们就不难想到，使沃格林做出上述精确定位的主要证据其实就是"道"这个符号以及"道"与"德"的相关性。具体来说，当"道"被理解为对宇宙运化过程的一个表达时，与"道"相关的"德"也就被理解为一个宇宙论符号；而既然"道"作为精神突破的一个层级性表达意味着这个符号所对应的那种精神突破达到了能够涵盖乃至超越万物的宇宙论层级上的那种普遍性，那么，与之相关的"德"也就具有了类似层级上的普遍性。这大概可以解释沃格林何以肯定中国文明具备了普遍人性的意识。

指出"道"具有明显的宇宙论意涵，这一点当然是有根据的，因为"道"有"道路"的意思，简而言之，是一个与对大地或宇宙的体验直接相关的符号。[24] 因此，需要追问的应当是，在中国文明的精神传统中，"道"是不是一个最

---

〔24〕 就此而言，基督教话语中的"太初有道，道与上帝同在"和"道成肉身"的翻译其实都是不恰当的，因为在太初就与上帝同在的那个实在和那个成为肉身的终极实在其实都是精神性的，是彻底超越于大地的。

根本的或最终极的概念？看起来我们现在都接受对这个问题的肯定性回答，就像沃格林所接触到的关于孔子和老子的现代哲学史研究一样。[25] 其实情况并非如此。

首先我们比较容易看到，在由孔子开创的精神传统中，"道"并不是一个终极性的概念，或者可以更精确地说，"道"从来不是一个关于终极实在的直接表达。以《论语》为例，比如说，当我们看到"朝闻道""士志于道"这种表述时，我们会如何理解其中的"道"？孔子既说"吾道一以贯之"，又说"先王之道斯为美"，而我们当然知道，"吾道"与"先王之道"其实是一个"道"。在"先王之道"的语境中，"道"被关联于按照圣王谱系而建构起来的一个长时段的"信史"，而只有将这一长时段的信史与宇宙秩序关联起来，"道"的宇宙论意涵才能够呈现出来。至于"天下有道则见，无道则隐"的表述，更是表明"道"并不是一个关于终极实在的直接表达，因为"道"既然是可有可无的，那它的实现就取决于实际的和偶然的因素，或者说，天下之有道与无道，取决于在时间中展开的一个实际的斗争过程。所以孔子的名言是："人能弘道，非道弘人。"另外一个有趣的现象是，孔子从未直接使用"天道"这个符号，尽管将"道"

〔25〕 比如刘笑敢在比较中国的"道"与西方的"上帝"概念时说："道和上帝是两种民族、两种传统中的根本性概念，因而有相似之处。这种相似性似乎是表层的，但是这种表层的相似却有着深刻的内在根源。上帝和道都是终极性的概念，都是一切事物的根本所系，却又与任何具体事物都不相同，所以二者必然表现出许多共同特点。"见刘笑敢：《老子古今》(上卷)，中国社会科学出版社，2006年，第124页。

理解为用来表达宇宙运化过程的一个符号是恰当的。当然，如果认为用来表达宇宙运化过程的"道"仅仅是描述性意义上的，那肯定是不对的。毋宁说，"道"所要表达的是一个应然的宇宙运化过程，或者用沃格林早年的术语来说，"道"这个符号具有明显的召唤性。

"道"更像是沃格林所说的"作为过程的实在"的一个更为紧敛的等价物。就沃格林从分析的角度指出来的神、人、世界和社会这原初存在共同体的四大成员而言，"作为过程的实在"当然具有明显的宇宙论维度，因为宇宙或世界毕竟是这个过程展开的实际场域，但我们当然不会笼统地说这个"过程"的符号是一个不折不扣的宇宙论符号。实际上，从《中庸》开篇的"天命之谓性，率性之谓道，修道之谓教"的著名表述中我们能够看出"道"这个符号在孔子开创的精神传统中的恰当位置。终极实在是天，万物皆从终极的天那里得到其性，而顺应于万物的性才被叫做"道"。在这样的语境中，"道"并非一个直接指涉终极实在的"符号"。而这一点自然也意味着，与"道"这个符号相对应的那种精神突破并非止于"道"这个符号所指向的那种体验，而是达到了比"道"的符号在层级上更高的"天"的符号所指向的那种体验。至于"天"的符号，我们当然也不能仅限于宇宙论来理解，对此，我们只要回溯一下周人的"天"与商人的"帝"指向同样的体验就足够了，或者是简单引述程颐"以形体谓之天，以主宰谓之帝，以功用谓之鬼神，以妙用谓之神灵，以性情谓之乾"的话就足够了。

与此相关，"德"并不是一个完全笼罩在"道"的符号之下的符号，或者说，并不是一个应当被放在"道"之后才能得到理解的符号。"德"最早的意思是"敬顺天命"，后来演变为上天赋予少数具有特殊使命的人的卓越品质。[26]孔子在危急的时候说"天生德于予"，就是在这个意义上说的。基于这样一个宗教性意涵，"道"只能基于"德"才能得到恰当的理解，即，有德者行出来的就是道。历代圣王首先都是有德者，因他们都得到天的特殊眷顾，而他们的德行事功就构成了"道"，也就是所谓"先王之道"。德先道后这个次序与上引《中庸》首句性先道后的次序完全一致，其实都指向同一件事：终极实在是天，而无论是德还是性，都得关联于天命才能得到正确的理解。实际上，正如我早已指出的，在"性"与"德"之间存在一个思想史上的关联：孔子将更早时期特别恩宠意义上的"德"扩展为普遍性的"仁"，而孟子明确使用"性"来指涉这个普遍性的"仁"。也就是说，"性"其实是"德"的普遍化替代物。"德"与"性"的概念在后来虽然分离了，但我们还是能够从后来的一些表达中看到这种语义联系。比如说，《中庸》中说"尊德性而道问学"，不仅德、性并称，而且先德后道、先性后道。再比如说，《大学》首句说"明明德"，朱子释"明德"为"天之所

───────────────

〔26〕"德"还可以从效验的角度来理解，即"功德"，指个人或部族充分发挥其天赋的卓越品质所成就的事功。因为事功作用于宇宙运化过程，所以事功的维度正与"德"的宇宙论含义相关联。前面讨论到"德"的累积与耗尽就是在这个意义上说的。

以与我，而我之所以为德者也"，其实就是说，所谓明德就是性。所以我曾总结说："尽管我们一般说性善论乃孟子首发，但这一思想又是其来有自的，更直接地说，孟子的性善论正是由周人关于德的思想发展而来。"[27]

看起来更像是老子首先将"道"这个符号推至一个根本性的或终极性的地位，毕竟毋庸置疑的是，"道"是《老子》一书的核心概念。不过，仔细分析一下我们可能会有不同的理解。首先，以道释天的确是老子提出的理解进路，如在下面的这一章中：

> 致虚极，守静笃。万物并作，吾以观其复。夫物芸芸，各归其根。归根曰静，静曰复命。复命曰常，知常曰明。不知常，妄作凶。知常容，容乃公。公乃王，王乃天。天乃道，道乃久。殁身不殆。

以类似于沃格林的理论立场来观察，这里的语脉正是从人的体验与行动的角度展开的："观其复"与"知其常"说的是人的体验性认知，"容乃公"与"公乃王"说的是人的参与性行动。[28] 或如魏源在对这一章的注释中所说的："是故言其大则内圣而外王，言其化则合天而尽道。"[29] 既然"王"有

---

〔27〕 唐文明：《隐秘的颠覆》，第30页。
〔28〕 "夫物芸芸，各归其根"可以被理解为指向对存在的等级结构的认知。
〔29〕 魏源：《老子本义》，《诸子集成》第三册，上海书店出版社，1986年影印本，第12页。

"天下归往"之义，那么，这一章就是一个关于精神层面的天下的规范性叙事，其中"容乃公"表明体验性认知所能达到的普遍程度，"公乃王"则表明参与性行动所能实现的场域范围，而能够取得这一精神性–实践性成就的人就是"明王"或者在儒学史上更宽泛而言的"圣王"。既然"天"在老子那里基本上是一个宇宙论符号，而"天乃道"的表述意味着"道"是一个在体验的层级上比"天"更为深邃的符号，那么，就可以说，这里的"道"是一个用来解释宇宙论意义上的"天"的哲学符号。

现代学术界基本上也是将老子的"道"理解为一个哲学符号，正如在沃格林那里所呈现的。这也正是沃格林在《天下时代》中将中国文明的秩序真理等级厘定为一种类似于希腊的"人类学秩序"的主要理由所在。[30] 但由于不可

---

〔30〕毋庸赘言，沃格林意义上的"人类学秩序"主要是指来自哲学的秩序，而希腊被认为是其典范。在1964年12月1日给曼弗雷德·亨宁森（Manfred Henningsen）的信中，沃格林如是描述中国文明与希腊文明的秩序差异："作为人的独有特征的努斯在中国人的世界从未被主题化。因此无法证明说，中国的人类中心主义（anthropocentrism）与希腊的神灵中心主义（theocentrism）截然不同。人的洞察始终处于能够区别这些差异的水平之下。核心的符号是仁，且如此对自己进行社会性定位的人，是作为拥有秩序知识的人，而非作为拥有关于文明与政治在任何情况下的制度失序的知识的人，也没有出现将努斯作为秩序源头的洞见。我上面所说的智性体验的神显从未出现过。因此，必须诉诸古典资源及其重新解释才能获得秩序和启示概念的公认形式。如是则人从未成为普遍意义上的人类的一员，但却是天下的一员，而天下被理解为一个秩序化了的人类集体。"见 Eric Voegelin, *Selected Correspondence 1950–1984*, (*CW*, Vol.30), translated by Sandy Adler, Thomas A. Hollweck and William Petropulos, edited by Thomas A. Hollweck, University of Missouri [转下页]

避免地在古今之间与中西之间的巨大的双重张力中作业，现代学术界也普遍接受对老子的"道"的一种特别的误解，即认为"道"是一个彻底超克了宗教性或神圣性体验的哲学符号。[31] 除了没能充分注意到《老子》一书中对鬼神的肯定外，这种误解往往会以《老子》的一段话作为主要证据：

> 道冲而用之，又弗盈。渊兮似万物之宗。挫其锐，解其纷，和其光，同其尘。湛兮似或存。吾不知其谁之子，象帝之先。

如果将"吾不知其谁之子"理解为对"道"的言说，将"象帝之先"中的"帝"理解为上帝，从而将这句话理解为，老子提出一个在上帝之先的道来解构上帝，那么，我们似乎就得到了对"道"的一个彻底去人格化、去神圣性的理解。然

[接上页] Press, 2007, p.477. 仔细分析一下可知，沃格林这里的意思是，相对于希腊文明作为人类学秩序的典范性代表，中国文明的人类学秩序因其殊显化程度不如希腊从而缺乏典范性。沃格林在此将"仁"与"努斯"做对比，表明他可能还是对中国的文献不够熟悉。其实，中国文明中与"努斯"相当的符号是"心"，而在儒教经典中就有"仁为天地之心"的思想，这一思想既被汉儒（如董仲舒、匡衡）所发扬，也被宋儒所发扬（以程朱为代表）。不过，即使如此，我们仍然应当注意到"心"与"努斯"两个符号的差异。具体来说，即使我们将"人心"与"道心"的对比类比于属人的努斯与属神的努斯的对比，那也要看到二者之间的差异：如果说"努斯"所对应的是纯粹的智性体验，那么"心"所对应的则是不离具体事物的感性体验（aesthetic experience）。

[31] 为了避免误解，我们在此基于奥托或伊利亚德来理解"神圣性"的含义。

而这个理解是非常奇怪的，不仅是因为设想一个在上帝之先的"道"这一做法本身就与上帝的概念相矛盾，而且也因为难以设想老子会用"吾不知其谁之子"这种方式来追问"道"，既然"道"在老子那里肯定是去人格化的。因此魏源在注释这一章时说："末二语就体道之人言之，方平易亲切。诸家皆谓推极，然问道为谁氏之子，既太支离，而推道为在帝之先，又太幻渺，故并不取。"[32]也就是说，"吾不知其谁之子，象帝之先"是紧接着"挫其锐，解其纷，和其光，同其尘"就"体道之人"来说的，并不是对"道"的直接言说。[33]

那么，从另一个极端来看，是不是说老子的"道"是一个根本就没有触及神圣性体验的哲学符号呢？这可能是现代学术界更为流行的一个观点。除了可以指出老子并不否认鬼神的存在这一点之外，有更直接的证据表明这个观点是错误的。老子说：

> 谷神不死，是谓玄牝。玄牝之门，是谓天地根。

魏源在注释这一段时说："谷、牝皆中之喻，谷神喻其德，玄牝喻其功也。谷之于响，惟其无所不受，是以无时不至，是其神之存于中而长不死者也。天下之物，惟牝能受能生。

---

〔32〕魏源：《老子本义》，《诸子集成》第三册，第4页。
〔33〕在这一理解之下，这里的"帝"只能被理解为皇、帝、王、霸序列中的帝。

若夫受而不见其所以受，生而不见其所以生，则尤玄妙不测之牝也。可以母万物而万物皆从此门出，岂非天地根乎？！是即首章所谓'无名，天地之始；有名，万物在母'也。"[34]也就是说，"玄牝"是从与天地的关系的方面来刻画道，而"谷神不死"又是对"玄牝"的一个刻画。认为在道中有一个不死的谷神，这是在我们现在的体验中难以理解的，其实非常类似于柏拉图所谓的宇宙心灵。依据沃格林的等价物理论，我们可以说，老子的谷神不死说就是柏拉图的宇宙心灵说的等价物。

与孔子和孟子继承周人或更早的神圣性思想传统而将"德"关联于宗教性的"天命"或"天"不同，老子的确是将"德"关联于"道"或者更准确地说是基于"道"来理解，最核心的表达是所谓"德者道之舍"。这造就了"德"与"道"的连用，即"道德"一语，而老子的著作也被叫做《道德经》。实际上，老子基于"道"来理解"德"，这里可能存在一个我们已经很难弄清楚的历史脉络——事实上由于大多数人想当然地接受了基于"道"来理解"德"的做法，现代学术界几乎没有人试图提出这个问题。

如果我们认定老子与孔子一样都继承了周人的思想传统，也就是说，老子与孔子一样都对周人关于"德"与"天命"或"天"之间的关联一清二楚，那么，"道"的思想就

---

[34] 魏源：《老子本义》，《诸子集成》第三册，第5页。还有以"生养之神"解"谷神"者，于文义亦通。

意味着老子在之前精神突破的基础上又提出了一个对实在的新理解，这个新理解不是直接指向作为终极实在的神，而是指向终极实在呈现于宇宙运化的那个过程。正是基于这个新理解，原来被紧密地关联于"天命"或"天"的"德"，现在也被重新刻画了，获得了一个被关联于"道"的新理解。[35]简而言之，道的思想其实是老子对三代宗教思想的哲学化解释。老子提出的"道"极大地塑造了中国文明的思想形态，对后来的儒学也有极大影响，尤其是经过魏晋玄学的重新解释，从存在论和圣人论两个方面极大地影响到宋代理学。[36]但我们清楚地看到，以宋代理学最核心的人物程颐和朱熹为

---

[35] 与此相关的一个文献上的重要事实是，在1973年出土的长沙马王堆帛书中，有《老子》甲本与乙本，而这两个本子与今本《老子》排列次序有一个关键的不同。今本《老子》被分为"道经"与"德经"两部分，具体来说，从"道可道"开始到"天下将自定"共37章，为道经部分，从"上德不德"到"圣人之道为而不争"共44章，为德经部分。与今本《老子》道经在前、德经在后的次序不同，帛书《老子》甲、乙本的次序是德经在前，道经在后。而这一点又能得到《韩非子》中《解老》、《喻老》两篇的佐证，因此人们普遍认为，更早时期的《老子》版本是德经在前、道经在后的。德经在前、道经在后的原初次序在一定程度上反映了"德"在老子思想中的重要性，具体一点来说，老子提出"道"的思想，离不开他对上古历史中皇、帝、王的德行事功的批判性理解，而"道"的思想的提出反过来又导致了对"德"的新理解。

[36] 汤用彤认为魏晋以前的中国思想只有宇宙论没有存在论（他译为"本体论"），到了魏晋才有了存在论。这个观察无疑是独特的，但可能并不成立，因为正如我们上面所分析的，老子的"道"的思想并不能被完全限定在宇宙论论域之内。因此，更为稳妥的立论可能是，老子已经在存在论层面——此处暂时忽略中西文明中存在论形式的巨大差异，仅就思想的层级而言——展开了沉思，而魏晋时期则出现了更为殊显化的存在论思想形式。以神显的角度来看，老子对"道"的沉思其实非常接近伊利亚德所谓的"存在论神显"。

例，他们始终不放弃天的主宰含义，且在此基础上将"天地之心"发挥为一个至关重要的符号。[37]

以上分析足以表明，虽然在老子和孔子对"道"与"德"的言说中，我们能够看到这两个符号与宇宙论的明确关联，但是，像沃格林那样将老子和孔子思想中的"道"与"德"仅仅理解为宇宙论符号则是错误的。也就是说，笼罩在"道"与"德"这两个符号周围的宇宙论色彩可能并不是精神突破不彻底的表现，而可能是——按照沃格林所谓的意识殊显化过程中的分层化原理——在精神突破以后与原有的宇宙论风格的真理相调和的结果。我们也清楚地看到，就"道"与"德"这两个中国文明中最重要的符号来说，老子是从"道"的方向上突破，是以道摄德，而孔子是从"德"的方向上突破，是以德凝道。老子比孔子呈现出更为明显的哲学色彩，而孔子比老子保留了更为浓厚的宗教维度。[38]

就沃格林所讨论过的中国文明中的政治符号来说，实际上我们在前面论述《白虎通》中对爵与号的区分时已经表

---

[37] 参见唐文明：《朱子论天地以生物为心》，载《清华大学学报》2019年第1期。实际上，就表述的意谓而言，"天地之心"也很接近柏拉图所谓的"宇宙心灵"，而根据朱熹的论述，天地之心最终归于至上神的主宰且呈现于宇宙中的万物，又接近于埃克哈特关于神与宇宙万物的关联的神秘主义体验。

[38] 既然精神突破表现为一个历程，那么，这里的论述当然就不意味着说中国的精神突破始于老子或孔子，毋宁说老子与孔子可能代表了中国的精神突破所达到的高度。

明，仅仅从宇宙论层面来理解皇、帝、王等符号是不够的。如前所述，沃格林基于"德合天地者为帝"与"仁义合者为王"的区别而将"帝"厘定为一个宇宙论符号，将"王"厘定为一个人类学符号。但是，无论是帝还是王，从爵位上来说都是天子，而"爵以事天"又表明这里的"天"既不是对宇宙内的神的一个表达，更不是对宇宙本身的一个表达，也就是说，帝与王同样作为天子都处在与天这个超越宇宙的至上神的伦理联系之中。因此，其实我们不能将帝看作单纯的宇宙论符号，因为帝的天子爵位恰恰表明了其与一个超越的至上神的联系，就像以色列在建立王国以前的神权政体（theopolity）一样。[39] 反过来说，王具有明显的宇宙论含义，因为"天下归往"意味着一个宇宙论帝国的政治形态，接近以色列建立王国时的那种神宪政体。概而言之，天子之爵与帝、王之号之间的关联，正是心性论风格的真理与宇宙论风格的真理相调和的表现，而爵与号的并用也正表明这种调和被运用于政治实践。

至于沃格林所讨论过的中国文明的地理符号，我们在前面其实已经做出了批判性的辨析。按照沃格林的思路，正如希腊的突破仍保留了城邦作为负担，以色列的突破仍保留了民族作为负担一样，我们可以说，夷夏之辨的地理意义表

---

〔39〕 沃格林的这个术语来自马丁·布伯，与"神权政体"相对的一个术语是"theocracy"，用来指称以色列所建立的王国的政治形态，中文版译为"神权统治"，我建议译为"神宪政体"。见沃格林：《以色列与启示》，第346页注释。

明中国的突破仍保留了华夏作为负担。因此，"大一统"理念中所包含的明显的宇宙论意义就应当在这个层次上加以理解。"一"根本上来自超越宇宙的至上神（天或帝），而呈现为宇宙万物的"一"，因而"大一统"其实是一个以宇宙论风格所表达出来的关于天下秩序的真理。基于沃格林的理论，我们其实可以将中国的华夏、希腊的城邦和以色列的民族统称为心性论秩序的宇宙论负担（cosmological burden）。但此处仍必须说明，"负担"或"抵押"的修辞仍是来自那种通过逃离而形成的帝国体验以及与这种逃离体验相关的逃离的形而上学，就是在沃格林的理论框架之内可能也不适合用来描述在中国这个内生性帝国中生存着的人的秩序体验。

但这仍不是按照沃格林的理论来解释中国文明所遇到的最大挑战，正如我们前面已经指出过的。现在就让我们直面那个严重的挑战：从中国文明内部的参与者视角来看，由皇、帝、王、霸一系列符号所表达的历史过程意味着一种历史性倒退，而从沃格林的理论出发，则可能得出相反的结论，即认为这个过程意味着一种历史性进展。

皇、帝、王、霸，号的不同是为了"别优劣也"，对于上引《白虎通》中所说的这一点，道家和儒家存在不同的理解。老子用"德衰"来解释何以皇、帝、王、霸的历史次序是一个从优到劣的次序，因为正如《白虎通》所说，号是用来表功明德的。从人的参与角度来刻画"德衰"的另一种方式是强调无为的重要性，即认为，德的衰败过程，是一个从无为到有为的过程。老子对此有明确的刻画：

> 上德不德，是以有德；下德不失德，是以无德。上德无为而无以为，下德无为而有以为，上仁为之而无以为，上义为之而有以为，上礼为之而莫之应，则攘臂而扔之。故失道而后德，失德而后仁，失仁而后义，失义而后礼。夫礼者，忠信之薄而乱之首。

无为和有为是就自己而言，无以为和有以为是就他人而言。就自己而言与就他人而言的区别和关联可与我们前面所说的境界与教化的区别和关联相对应，前提是对"教化"做更宽泛的理解，比如说，包含后来从广义的教化中分离出来的政治。上德有德之实而无德之名，不光自己无为，于他人也无所为，也就是说，一切顺应自然，无须教化。这个没有教化也无须教化的时代自然也没有相应的名号，只能是皇以前的时代。下德无德之实而有德之名，即仁、义、忠、信等。仁是有为，但以率性为要，有父子之伦而无君臣之伦，故对他人无所为，行不言之教，对应于名号为"皇"的时代。义是进一步的有为，在父子之伦的基础上还有了君臣之伦，而我们所谓包括政治在内的广义的教化也正从此出，对应于名号为"帝"的时代。礼是更进一步的有为，意指当仁义之教化不能发挥作用时就制礼作乐来规范人的行为。[40] 如果礼乐教

---

〔40〕 请注意制礼与作乐的时间点：王者治定制礼，功成作乐。

化不能得到民众的响应，无法发挥其预期的作用，那么，就只有靠强力来维护秩序了。礼乐教化是王者之制的重点，故礼对应于名号为"王"的时代。

因此说，失德而后仁、失仁而后义、失义而后礼分别对应于皇、帝、王三个时代，失道而后德则对应于皇以前的一个时代，"攘臂而扔之"则可能意味着礼的崩坏从而指向霸的时代。历史的不断倒退就这样被刻画为一个从无为到有为的过程，也就是一个在宇宙的自然运化中人为因素不断增加的过程。在此依据沃格林对历史溯源论的沉思来加以分析，不难想到，对于在无名的德之前的那个尚未"失道"的历史阶段，建构者一定会上溯到宇宙的开端。而将"道"与宇宙的开端联系起来，就意味着宇宙在被创造时就被赋予了一个完美的原初秩序，所谓"太初"（或曰"泰初"）。完美的宇宙原初秩序当然只能归功于作为创造者的上帝或天，意味着万物在其创造之时皆有一个由创造者所赋予的本性，比如《易传》中的"各正性命"，就是对完美的宇宙原初秩序得以良好运行的刻画。可以看到，这其实正是"天道"这个符号——特别是在儒家的语境中——所要表达的意义所在。[41]

此处或许需要指出的是，如前所述，沃格林用西方宗教史上的"a quietist attitude"来刻画老子在直面帝国式征服时的态度。"quietism"一般被译为"寂静主义"。就"寂静

---

〔41〕此即"太初有道"之义。当然，老子其实很少直接使用"天道"这个符号。《荀子·天论》中批评老子"蔽于物之所以生，孰与有物之所以成"，也是将老子的"道"关联于宇宙原初秩序。

主义"崇尚一种无为的态度而言，这个刻画无疑是正确的，因而我建议在论述老子的语境中将之译为"无为主义"。但老子的无为主义与西方的寂静主义仍有明显的差异：西方的"寂静主义"作为一种灵修神学试图通过人的无为达到与神的契合，而老子的"致虚极，守静笃"则是试图通过人的无为达到与道的契合，也就是达到与宇宙的自然秩序的契合。看起来一个是与超越的神的契合，一个是与宇宙自然秩序的契合，如果认为二者正好对应于心性论与宇宙论两种不同的秩序则是错误的。其实这正是沃格林在《秩序与历史》前三卷所犯的错误。基于沃格林关于意识殊显化过程中的分层化原理，我们现在能够认识到，老子对道的体验也属于精神突破后的心性论秩序，只不过是通过宇宙论的风格表达出来而已。

相比之下，孟子继承孔子的思想，并不同意像老子那样直接用"德衰"来解释这一历史倒退过程：

> 万章问曰："人有言：'至于禹而德衰，不传于贤而传于子。'有诸？"孟子曰："否，不然也。天与贤则与贤，天与子则与子。昔者，舜荐禹于天，十有七年，舜崩，三年之丧毕，禹避舜之子于阳城，天下之民从之，若尧崩之后不从尧之子而从舜也。禹荐益于天，七年，禹崩，三年之丧毕，益避禹之子于箕山之阴。朝觐讼狱者不之益而之启，曰：'吾君之子也。'讴歌者不讴歌益而讴歌启，曰：'吾君之子也。'丹朱

之不肖，舜之子亦不肖。舜之相尧、禹之相舜也，历年多，施泽于民久。启贤，能够承继禹之道。益之相禹也，历年少，施泽于民未久。舜、禹、益相去久远，其子之贤不肖，皆天也，非人之所能为也。莫之为而为者，天也；莫之致而至者，命也。匹夫而有天下者，德必若舜、禹，而又有天子荐之者，故仲尼不有天下。继世而有天下，天之所废，必若桀纣者也，故益、伊尹、周公不有天下。伊尹相汤以王于天下，汤崩，大丁未立，外丙二年，仲壬四年，太甲颠覆汤之典刑，伊尹放之于桐，三年，太甲悔过，自怨自艾，于桐处仁迁义，三年，以听伊尹之训己也，复归于亳。周公之不有天下，犹益之于夏、伊尹之于殷也。孔子曰：'唐、虞禅，夏后、殷、周继，其义一也。'"

从帝的时代到王的时代的变迁，也就是《礼运》中所谓从"大道之行"到"大道既隐"的变迁，在制度上主要表现为从尧舜禹之间的禅让到三代的世袭的变迁，也就是一般所谓从公天下到家天下的变迁。我们看到，对此孟子诉诸通过民意显现出来的天命来解释。"舜荐禹于天"而"天下之民从之"，于是"天与之"。"禹荐益于天"而天下之民不从，于是天不与之。天与之与天不与之背后的观念是一致的，即《尚书》中所谓"天视自我民视，天听自我民听"。正是在这个意义上，我们才能恰当地理解孟子在此段答语最后所引用的孔子的话："唐、虞禅，夏后、殷、周继，其义一也。"〔42〕从"匹夫而有天下者，德必若舜禹"的表述可以看出，孟子不仅认为禹之德与舜之德相当，而且认为后来通过革命而有天下的汤、武乃至更晚的孔子，其德都与舜、禹相当。至于能使人"有天下"的德的具体内容，沃格林说得没错，在孟子的理解中就是仁或仁义。〔43〕

这一点已经呈现出儒家与道家的一个重要区别：老子将"德"与"道"相关联，从而没有发展出类似于孟子那样的"性"的观念，于是以"德衰"来刻画皇、帝、王、霸的历史过程；而孟子则从"德"与"天"的关联中发展出了"性"的观念，从而将"性"从原来更为紧敛性的"德"的符号中分离出来，于是不以"德衰"来刻画皇、帝、王、霸的历史过程。更直接地说，从性与德的联系来理解德，注重的是德的人性根基和人性的神性根基，即德性，而从道与德的联系来理解德，注重的是德在宇宙运化过程中所获得的功业与效果，即功德。于是，对于皇、帝、王、霸这四个历史时段，

---

〔42〕 实际上，将这一段与《旧约·撒母耳记》4—7章对读，我们会有新的认识。以色列的各长老代表民众来共作为士师的撒母耳，要求建立一个王国，撒母耳为此事向耶和华祷告，而他从耶和华那里得到的回答却是："百姓向你说的一切话，你只管依从，因为他们不是厌弃你，乃是厌弃我，不要我做他们的王。"这一回答表明，以色列民众所不满的，是由上帝的祭司进行直接统治的神权政体，而上帝同意了他们建立王国的要求。新建立的王国不再是原来的神权政体，而是仍然必须遵从神的诫命的神宪政体。发生在早期中国历史上的从帝的时代到王的时代的转变，其实类似于以色列历史上从神权政体到神宪政体的转变。这个对读让我们更深入地理解从禅让时代到世袭时代的转变的意义。

〔43〕 合而言之曰仁，分而言之曰仁义，因为义必须基于仁而理解。

从功德的角度看与从德性的角度看就有很大不同。从功德的角度看，这四个历史时段归属于"失道而后德，失德而后仁，失仁而后义，失义而后礼"的历史倒退论叙事。从德性的角度看，皇、帝、王、霸就不是一个单纯的历史倒退过程。孟子曾力辨仁、义皆有内在的人性根基，也就是说，仁、义皆出乎人的本性。于是，将皇与帝对应于仁与义仍然可以成立，但前提却是将仁与义统一起来理解：仁是义的基础，义是仁的开展。也就是说，作为帝的原理的"义"包含了原本作为皇的原理的"仁"。同理，作为王的原理的"礼"包含了原本作为皇与帝的原理的仁和义，此即《白虎通》所谓"仁义所生为王"或"仁义合者为王"的确义。这其实就等于说，正因为王者有仁义之德，行仁义之政，才能使天下归往，才能在治定功成之际顺民之情性而制礼作乐。既然皇、帝、王、霸的历史过程包含着人性逐渐显明、教化逐渐建立的过程，那么，我们就能在这个过程中看到一种历史性进展。[44]也就是说，就教化的开显而言是一个历史性进展过程，这正是儒家所看重的；而道家却从同一历史过程中看到了对自然的不断疏离，于是将之理解为一个历史性倒退过程。

　　此处或许到了回答那个困难问题的恰当时刻。前已述

---

〔44〕孟子力辨王霸之别，正是从心性上说；孔子对五霸有所肯定，正是从功业上说。如果说仁、义、礼分别是皇、帝、王的原理，而后面的原理皆包含了前面的原理，那么，也可以看到，霸者以"尊王攘夷"为口号，正表现出对作为王的原理的礼的某种表面上的认可，霸者"假仁义而行"的实质也正表明在其实际的行事中还没有抛弃仁义的表象。

及，皇、帝、王是中国文明自我建构其历史溯源论的几个重要符号，沃格林则基于对《白虎通》的解读而将中国文明史上从帝到王的转变厘定为宇宙论秩序到心性论秩序的转变。也就是说，尽管精神突破的历程非常漫长且可能呈现出复杂的面向，倒退与进展的交织可能将不同程度的突破形态清晰地呈现于历史，但是，我们总还是能够在历史哲学的论域中提出这样的问题：中国文明中的超越的突破发生在何时？前面论及轴心时代说时已经提到，有人认为中国的轴心突破发生在西周，有人则认为发生在孔子所处的春秋时代。毋庸赘言，这两种看法都是现代史学的产物，都高度依赖于现代史学对中国上古史的重构。像沃格林那样试图回到中国文明的自我理解，当然是值得肯定的思想方向，但将超越的突破断自五帝时代到三王时代的转变并不妥当。三王时代意味着中国文明进入了王国时代，其政治形态类似于以色列的神宪政体；而在王国时代之前的政治形态则类似于以色列的神权政体，这些都是可以从《尚书》的记载中清晰地看到的。如果说尧、舜时代就已经是心性论秩序，那么，超越的突破一定发生在五帝之前，遑论三王时代了。其实，基于前面关于皇、帝、王的分析，我们能够看出，按照中国文明的自我理解，超越的突破只能被认为发生在皇的时代。也就是说，皇以前的时代是宇宙论秩序，皇以降的时代是心性论秩序。

由此，我们对儒、道两家思想的差异以及它们对中国文明的不同意义也可能会有新的理解。儒家在教化开显的意义上高度肯定皇、帝、王之道，而以孔子为皇、帝、王之道的集大成者，这是将宇宙论秩序到心性论秩序的转变理解为一种历史性进展。道家则呼吁回到伏羲、神农以前，也就是回到皇以前，从而将皇、帝、王的变迁刻画为一种历史性倒退，其刻画标准即在于对一个完美的宇宙原初秩序的肯认。简单来说，儒家是心性论秩序的捍卫者，道家是心性论秩序的批判者。但必须指出，对心性论秩序的批判只有在其被发明之后——也就是超越的突破发生之后——才有可能。这就意味着，站在儒家的立场上，我们能够将道家对心性论秩序的批判理解为心性论秩序的自我反思，而这也就决定了儒家应当且能够将通过道家思想所展现出的心性论秩序的自我反思吸纳到自身的思想系统里。心性论秩序的自我反思针对的正是由超越的突破而带来的对宇宙的可能忽视或贬抑，也就是对开端的可能忽视或贬抑，因而也就是我们前面特别讨论过的体验性意识的平衡问题——在中国思想史的研究中往往被刻画为人文与自然的张力问题。不难想到，孔子晚年作《易传》，子思为"昭明圣祖之德"而作《中庸》，都是在这个方向上的重大努力，都是在为中国文明确立其平衡设准。

现在让我们来看孟子思想中的这个关键的问题：既然在孟子看来，就有天下而言，帝、王之德相当，那么，还能在帝、王之间区别出优劣吗？解答的一个可能的线索来自孟子所说的话："尧、舜，性之也；汤、武，身之也；五霸，假之也。"前面已经提及，沃格林正是从这句话中读出了孟子的历史哲学。根据语境，我们知道这句话中的"之"是指仁或仁义。再结合孟子对于普遍人性的发明，可知孟子的意思是，尧、舜是完全出乎人的本性之仁而行事，是由仁义行，汤、武是以身体仁而力行之，是从行仁义返回到由仁义行，五霸则是表面上行仁实际上并不行仁，是假仁义而行。因此，区别帝、王之优劣的标准就在于仁义之行是否出乎人的本性，区别王霸之优劣的标准则在于行事是否真有仁义。帝、王之性无别，帝、王之德相当，"帝优王劣"的差别就只在于成就帝、王之功业的方式的不同。这个方式的不同，从人的能动性方面来说就是存心的不同，而存心的不同，又基于是否出乎人的本性得到分判，因此还是人为与自然的区别。在儒家的语境中，人的心性根本上来说皆来自天命，这直接表达了人与那个超越的创造者之间的关系。不过，既然人也是被上帝所创造的宇宙中的万物之一，那么，人的心性也就与宇宙有了某种关系。因此，我们应当从人与宇宙的关系或人在宇宙中的地位的角度去看待人的心性的职分和功能。[45] 质言之，基于我们前面提出的"完美的宇宙原初秩序"这个沉思性概念，特别通过《易传》所表达出来的儒家的三才之道的一个重要看法是，人的心性不仅是完美的宇宙原初秩序的一个组成部分，而且是宇宙运化良好——也就是万物都能各正性命——的一个关键性因素。

　　人的心性所具有的宇宙论意义也意味着帝、王之优劣能够在宇宙论层面得到沉思，而这正见诸前一章所引《白虎

---

〔45〕 戈布哈特在为《新秩序与最后的定向》所写的英文版编者导言中指出，舍勒有《人在宇宙中的地位》一文，而沃格林深受其影响，见沃格林：《新秩序与最后的定向》，第39页。

通》对皇、帝、王的宇宙论刻画。于是我们可以得到以下比较性认知：道家并不对创造了宇宙的上帝展开直接的沉思，而是就宇宙运化的过程展开沉思，但隐含了对上帝所创造的完美的宇宙原初秩序的高度认可，从而提出了应当回返完美的宇宙原初秩序的主张；儒家也不对创造了宇宙的上帝展开直接的沉思，而是从人与上帝的关系——亦即从人的心性——展开沉思，但最终也表现出对完美的宇宙原初秩序的神性根基的笃信，也提出要回返完美的宇宙原初秩序的主张。也就是说，无论是道家还是儒家，都显示出强烈的宇宙论关切。[46]过去我们常说，道家尚自然，因而重无为；儒家尚人文，而强调人文要合于自然，归于自然，出于自然，其实说的是同样的意思。[47]

概而言之，在中国文明中，宇宙对人来说从来就不是一个负担，而是人自始就有的一种关切。发生在中国的精神突破仍呈现出明显的宇宙论风格，此种"含蓄而克制"，正是出于其宇宙论关切。可以想见，中国的先民所经历的动荡与苦难，冲突与困境，其严重程度与其他文明可能不相上下，但由此而带来的伤痛从未动摇塑造了中国文明的那些强健心灵对完美的宇宙原初秩序的那种异常坚定的笃信。沃格林曾引用吉尔松的观点指出，犹太–基督教文明的精神内核

---

[46] 这一点也解释了儒、道两家皆没有神学的原因，其实韦伯所谓中国人特有的那种理性主义，也应当从此处找到根源。

[47] 其实《易传》中原初意义上的"人文"就是表达人为与自然合一的一个符号，是三才之道中的人文。

是一种逃离的形而上学（a metaphysics of escaping）。结合沃格林对希腊文明的分析和以上分析，我们可以得出结论，希腊文明的精神内核是一种完善的形而上学（a metaphysics of perfecting），中国文明的精神内核是一种回返的形而上学（a metaphysics of returning）。与此相应，犹太-基督教文明中的历史意识来自逃离自然的体验，希腊文明中的历史意识来自完善自然的体验——正如沃格林已经指出的，而中国文明中的历史意识正是来自回返自然的体验。如果说逃离的体验针对的是宇宙论秩序中的无穷无尽的动荡与苦难，完善的体验针对的是宇宙论秩序中难以化解的冲突与困境，那么，回返的体验则是基于对完美的宇宙原初秩序的笃信而直面宇宙运化的实际过程中所出现的种种问题。而且，恰恰是对完美的宇宙原初秩序的笃信——除了刻画过程的"道"之外，另一个角度的相关表达是"和"——阻止了希腊式的悲剧意识成为体验的核心。[48]可以看到，三者之间的差异正可以通过对宇宙及其运化过程的不同体验方式来加以区分。

这就是说，在中国文明中，精神突破并不导致对宇宙的原初秩序的任何不信任或反宇宙主义，反倒是基于对完美的宇宙原初秩序的笃信——根本上是对那个终极的创造者的笃信——造就了一种回返完美的宇宙原初秩序的强大精神动

---

〔48〕 中国缺乏悲剧意识是雅斯贝尔斯已经提出的正确观察，但他未能就此给出足够明晰的解释，正如同他正确地断言在中国同样发生了超越的突破但未能给出足够明晰的解释一样。参见雅斯贝尔斯：《论历史的起源与目标》，第25页。

力。与此相关，中国文明中并没有犹太－基督教世界中的终末论的对应物，取而代之的则是其独特的初始论。如前所述，正是在西方基督教文明的语境下，沃格林得出结论说，历史的结构是终末论的，而与此相应，普遍人类的符号是一个终末论标记。在中国文明的语境中，我们应当说，历史的结构是初始论的，而与此相应，普遍人类的符号是一个初始论标记。

对宇宙的这种积极态度也表明，严格来说，那些以宇宙论风格表达出来的心性论真理其实并不是在精神突破之后与原有的宇宙论真理相调和的结果，而是对原有真理的重新理解和重新解释。因此，我们有充足的理由将中国文明的秩序概括为一种以宇宙论风格表达出来的心性论秩序（a psychological order by cosmological symbolizations），或者说是一种心性－宇宙论秩序（a pscho-cosmological order）。从神显的符号说，相对于以色列的灵性神显（pneumatic hierophany）和希腊的智性神显（noetic hierophany），呈现于中国文明中的是更为具象化的感性神显（aesthetic hierophany）或者说宇宙论神显（cosmological hierophany）。[49]对于三种文明中的神显差异，其实我们可以关联于沃格林所谓的原初存在共

---

〔49〕 此处的"神显"正是沃格林意义上的"hierophany"，而非伊利亚德意义上的那种过分宽泛的"神显"。另外，注意这里的"感性神显"英文为"aesthetic hierophany"，不是指对应于人的感觉器官的那种低级的认知能力，而是指人的审美能力；感性神显或宇宙论神显的特点也预示着，在自然中发现灵性，或通过自然来表达灵性，是中国艺术的重要主题。

同体的四个结构成员加以理解。既然社会的秩序是有待建构的，而剩下的其他三个结构成员——神、人和宇宙——都能够成为表达秩序真理的特殊区域，那么，在精神突破之后就可能存在着分别对应于三个特殊区域的三种类型的神显，而以色列文明、希腊文明和中国文明正好呈现了这三种类型的神显。[50]

从人对秩序的认知和发明来看精神突破是一个进步的过程，但从宇宙的运行与化育来看，这个进步的过程恰恰伴随着宇宙秩序的倒退。这二者并不构成矛盾。可以看到，指出这一点并不意味着沃格林的理论无法用来解释中国文明或者说沃格林的理论被驳倒，而是意味着我们在沃格林的理论框架内对其做出了一个重要的补充或修正。质言之，仅从精神突破来厘定人类文明的历史性进展存在着一个明显的缺陷，即，忽略了自然之于人类历史性文明的重要性。如果说精神突破是人类历史性文明的形成标志，那么，维护自然则是人类历史性文明的原始动力。或者从二者的关联来说，精神突破的一个目的正是为了更好地维护自然。其实，沃格林自己本来已经触及了这个主题，只是由于他对中国文明的关切程度不够或了解程度不够，从而没有在这个主题上做进一步的沉思。前面我们已经提到，在沃格林的思想发生转变以后，他建议在"超越"符号的基础上

---

[50] 既然沃格林认为"印度人生存在无宇宙论的悟之下"，那么，以神显类型而言，印度文明更接近希腊，属于智性神显，而且是比希腊更彻底的智性神显，因为希腊比印度显示出更强的宇宙论关切。

增加"开端"符号，并认为"超越"与"开端"的符号是我们在阐述人们对神性实在的体验时"无与伦比的精确表达"，然而，无论是在《天下时代》还是在《求索秩序》，沃格林对开端问题的沉思都是不够的。这一点特别表现在，在他的进一步沉思中，他并没有明确提出"完美的宇宙原初秩序"这一重要的沉思性概念。

关于开端与超越的关联问题，沃格林聚焦于神用来创世的语言。这当然还是使用了犹太–基督教传统的符号。上帝纯粹用语言来创造这个世界，这一方面保证了上帝的超越性，另一方面其实也保证了宇宙原初秩序的完美性。《约翰福音》中说："太初有言，言与上帝同在。言就是上帝。"我们正应当从这两个方面来理解这句话。"言就是上帝"与"言与上帝同在"之所以不矛盾，正是因为"言"是就上帝与万物的关联来说的，即上帝通过言来创造万物。[51]可以看到，在犹太–基督教传统中，完美的宇宙原初秩序就是伊甸园的秩序。人类的堕落导致伊甸园–宇宙的无序化，于是产生了拯救的需要。[52]拯救在这个意义上被认为是只有靠神的恩典才能达成的一种超越宇宙的运动。然而，这种超越宇宙的运动仍然保留了一个与完美的宇宙原初秩序有关的理解维度，即拯救意味着回返伊甸园。因此，我们仍然能够在犹太–基督教传统的历史意识中分辨出一种回返的体验，尽管

---

〔51〕 对万物而言，言就是上帝。
〔52〕 堕落的过程关联于语言的问题，如巴别塔的故事所显示的。

新的伊甸园已经不再被认为是坐落在宇宙之内了。[53]

在中国文明中，语言也被认为参与了创世。老子说"道始无名"，"无名，天地之始"，看起来颇有点"太初无言"的意味，但语言的出现被关联于万物的被造，即所谓"有名，万物之母"。[54]当然，"天地之始"与万物被造并非前后两个不同的阶段，而是说，宇宙的原初秩序超越了名言之所及，因此老子特别提出"道"这个符号来表达这种体验。换言之，与犹太－基督教传统将完美的宇宙原初秩序直接系于上帝不同，老子提出"不可道"的"道"与"不可名"的名，就是为了将完美的宇宙原初秩序凸显出来——于是作为创造者的上帝，就悄然地隐身于完美的宇宙原初秩序之后了。

既然道家批评儒家过分执着于名言，那么，合理的推论就是，儒家会比道家更重视名言的意义。[55]既然儒家比道家保留了更为浓厚的宗教维度，而道家已在创世的高度上肯定名言，那么，我们应当推想，儒家或许会在天命的高度上

---

〔53〕 如前所述，从对西方文明的分析中得出的关于历史和普遍人类的看法是：历史的结构是终末论的，作为历史主体的普遍人类是一个终末论标记；而从对中国文明的分析中得出的关于历史和普遍人类的看法则是：历史的结构是初始论的，作为历史主体的普遍人类是一个初始论标记。如果说"拯救意味着回返伊甸园"这一点意味着西方文明中的终末论其实也有一个初始论维度的话，那么，我们就能看到上述两种看法之间的关联。

〔54〕 这当然并不是说单凭纯粹的名就创造了万物，即不同于犹太－基督教传统中的无中生有式的以言创世说。

〔55〕 此处论及儒家并未进一步区分"名"与"言"。《论语·子路》载孔子说："名不正，则言不顺；言不顺，则事不成。事不成，则礼乐不兴；礼乐不兴，则刑罚不中；刑罚不中，则民无所措手足。"在此语境中"名"与"言"是两个不同的概念。

理解名言的意义。不过在儒家经典中，就人的体验而言，我们看到的恰恰是天并不以言行事的记载。在上引孟子与他的弟子万章的答问中，无论是天与之还是天不与之，都不是通过语言。而孔子则明确地说：

> 天何言哉！天何言哉！四时行焉，百物生焉。（《论语·阳货》）

宇宙秩序来自天，但天似乎并不是通过语言来创造或推动这个秩序化的宇宙的。在儒家经典中难以发现类似于犹太－基督教传统中那种被用于创世的圣言观念，并不意味着儒家不重视语言的意义。具体来说，儒家对语言的重视落实在圣人之言上：

> 子曰："君子有三畏：畏天命，畏大人，畏圣人之言。小人不知天命而不畏也，狎大人，侮圣人之言。"（《论语·季氏》）

孔子认为，在对待圣人之言上的不同态度，是区别君子与小人的关键。而在对待圣人之言上的不同态度又是基于对待天命的不同态度。于是一个合理的问题就是，圣人之言与天命是什么关系？就"天命"这个词的词义来说，"命"就是命令的意思。一般而言，命令是通过语言而传达的，但在儒家则不然，因此孟子以"莫之致而至者"解释"命"。尽管比较少见，在儒家经典中我们还是能够发现这样的论述：

> 人之于天也，以道受命；于人也，以言受命。……
> 不若于道者，天绝之也；不若于言者，人绝之也。
> （《谷梁传·庄公元年》）

道是人领受天命的正确方式，而言则意味着天命的内容，否则就不会说"不若于言者，人绝之也"的话。因此，合理的推论是，圣人之言就是对天命的表达。相比于犹太－基督教传统中神向人直接说话的直接启示，这种通过圣人之言来表达天命的启示形式可以叫做间接启示。对儒家来说，作为间接启示的圣人之言至孔子而达到极致。因此，"圣经"就是来自儒家内部的一个概念，其实际所指正是从尧舜到孔子的历代圣人之言。

与此相关的另一个差异表现在语言的特点上，或者说表现在语言与文字的关系上。在以色列和希腊，语言比文字更为根本，文字作为语言的书写形式只是语言的附庸而已。在中国则不然。图画性的文字被认为比语言更为根本，甚至被赋予了某种神圣性——因而有"仓颉造字，神鬼夜哭"的说法，语言则被吸纳到文字的衍生和使用方式之中从而与文字紧紧地结合在一起，构成一个整体的符号系统。[56] 如果

---

[56] 最初所造的是独体的文，合体的字是从文的孳乳而生。由文到字的孳乳就是作为造字法和用字法的"六书"。六书涉及声音因素的有三个：形声、假借与转注（音转）。

说声音性的语言呈现出明显的灵性或智性特点，那么，相比之下，图画性的文字就比声音性的语言呈现出更多的物性特点，换言之，与声音性的语言相比，图画性的文字呈现出更为明显的宇宙论关切。[57]

既然发生在具体个人的心灵里的精神突破都指向作为存在之终极根基的神，那么，就个人境界而言，不同形式的神显并无层级上的高低差别。既然从精神突破的主体来看神显形式的差异就是体验形式的差异，那么，神显形式的差异就与精神突破的主体在身份上的差异有直接关系，从而也延展为教化模式上的差异。经过以上分析，我们现在可以就以色列、希腊和中国这三大历史性文明在精神突破和相应的教化模式上的差异做出总结性概括。

在以色列文明中，精神突破的主体是先知。先知被认为是由神所差遣的、向民众来传达神的旨意的人，特别是作为神与以色列人立约的使者。也就是说，先知具有明确的公共身份，负责神与民众之间的有效沟通，尽管这种沟通只能发生在个人私密的心灵领域。先知既对民众负责也对神负

---

[57] 类似的差异可以从神的特殊启示的形式上观察到。以色列的神启形式是语言，无论是摩西在燃烧的荆棘丛中还是在西奈山上，神都通过语言传达他的旨意。而在中国文明中，关于神的特殊启示的记载非常少，且多不在公认的正典中，比如伏羲受河图、大禹受洛书的传说。图、书皆非自然之物，伏羲受之于天而作八卦，大禹受之于天而划九州，故只能将这些体验归为神的启示。可以看到，在这种神启体验中，启示的形式并不是声音性的语言，而恰恰是图画。同样，在汉代的纬书中记载的一些神启故事，其形式都是图画而非声音。

责，这意味着：一方面，先知绝不是那种脱离民众而只关心自己心灵得救的人；另一方面，先知并不是民众的直接统治者，作为一种职分不同于祭司和国王。对先知身份的这种刻画显然已经涉及相应的体验形式和教化模式了。神以纯粹灵性的方式向先知直接显现，然后再由先知传达给民众，这决定了以色列文明中主导性的体验形式是灵性神显，主导性的教化模式是启示。通过传扬神的启示并集体性地实践启示中的承诺和真理，以色列作为一个民族建立起来了；而将这种启示之教制度化，就产生了作为宗教的犹太教。

在希腊文明中，精神突破的主体是哲人。哲人是被探求智慧的精神爱欲所驱动的人，他不仅试图离群索居，脱离城邦生活，甚至还与城邦有着无法化解的冲突。也就是说，哲人的生存首先意味着一种个人性的心灵，而正是这一点才使得心灵作为建构秩序的中心成为可能。但这并不意味着哲人的身份没有任何意义上的公共性或社会性。既然所有个人性的心灵，即人的智思，都来自神圣心灵——神的智思，那么，在个人性的心灵之间就存在一种联系，即在作为共同根基的神面前结成一个精神的共同体。因此哲人仅仅作为求知者和爱智慧者也有资格成为民众的代表，就其与民众一样都有一个分有自神圣心灵的个人性的心灵而言。[58]可以看到，

---

〔58〕 沃格林曾对比心灵的地位在希腊文明和以色列文明中的差异，以凸显希腊式个人性的心灵的重要意义："追求智慧的爱预设了一种个人性的心灵：这个心灵必须充分脱离于特殊的人类社群实体，才能体验到那种经由对神圣心灵的共同参与而与他人一道建立起来的共同体。〔转下页〕

哲人王的构想其实就潜藏于这个有关个人化心灵之神圣联系的脉络之中。具体而言，苏格拉底与城邦中各行各业的公民所进行的那种以探求真理为目的、从不厌倦的交谈，正充分显示了哲学的公共意义。哲人的生存意味着希腊文明中主导性的体验形式是智性神显，主导性的教化模式就是以追求智慧为目的的哲学式辩谈实践与沉思实践。将这种以追求智慧为目的的辩谈实践与沉思实践制度化的方式除了哲人王这种较为理想化的偏政治的构想之外就是较为常态化的偏教育的学院构想。

从以色列文明和希腊文明的体验形式以及相应的教化模式可以看到，二者正好覆盖了精神突破的两条直接的路径：超越的觉醒（对应于原初存在共同体中作为终极根基的神）与个人性的心灵的觉醒（对应于原初存在共同体中作为超越的感枢的人）。但这并没有穷尽精神突破的所有典型路

［接上页］只要心灵的精神生活足够弥散，以至于它在神之下的地位只能通过宗族和部落的中介以紧敛的方式被体验到，那么，对神的个人性的爱就无法成为心灵建构秩序的中心。在以色列，神的精神，即耶和华的灵，是与这个共同体以及那些凭其能力而成为共同体代表的特殊个人一起出现的，而不是作为在每个人的心灵中建构秩序的力量出现的，后者正如神秘哲人的心灵或基督的逻各斯出现在奥秘之体的每一个成员之中并通过其显现创造了共同体的志同道合一样。只有当人与他的同胞生活在精神的共同体之中而有一种与神直接相关的个人命运时，心灵的精神爱欲才能成就柏拉图称之为哲学的自我阐释。"见沃格林：《以色列与启示》，第342-343页。正如我们在前面分析过的，在儒家传统中，存在着一个从只有少数特殊个人才具有的"德"到所有人都普遍具有的"性"的演变过程，正可与此处从以色列的民族共同体到基督教的教会共同体的演变相提并论。

径：还有一种同样具有典型意义的路径，可以称之为宇宙论的觉醒，因其对应于原初存在共同体中作为实际生存之居所的宇宙。很显然，相比于超越的觉醒和个人性的心灵的觉醒这两条直接的路径，宇宙论的觉醒是个更为综合的间接的路径，而这一路径在人类历史上的真实代表就是中国文明。

在中国文明中，精神突破的主体是圣王。首先需要说明的是，此处的"王"，其义在"天下归往"，其所指包括经典中所说的皇、帝、王，也就是说，并非单指皇、帝、王、霸系列中的王。这种用法见诸经典文献。比如《尚书·洪范》中说："天子作民父母，以为天下王。"这是以天子为王。《白虎通》引用了这句话，陈立在疏证中引用了《太平御览》引伏生《尚书大传》中的话："圣人者，民之父母也。母能生之，能养之，父能教之，能诲之。圣人曲备之者也。能生之，能食，能教诲之也，为之城郭以居之，为之宫室以处之，为之庠序之学以教诲之，为之列地制亩以饮食之。故《书》曰：'天子作民父母，以为天下王。'此之谓也。"[59] 再比如《周易·系辞下》中说："伏羲氏之王天下也。"在皇、帝、王、霸的区分中，伏羲属于皇，不属于王，但这里也以王称。《白虎通》也引用了这句话，而其语境正是说明作为天子的皇也是王天下者："何以言皇亦称天子也？以其言天覆地载，俱王天下也。"[60] 就是说，既然皇、帝、王"俱王天

〔59〕 陈立：《白虎通疏证》(上)，第4页。
〔60〕 陈立：《白虎通疏证》(上)，第5页。

下",那么,分而言之为皇、帝、王,合而言之即是王。

王者的职分涉及两大伦理:对天而言,王乃天之子;对民而言,王乃民之父母。因此,顺天、敬德、保民乃是王者之责,或者说王者既对天负责,也对民负责。《左传·桓公六年》有言:"夫民,神之主也。是以圣王先成民,而后致力于神。"也正是在民神关系的语境中刻画圣王。从我们前面对境界与教化的区分的角度来说,"圣"言其境界之所及,"王"言其教化之事功,所谓"内圣外王"。但从实践层面刻画圣王的也很常见,比如荀子说:"圣也者,尽伦者也;王也者,尽制者也。两尽者,足以为天下极矣。故学者以圣王为师。"

可以明显地看到,圣王既不同于先知,也不同于哲人,而这就决定了中国文明中主导性的体验形式和教化模式不同于以色列和希腊。虽然超越的觉醒与个人性的心灵的觉醒在圣王身上都有发生,但圣王与先知和哲人相比具有更为明显的宇宙论关切,首先是一个制作者,所谓"作者之谓圣"。[61]圣王作为制作者的形象充分见于《周易·系辞下》第二章:

> 古者包牺氏之王天下也,仰则观象于天,俯则观法于地,观鸟兽之文与地之宜,近取诸身,远取诸物,于是始作八卦,以通神明之德,以类万物之情。作结

---

〔61〕所以,从根本上来说,并不存在普鸣所谓的作的模棱两可性的问题,恰当的提问是:如何看待作与自然的关系?而普鸣的回答也正表明了这一点。

绳而为网罟，以佃以渔，盖取诸离。包牺氏没，神农氏作，斫木为耜，揉木为耒，耒耨之利，以教天下，盖取诸益。日中为市，致天下之民，聚天下之货，交易而退，各得其所，盖取诸噬嗑。神农氏没，黄帝、尧舜氏作，通其变，使民不倦，神而化之，使民宜之。《易》穷则变，变则通，通则久。是以自天佑之，吉无不利。黄帝、尧舜垂衣裳而天下治，盖取诸乾、坤。刳木为舟，剡木为楫，舟楫之利，以济不通，致远以利天下，盖取诸涣。服牛乘马，引重致远，以利天下，盖取诸随。重门击柝，以待暴客，盖取诸豫。断木为杵，掘地为臼，杵臼之利，万民以济，盖取诸小过。弦木为弧，剡木为矢，弧矢之利，以威天下，盖取诸睽。上古穴居而野处，后世圣人易之以宫室，上栋下宇，以待风雨，盖取诸大壮。古之葬者，厚衣之以薪，葬之中野，不封不树，丧期无数。后世圣人易之以棺椁，盖取诸大过。上古结绳而治，后世圣人易之以书契，百官以治，万民以察，盖取诸夬。

从伏羲、神农到黄帝、尧、舜，这些圣王都是制作者，他们所制作之物涵盖了人类生活的各个方面，而八卦乃是圣王制作的首出，或者说是其他一切制作的基础。至于夏、商、周三代的圣王，其形象包含革命者、治理者和教化者三重，而综合于以制礼作乐为主要事功的教化者，因此同样也是制作者。对于《中庸》"修道之谓教"中的"教"，汉儒与宋儒的解释都是"礼乐政刑"，这呈现了一个广义的教化概念，可基于其综合义而简称为礼乐教化。孔子祖述尧舜，宪章文武，发明仁义，挺立教统，集前圣之大成，故为贤于尧舜、生民未有之至圣，因而也合当为王——以经学传统的看法而言，孔子晚年作《春秋》以事明义，寓褒贬于历史，实为行制作之权，故为一代之素王。因此，从儒教的内部视角来说，道始于伏羲，成于尧舜，修于禹、汤、文、武、周公，极于孔子。

圣王的制作者形象及其背后的宇宙论关切决定了在中国文明中主导性的体验形式是不同于灵性神显和智性神显的感性神显或宇宙论神显，而相应的教化模式则是不同于启示和智慧的礼乐。圣王的教化方法，并不是像苏格拉底式的哲人那样，通过交谈让人们学会如何基于个人化的心灵和作为语用学的辩证法来探求关于生活的智慧，也不是像摩西那样的先知通过向民众直接传达神的旨意来让他们领受神的启示，从而规导和激发他们的行为，而是因天时地利人和而制作一个以礼乐为主干的综合性的教化实体，让民众置身于其中而蒙受教化之泽。超越的觉醒与个人性的心灵的觉醒仍然是礼乐教化中的两个不可或缺的维度，但由于在礼乐教化中是宇宙论的觉醒作为主导，所以二者的呈现形态不同于以色列和希腊。

过去我们常说，相比于以色列文明，中国文明重人胜过重神，相比于希腊文明，中国文明重行胜过重知。这从形态学上来说当然是正确的，但毋宁说，中国文明是寓知于行，寓道、德于日用伦常之中，从而才呈现出与以色列文明和希腊文明的这些对比性特点。沃格林正确地指出，不能将中国文明中的圣人等同于哲人：

> 圣人在中国的出现，可以与哲人在古希腊的出现相比较。但他们也只是在某些方面可以比较而已。二者绝非同样的现象，这是因为，塑造秩序的力量在某个人——无论他在这个以宇宙论形式塑造秩序的社会中，在体制内居于何种地位——的心灵中出现并获得承认，这在中国并未发展为柏拉图–亚里士多德意义上的哲学。相反，它表现为两种类型的生存，分别由儒家运动和道家运动所代表：前者想要作为体制内统治者的智囊发挥作用，从而建立起某种类似于普世性的神宪政体的机制；后者则从这个世界的秩序抽身，遁入神秘主义隐士的与世隔绝状态。[62]

如我们在第三章引用过的，沃格林也同样正确地指出，儒家传统包含着一种"宗教的萌芽"。但是，对于儒家思想是否是一种宗教，沃格林也指出，这是一个很难做出简单回答的问题，就像我们也很难简单地以哲学来判断中国的思想性质一样：

> 一方面，关于中国哲学史和科学史的著作卷帙浩繁，另一方面，不止一个够资格的权威向我们保证，

---

〔62〕 沃格林：《天下时代》，第400–401页。

中国虽然有某种智慧但既未发展出哲学，也未发展出逻辑学和数学，因而也没有发展出科学。在一些具体问题上，我们遇到如下的对立观点：中国的早期宗教是多神论的，中国没有多神论；儒家思想是一种宗教，儒家思想不是一种宗教；诸如此类。显然，这里的问题很复杂，很难给出简单的回答。[63]

在中国文明中既没有发展出希腊式的哲学和科学，以及与希腊式哲学和科学相关的逻辑与理性，也没有发展出犹太教、基督教式的宗教，以及相关的政治形态。对于这些在沃格林看来很难给出简单回答的问题，现在我们通过补正，仍然基于沃格林的思想框架能够给出明确的回答：其原因正可以从发生在中国的精神突破在体验形式和相应的教化模式上的特点中找到。沃格林曾论及亨利·法兰克福关于文明的风格或形式的概念可用于多元文明的类型划分，[64]在此我们正可以教化模式的不同风格来区分正在讨论的三种历史性文明：如果说以色列文明是宗教性文明，希腊文明是哲学性文明，那么，中国文明就是艺术性文明。[65]将上述比较性认知

---

〔63〕 沃格林:《天下时代》，第388-389页。

〔64〕 沃格林:《以色列与启示》，第106页。

〔65〕 实际上，"六艺"正是中国文明自身的教化概念。"六艺"之名见于《周礼·地官司徒》:"以乡三物教万民，而宾兴之。一曰六德：知、仁、圣、义、忠、和；二曰六行：孝、友、睦、姻、任、恤；三曰六艺：礼、乐、射、御、书、数。"（《大司徒》）"保氏掌谏王恶，而养国子以道。乃教之六艺：一曰五礼，二曰六乐，三曰五射，四曰五驭，五曰〔转下页〕

排列在一起，就可得到一个历史性文明类型表：

［接上页］六书，六曰九数。"(《保氏》）礼、乐与射、御、书、数一道被
称为"六艺"。自孔子确立六经，"六艺"则指《诗》《书》《礼》《乐》
《易》《春秋》六经之教，而汉人所说"六艺"，多指六经之教，如陆贾
《新语·道基》云："礼义不行，纲纪不立，后世衰废，于是后圣乃定五
经，明六艺，承天统地，穷事察微，原情立本，以绪人伦，宗诸天地，纂
修篇章，垂诸来世，被诸鸟兽，以匡衰乱，天人合策，原道悉备。"而
贾谊亦以六术称六艺："先王于天下设教，因人所有，以之为训，道人之
情，以之为真。是故内法六法，外体六行，以与《书》《诗》《易》《春秋》
《礼》《乐》六者之术以为大义，谓之六艺。"可见"艺术"本来就表达了
中国文明自身对其原发性教化模式的自觉。对于艺术在孔子所倡教化中
的重要性，张祥龙多有阐发。这里引用其论述中最主要的三处：（1）"孔
夫子厌恶任何脱离生活实际体验的形而上学论辩，而只以六艺授徒。这
些'艺'对于他不只意味着谋生的技能知识，而更是引发学生们'举一反
三'、进入'发而皆中节'的中道境界的几微。他最赞赏学生们将诗、礼、
乐融为一境的当场领会能力。"见张祥龙：《海德格尔思想与中国天道》
（《张祥龙文集》第1卷），商务印书馆2022年版，第484页。（2）"'艺'
是获得非对象化知识的学习途径。它和'器'不同，而孔子讲'君子不
器'。它和只是作为实用技术的'术''法''律'也不同，尤其和今天所
说的'科学知识'不同。它不但有手艺化的、前对象化的运用空间（比如
射、御、书），而且有富于艺术化的构意时间（乐、诗、礼、易、春秋），
让人在学得技巧时直接感受到那无法被对象化的真实存在，也就是'已
不–还未'之间的发生样式和发生本身。"见张祥龙：《儒家哲学史讲演
录》（卷一）（《张祥龙文集》第7卷），商务印书馆2022年版，第341页。
（3）"'艺'（technē, arts）是一种灵活、机变，充满了动态的尺度感和意
义生成趣味的活动，在其中主体与客体以非观念化的和前反思的方式结合
在一起。因此，艺不仅使人能够生存，而且使人生丰富，使之有独特的、
可不断深化的境界，因而能让人真正地'好学'之，'发愤忘食，乐以忘
忧，不知老之将至云尔'。这样的学习与'训练'，如果按其本意进行，就
不会使人脱开活生生的体验而被某种框架控制，反倒是会助人进入既原本
又高雅的人生情境之中，或者说是人生情理和情理化的德行之中。"见张
祥龙：《儒家现象学研究》（卷一）（《张祥龙文集》第11卷），商务印书馆
2022年版，第217–218页。另外，不难想到，在黑格尔那里，艺术、宗教
与哲学，正被认为是绝对精神展开自身的三个环节。

历史性文明类型表

历史性文明典范	精神突破的主体	原发性体验形式	原发性教化模式	历史性文明类型
以色列	先知	灵性神显	启示	宗教性文明
希腊	哲人	智性神显	智慧	哲学性文明
中国	圣王	感性神显	礼乐	艺术性文明

第十章　三才之道与中国文明的平衡艺术

中国文明的超越秩序在《易传》中被以最简要的方式概括为"三才之道"：

> 《易》之为书也，广大悉备。有天道焉，有人道焉，有地道焉。兼三才而两之，故六。六者非它也，三才之道也。(《系辞》)

> 昔者圣人之作《易》也，将以顺性命之理。是以立天之道曰阴与阳；立地之道曰柔与刚；立人之道曰仁与义。兼三才而两之，故《易》六画而成卦。(《说卦》)

"三才"亦称"三极"，指构成超越秩序的三大实在天、地、人。人处于天地之间而"与天地参"的独特位置，恰恰表明人的生存的间际性。正是在这个意义上，我们可以说，三才之道是一种间际论哲学。从符号化的方式来说，"天""地""人"都有需要进一步解释的地方。程颐说："以形体言之谓之天，以主宰言之谓之帝，以功用言之谓之鬼神，以妙用言之谓之神，以性情言之谓之乾。"[1]这段话清晰地说明了"天"的两个主要含义：一个是以形体而言，往往与"地"连用而指宇宙；一个是以主宰而言，即指作为宇宙创造者的上帝。将这两个含义联系起来的方式也不难理解：上帝创造了构成宇宙的天地与万物，因此，"天"可关联于上帝所居之处而指创造宇宙的上帝，也可关联于上帝所创造的宇宙而指宇宙中万物生长的时空结构。"地"往往与"天"连用而指上帝所创造的宇宙，且在很多语境中，虽然只言及天，其实也包含了地。至于"人"，则一方面可指人的心灵，以及作为人心所居之处的人的身体，另一方面也可指人的社会，即与家、国等共同体所对应的人伦。将"天"理解为上帝，将"地"理解为宇宙，而将"人"分析地理解为人心与人伦，我们就看到了《周易》三才说与沃格林所谓原初存在共同体的四元结构的等价性，其中天、地分别对应于沃格林笔下的神与世界，人心与人伦分别对应于沃格林笔下的人与社会。我们以下面的三才结构图来表示。

对于这个图，需要补充说明的或许在于在将人分析地理解为两极时为何要以身–心为一极，而以家–国为另一极。就前者而言，沃格林自然非常强调人的心灵的凸显在人类社会秩序建构的历史过程中的特殊意义，但他也曾特别指出，人的意识总是"具体的意识"，与此相关，人的身

---

[1]　程颢、程颐：《程氏遗书》卷二十二上，见《二程集》（上），王孝鱼点校，中华书局，2004年，第288页。

第十章　三才之道与中国文明的平衡艺术　　395

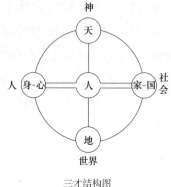

三才结构图

体生存（bodily existence）是我们理解人的本性时不可或缺的实在要素：

> 人类意识并不是某种随意飘荡的东西，而总是那些具体个人的具体意识。因此，与根基构成生存张力的意识，虽则建构着特殊的、将人与其他存在区分开来的人的本性，却又不是他本性的全部。这是因为，意识总是具体地建基于人的身体生存，而这一点就将他与从无机物到动物的所有领域的存在连接起来了。追随亚里士多德，我们把人的这种特性——即人作为所有领域的存在的一个缩影——称作人的综合本性（synthetic nature）。具体的人依据其意识整饬其生存，不过，他要进行整饬的不只是他的意识，更是他在世上的整个生存。[2]

---

〔2〕 沃格林：《记忆》，第474–475页。

概而言之，身体与心灵俱为实在，二者应当被关联起来一道考虑。在沃格林看来，无论是基于心灵而完全忽略身体来构想秩序，还是基于身体而完全忽略心灵来构想秩序，都意味着对实在的遮蔽，其结果都是实在的丧失，因而都属于灵性病理学现象。[3]

就后者而言，家庭与国家是人的社会性生存的主要伦理场域，对应于儒教经典中非常看重的父子、夫妇、兄弟、朋友、君臣五伦，因而就是沃格林原初存在共同体中的"社会"的等价物。需要说明的是，在儒教经典中，正如身与心被认为是一体的一样，家与国也被认为是一体的，因此我使用"家-国"这个符号化形式来表达这一极。至于在对这一极的符号化表达中没有把"天下"与"家""国"并置，则是因为考虑到大地其实就是天下所指向的，而这一点显然已经在图中呈现出来了。另外值得留意的或许是身-心与家-国之间的关联。既然儒教的立场是人的身份认同的确立不可能脱离开人伦，那么，身-心与家-国之间的关联就不难看出。[4]

---

[3]　沃格林指出，前者的典型表现是各色乌托邦主义，后者的典型表现则是各色社会契约论。见沃格林：《记忆》，第476页。

[4]　这意味着"身"是联结人的心灵与人的社会的枢纽性实在。如果我们将身-心理解为人格（personality），而相对于将家-国理解为人伦，那么，二者的关联就能够被恰当地表述为人格与人伦之间的关联。在这个意义上，有必要指出，儒教经典中的"身"更应当被理解为英文"person"的对应物，而不只是"body"的对应物，如此方能正确理解《大学》中关于修身意义的说明："自天子以至于庶人，壹是皆以修身为本。"

"三才之道"中"道"的符号，则与沃格林所谓"作为过程的实在"的符号具有等价性。三才之道虽然可以分而言之曰天道、地道、人道，但实际只是一个道，其中天、地、人三大实在各自以其特有的方式与作用聚集在一起。若以道的源头而论，则道为天道；若以道的落实而论，则道为地道；若以道的践行而论，则道为人道。此正如朱子在《太极图说解》中所说，"道一而已，随事著见，故有三才之别"。[5] 道在天曰阴与阳，在地曰柔与刚，是以气、质之用而言万物的创生；道在人曰仁与义，是以德之成而言万物的化生。阴阳、柔刚与仁义，都归属于生生的过程，因此，三才之道就是生生之道。在"生生"这一符号化表达中，前一个"生"是指万物的创生，即《易传》所说的"万物化醇"，亦即程朱所说的气化与形化，后一个"生"是指万物经人文而化成，即《易传》所说的"万物化生"，亦即我基于程朱思想而概括的德化。[6] 由此可见，"生生"叠用，其实已经将万物化育过程中天、地、人的不同作用清晰地表达在其中了。就自然与人文的关系而论，如果说气化与形化是指自然创生，而德化是指人文化成，那么，"生生"叠用，也清晰地表达了自然与人文的连续性。

　　三才之道的确立，端赖于圣人，这是理解三才之道的一个重要维度。如上引文献所示，圣人作《易》，是为了

---

〔5〕　朱熹：《朱子全书》第13册，第76页。

〔6〕　参见唐文明：《气化、形化与德化——周敦颐太极图再论》，载《清华大学学报》2021年第4期。

"顺性命之理"，于是三才之道得以确立。当然，需要指出的是，上引文献只是就圣人作《易》而言三才之道的确立。从《易》历三圣"可以推知，从伏羲到孔子的所有圣人，皆有功于三才之道的确立，而至圣孔子作为集大成者，则意味着三才之道通过孔子而得以完备。《中庸》说："诚者，天之道也；诚之者，人之道也。"如果说此处的"天之道"其实是"天地之道"的略称，那么，诚者与诚之者的关联性表述，正是对三才之道的言说。《中庸》又在此基础上说"唯天下至诚"，实则是从圣人之德的功效上说三才之道：

> 唯天下至诚，为能尽其性；能尽其性，则能尽人之性；能尽人之性，则能尽物之性；能尽物之性，则可以赞天地之化育；可以赞天地之化育，则可以与天地参矣。

对于这段文字，朱子《中庸章句》解释说："天下至诚，谓圣人之德之实，天下莫能加也。尽其性者，德无不实，故无人欲之私，而天命之在我者，察之由之，巨细精粗，无毫发之不尽也。人、物之性，亦我之性，但以所赋形气不同而有异耳。能尽之者，谓知之无不明而处之无不当也。赞，犹助也。与天地参，谓与天地并立而为三也。"[7]这就是说，三才之道确立于至诚之圣人，而其要旨则在于尽性；圣人不仅能

---

〔7〕 见《朱子全书》第6册，第50页。

尽己之性，也能尽人之性，尽物之性；正是在这个意义上，才能够说圣人"可以赞天地之化育"，才能够说圣人作为人极可以与天地并立为三。郑玄认为"天下至诚"是指孔子，这当然是有根据的，尤其是当我们以孟子所说"贤于尧舜"的集大成者理解孔子时，我们就能基于郑玄的看法得到对这段文字的一个周密的解释。[8]

既然圣是天纵之至圣，性是天命之本性，那么，以尽性为要旨的三才之道经由圣人确立，也就是三才之道的自行开显，或者干脆直接说，就是道的自行开显，而相应地，至圣孔子，就是道的化身。因此《中庸》如此称扬孔子说：

> 仲尼祖述尧舜，宪章文武，上律天时，下袭水土。辟如天地之无不持载，无不覆帱。辟如四时之错行，如日月之代明。万物并育而不相害，道并行而不相悖。小德川流，大德敦化。此天地之所以为大也！唯天下至圣，为能聪明睿知，足以有临也；宽裕温柔，足以有容也；发强刚毅，足以有执也；齐庄中正，足以有敬也；文理密察，足以有别也。溥博渊泉，而时出之。溥博如天，渊泉如渊。见而民莫不敬，言而民莫不信，行而民莫不说。是以声名洋溢乎中国，施及蛮貊。舟车所至，人力所通，天之所覆，地之所载，日月所照，

---

[8]　郑玄的看法可参考李琪慧：《郑玄〈中庸注〉中的"孔子之德"》，载《现代哲学》2022年第2期。

霜露所队，凡有血气者，莫不尊亲，故曰配天。唯天下至诚，为能经纶天下之大经，立天下之大本，知天地之化育。夫焉有所倚？肫肫其仁！渊渊其渊！浩浩其天！苟不固聪明圣知达天德者，其孰能知之？

与此同时，又说："诚者，自成也；而道，自道也。"将两段文字结合起来意思就是，孔子之至诚即是天地之至诚，此即所谓诚者之自成；至圣孔子之道即是道的自行开显，此即所谓道之自道。实际上我们看到，《中庸》论诚，最后也是归于对圣人之道的赞美：

大哉，圣人之道！洋洋乎！发育万物，峻极于天。优优大哉！礼仪三百，威仪三千，待其人然后行。故曰：苟不至德，至道不凝焉。故君子尊德性而道问学，致广大而尽精微，极高明而道中庸，温故而知新，敦厚以崇礼。

从行文的结构不难看出，这段话包含着有递进关系的三层意思。首先，"发育万物，峻极于天"仍是对前述圣人"可以赞天地之化育""可以与天地参"的赞美性刻画，而特别强调了圣人之道的根源在于天。其次，在对圣人所制作的礼乐进行赞叹性描述之后又说"苟不至德，至道不凝焉"，则是表明，礼乐教化，即是至道之凝，而至道之凝端赖于至德之圣。最后，说明在圣人之道开显的前提下贤人君子如何效法圣人展开自己的修为。总括这三层意思即是说，三才之道开显于至德之圣人，因而就是圣人之道，而圣人之道落实于礼乐教化，又有赖于贤人君子的不断修为。

在上一章我们已经指出，中国文明表现出强烈的宇宙论关切，其原发性教化模式是礼乐，其文明秩序类型可以概括为一种以宇宙论风格表达出来的心性论秩序或心性-宇宙论秩序。这一点能够较好地解释，在经历了超越的突破的中国文明中，对秩序的符号化表达何以表现出明显的宇宙论风格。质言之，呈现在中国文明中的宇宙论风格的符号化表达，并非沃格林在韦伯的影响下所断言的发生在中国文明中的精神突破不彻底、不完全的具体表现，而是中国文明在经历了超越的突破之后仍然执着于宇宙论关切的具体表现。理解中国文明中执着的宇宙论关切的一个关键主题恰恰就是沃格林在对西方文明危机的诊断中特别提出并一直念兹在兹的实在体验中的平衡问题。在第六章我们已经指出，沃格林认为，是柏拉图、亚里士多德等古典哲人为西方文明确立了平衡设准，从而决定了西方文明迄今为止的理性生活。在此，让我们聚焦于"祖述尧舜，宪章文武"的孔子如何为中国文明确立其平衡设准。

沃格林直接将平衡问题刻画为意识的平衡问题，具体来说就是超越意识与开端意识的平衡问题。这一刻画与神、人、宇宙在人的秩序体验中的关联的对应关系是明显的：既然超越对应于神，开端对应于宇宙，而意识对应于人的心灵，那么，超越意识就对应于人对神的体验，开端意识就对应于人对宇宙的体验，而人的自我意识就对应于人的参与体验。既然在心性论秩序中，人的心灵作为超越的感枢具有独特的地位，是秩序构成的关键，那么，将平衡问题直接刻画为意识的平衡问题就是合理的。也就是说，平衡首先是意识的平衡，失衡也首先是意识的失衡。不过，既然平衡问题不仅呈现于关乎人的秩序建构的意识层次，同时也可能呈现于关乎人的秩序落实的社会层次，那么，平衡问题就不仅仅是心灵秩序层次上的问题，同时也是社会秩序层次上的问题。

从体验与符号化表达的关系来看，既然意识的平衡要通过符号化形式表达出来，那么，平衡问题就会在符号化表达的层次上呈现出来，因而就存在符号化表达的平衡问题（the problem of balance of symbolization）。沃格林并没有明确区分意识的平衡与符号化表达的平衡，正如他也没有明确区分境界与教化一样，尽管在他对几个文明的秩序特点的具体分析中，我们能够从他对意识的平衡问题的分析中看到符号化表达的平衡问题。[9]这两个问题之所以分不开，自然是因为，体验只能通过符号化形式表达出来，也只能通过符号化表达被理解。除此之外，由精神突破而来的历史意识成为一个社会建构自身秩序的精神力量，往往意味着相应的教

---

[9] 比如说，沃格林一方面秉承奥古斯丁断言柏拉图笔下的神与保罗心中的神是同一个神，另一方面又指出柏拉图在《蒂迈欧篇》中并没有将德穆革刻画为基督教《圣经》中那个无中生有的神是其追求平衡的一个表现。从中不难看出，从符号化表达的平衡来理解柏拉图对德穆革的刻画，比从意识的平衡来理解更为精当。

化实践成为这个社会建构自身秩序的精神力量，从而往往也意味着相应的教化制度成为这个社会建构自身秩序的内在组成部分，而无论教化制度以何种方式与社会的其他制度相联结。因此，关联于教化制度的落实方式，也就是敷教方式，还存在着制度化方式的平衡问题（the problem of balance of institutionalization）。

这样，对于平衡问题，我们就有了一个包含三个层次的整全刻画：体验性意识的平衡、符号化表达的平衡与制度化方式的平衡。[10] 至于这三者之间的关系，也不难理解。首先需要强调的是，符号化表达的平衡与制度化方式的平衡都有其相对独立的领域而不可能被完全化约为体验性意识的平衡，且无论是从社会秩序的实际建构还是文明的实际历史形态而言这二者都具有相当的重要性。其次，符号化表达的平衡与体验性意识的平衡具有表里关系，但符号化表达的平衡显然属于教化实践的领域。以语言符号为例，正如维特根斯坦所揭示的，语言本身就具有公共性，不存在私人语言，而这就意味着，作为符号化表达的语言属于与教化实践相对应的公共性的社会领域，而非与精神突破相对应的私密性的意识领域。总而言之，以境界与教化的区分而言，体验性意识的平衡对应于前者，而符号化表达的平衡与制度化方式的平衡则对应于后者。这也就是说，体验性意识的平衡是根

---

〔10〕 既然沃格林笔下的"意识"紧密关联于对实在的体验，那么，我们将"意识的平衡"更为清晰地表述为"体验性意识的平衡"（the balance of experiential consciousness）就更为精当。

本，没有这个根本，符号化表达的平衡与制度化方式的平衡都无从谈起，且符号化表达的平衡与制度化方式的平衡都是为了在教化实践领域保障体验性意识的平衡。如果我们将构成教化基础的境界作为教化所包含的一个组成部分，那么，我们就有理由将上述经过扩展了的平衡问题概括为教化的平衡问题（the problem of balance of paideia），而将体验性意识的平衡、符号化表达的平衡和制度化方式的平衡作为教化的平衡问题在三个不同层次上的表现。

从教化的平衡这个更为整全的问题视野出发，再来看沃格林就西方文明的平衡设准所做的批判性分析，我们可以得到以下两方面的新认识。

首先，正如沃格林已经揭示出的，哲学的确是保持体验性意识平衡的一个重要的精神力量，因而其诞生在人类历史上具有划时代的纪元性意义，对于目前与西方文明全方位遭遇中的中国文明的更新与复兴也具有至关重要的意义，但是，不难看到，仅靠哲学来应对教化的平衡问题是远远不够的。概而言之，作为一种彻底诉诸人的理性的特别的教化模式，哲学的优点也意味着它的缺点。

苏格拉底的哲学对话对象虽然可以是城邦的任何公民，但哲学思考毕竟是少数人的事务，对于很多、甚至是大多数不能够学会哲学思考的公民而言，哲学教化发挥不了什么作用，因此柏拉图认为神话与宗教是一个社会所必需的，因为民众的教化需要"高贵的谎言"。这一局面并不随着现代社会教育的普及而发生根本性的改变。对于那些接受了哲学教化的人而言，由于存在禀性上的差异以及学习中可能出现的各种问题，哲学思考也不一定真的能够成为保持其体验性意识平衡的智性力量。像阿尔喀比亚德那样满怀着对苏格拉底的爱欲但却因为成长于雅典社会的大染缸而心性遭到败坏的人，或者是像游叙弗伦那样自以为是地认为苏格拉底与他站在同一战线的人，或者是像阿里斯托芬喜剧《云》中的斯瑞西阿得斯和斐狄庇得斯父子那样怀着不良动机进入苏格拉底的哲学所学习哲学的人，都是哲学在个人心灵秩序的建构中失效的明显例证。至于哲学与城邦的冲突，我们常常同情地站在哲人一边强调哲学对城邦的诊断与治疗，但辩证法式的哲学思考也可能走到破坏城邦根基的地步，这一点也是我们能够从对苏格拉底的人生悲剧的不同解读中看到的。至于哲学或者因为痴迷于语言的使用从而有流于诡辩的可能，或者因为理性会丧失其原本的谦卑走向傲慢从而有脱轨的危险，在在都显示出哲学在保持教化的平衡时所能发挥作用的有限性。[11]

---

〔11〕 "哲学的脱轨"（the derailment of philosophy）是沃格林"秩序与历史"研究中的一个重要历史主题。沃格林认为，哲学的脱轨"根源于哲学思考本身的结构之中，不能由'诡辩术'的标签来解释"，具体来说，"存在的飞跃将超越世界的存在殊显化为所有存在之源，从而将内在之特性加诸'世界'之上。既然超越体验只能通过在感性体验世界中拥有其原初功能的语言来表达，那么，最终指向超越体验的符号，包括概念与命题，必须类比地来理解，无论它们是神话的符号、启示的符号还是哲学的符号。当符号从其体验背景中被抽离出来，并且被当作如同指向感性体验资料的概念时，脱轨就出现了"。见沃格林：《柏拉图与亚里士多德》，第322页。

其次，在保护性扭曲（protective deformation）的主题下，沃格林曾既带批判性又带建设性地讨论了哲学的教条化、启示的宗教化、上帝之言的圣经化等与天下时代的历史语境紧密相关的历史现象，而这些历史现象其实都能够从教化的平衡这一更为整全的问题视野来加以分析。

哲学的教条化意味着对智性真理的扭曲，属于哲学的脱轨。对智性真理的命题式扭曲始于斯多葛学派，"高度发达于经院哲学，并在笛卡尔那里向现代形而上学的过渡中进一步得到强化"——沃格林认为这是他在其学术研究生涯中的"一个较为重要的发现"。[12] 斯多葛学派的命题式形而上学（propositional metaphysics）的出现，是哲学走向教条化的历史性标志。在具体分析斯多葛学派所带来的这种哲学转向时，沃格林指出，扭曲始于抽象概念的发展。拿与意识的平衡密切相关的张力体验来说，柏拉图和亚里士多德以智性方式对其加以阐发，但他们所使用的语言是非常具体的，"他们说的是惊奇与转向，探寻与发现，爱、希望与信仰"，而斯多葛学派的哲人虽然也充分意识到张力体验的重要性，但他们却"发展出抽象的*tasis*来指称质料与形式之间的张力，发展出抽象的*tonos*来指称在人的心灵和宇宙整体中的、朝向神性秩序的张力"。[13] 抽象概念的发展之所以成为智性真理的扭曲的开始，是因为"用来表达张力的语言越抽象，它

---

〔12〕 沃格林：《自传体反思录》，第121页。
〔13〕 沃格林：《天下时代》，第92页。

的使用者就越容易忘记，这种语言是神人交会的一部分，而人朝向根基的张力在这种交会中向自身显明"。[14]当遗忘变成现实，作为符号化表达的语言脱离体验，从而脱离体验所及的实在，那些本来鲜活地存在于符号化表达中的关于实在的真理就被扭曲为教条式的真理而以命题的方式陈述出来。于是，"一种新的理智游戏，即命题式形而上学的游戏，就开始了，……它具有世界历史性的后果，其影响延续至今。这种将符号化表达扭曲为教条的做法所带来的直接后果之一，是损害了通过科学对实在的结构进行的探索活动"。[15]

尽管如此，基于对殊显化的生存真理的保护这一社会教化层面的主题，沃格林对肇始于斯多葛学派的哲学的教条化仍予以充分肯定，并连带引出对"宗教"概念的产生以及相关制度的确立的充分肯定：

> 对于斯多葛学派将哲学教条化的事业，我们不应仅仅给予负面评价。这是因为，斯多葛学派的教条主义，一如后来的基督教神学，具有文明性目的和效果：殊显化的生存真理暴露在天下情境的灵性与智性动荡之中时遭遇到被瓦解的压力，而斯多葛学派的教条主义则在这种压力面前，保护了一种历史性地获得了的洞见状态。正是西塞罗以其天才辨认出了瓦解性力量

---

[14] 沃格林：《天下时代》，第92页。

[15] 沃格林：《天下时代》，第97页。

以及通过语言符号——他通过一个将实在中的神显真理具身化的"词"——来保护真理的必要性。在追踪这个问题时，西塞罗将旧的拉丁术语 *religio* 发展成了那个通过崇拜仪式和教义而将生存真理及其表达都保护性地包含在其中的符号。[16]

以抽象概念和命题形式表达出来的教条化的真理是对经由精神突破而获得的生存真理的扭曲表达，但也意味着避免生存真理在帝国征服的动荡处境中被瓦解的必要保护措施，而"宗教"概念的产生，也同样应当从对生存真理的保护性扭曲来理解和评价。也就是说，肇始于西塞罗的"宗教"概念，尽管也意味着对决定了西方文明之品格的殊显化的生存真理的扭曲，但也必须被理解为成就了西方文明的最重要的保护性力量。如前所述，对于宗教，尤其是制度化宗教在西方文明史上的重要意义，沃格林喜欢引用汤因比说过的一句话："教会是文明之蛹。"可以说，"保护性扭曲"这一理念的提出，准确地表达了沃格林对汤因比这句话的解读分寸。在概述"宗教"之于西方文明的重要意义时，沃格林不忘指出"宗教"概念产生的天下时代语境：

> 西塞罗的术语"宗教"在历史上取得了头等重要的成功。它被拉丁教父们接过，用来指称他们自身

---

[16] 沃格林：《天下时代》，第97—98页。

的教义，并通过拉丁教会流传到现代西方，并在诸如"宗教哲学""宗教史""比较宗教学"等现代语境中成为一个如此普遍的术语，以至于可以用来指称所有阶段上人与神性实在之关系的体验和符号化表达，无论是紧敛的、殊显化的还是扭曲的阶段。对"宗教"的如下意识在实践中早已丧失了："宗教"并非对某物的一个分析性概念，而是对出现在作为一个普世–帝国社会的罗马的某个特定问题的一种主题性回应。[17]

西塞罗的"宗教"主要指容纳了神话的哲学教义，而教父们接过这一概念用来指称他们从启示中得到的教义，于是启示就变成了宗教。因此说，作为天下时代的产物，"宗教"概念深深地打上了天下时代的烙印，它与"哲学"和"启示"并非同一层级的概念。质言之，"宗教"概念其实是为了保护哲学和启示中的生存真理而产生的，只是在后来的历史性变迁中被扩展为一个指涉更广泛的术语，几乎可以用来指称一切方式的神性体验以及与之相应的符号化表达和崇拜仪式。[18]

---

[17] 沃格林：《天下时代》，第99页。

[18] 在"宗教"观念的历史性变迁中，一个值得展开批判性分析的要点是，最初的"宗教"是与"迷信"相对而言的，而现在的"宗教"则往往将原来被认为是"迷信"的东西包含在内，甚至被等同于"迷信"。关于"宗教"最初相对于"迷信"而被定义，沃格林写道："用西塞罗的话说，哲人对神性实在的理解变成了宗教，而那种更为古老的神话则被贬低为迷信。"见沃格林：《天下时代》，第98页。

体验真理转变为教条真理，在沃格林看来有其历史与社会的必然性。类似的分析也被扩展到"圣经"（Scripture）概念的产生上。经过对摩西五经成书背景和成书时间的一番猜测性分析，沃格林断言，"'圣经'是叠加于由口述传统和文字记载共同构成的载体之上的一层意义，其目的是在普世-帝国社会的不利条件下保护之"。[19] 将那些文本理解为"圣经"是对殊显化的灵性真理的制度性保护，而付出的代价则是对那些原本从灵性神显过程中涌现出来的体验真理的教条化扭曲。对于这一过程中相互交织的两个重要问题，即上帝之言的教条化与历史的教条化，沃格林都有简明扼要的概括。

上帝之言的教条化即指原本归属于参与性体验的启示真理经过教条化而成为以命题化形式表达出来的教义真理：

> 关于人在神-人之间际而生存的真理的语言，是在那些导致意识殊显化的神显事件中、并由那些事件所产生的。就其意义而言，语言符号属于真理产生于其中的那些体验的间际。只要体验和符号化的过程未被教条化的反思所扭曲，那些符号所具有的参与状态就是毋庸置疑的。……体验的间际有一个终点，那些符号从该终点出现，作为对其真理的解释，但该终点本身不能成为命题式知识的对象。如果那些既是上帝之言

---

[19] 沃格林:《天下时代》，第111页。

又是人之言的参与符号被实体化为一种教条性的圣言，这一装置能够保护已经获得的洞见，使其免于在社会中瓦解，但也能够削弱对真理来源于建构了历史的时间之中的神显之流的敏感性。除非对沉思的实践采取预防措施，否则，符号的教条化很容易阻断体验的激活与语言的更新过程。当符号与其体验性间际中的来源相分离时，上帝之言就会发生蜕化，变成人可以信也可以不信的人之言。[20]

就其命题化表达形式不再能够呈现参与性体验的间际从而意味着将参与的终点实体化为认知对象这一点而言，上帝之言的教条化无疑是对体验真理的教条化扭曲，在社会教化层面的后果则是使人们执着于真理的符号化表达，而非真理本身，最终可能难免于执人言以为圣言的严重错失。就其命题化表达形式作为对已获得的真理的保存从而免于其在社会中瓦解这一点而言，上帝之言的教条化则是对体验真理的历史性保护，在社会教化层面的后果当然就是真理的历史性延续，尽管不免于扭曲的形态。由此可见，如果说保护性扭曲似乎是社会教化不可避免的途径，那么，上帝之言的教条化也归属于这一途径。

再来看历史的教条化：

---

[20] 沃格林：《天下时代》，第112–113页。

与上帝之言的教条化紧密相关的是历史的教条化，这是通过将上帝之言从对超越的直接性体验扩展到对开端的中介性体验而达成的。正如我已说过的，关于开端的宇宙溯源论神话会受到关于超越的意识的殊显化程度的影响。因此，只要《创世记》的宇宙溯源论被理解为一种神话诗，反映出它的作者也许是在基督纪元前6世纪时达成的灵性殊显化状态，那它就没有什么错。当那些以神话思辨的方式创作了律法书的作者将宇宙溯源论置于他们笔下的由以色列所代表的人类历史的开端之处时，他们也没有什么错。同样，当这种宇宙溯源论被提炼为"无中生有"说时，当将关于实在的真理启示在历史中的上帝之言被投射回关于开端的宇宙溯源论神话时，这都没有什么错。只有当符号化过程中人的意识的中心地位和人符号化开端的想象能力被误解为一种能够将开端置于意识控制之下的力量时，对超越和开端的符号化之间的关系在生存意义上才会变得危险。这种危险呈现于天下时代的灵知主义之中，在分析这一问题时，我已经强调过，现代的灵知主义运动更多地来自《约翰福音》中的灵知主义"影响"，而非更加丰富多彩的各种心理剧变体。[21]

随着超越意识的凸显且上帝被教条化地理解为一个认知对

---

〔21〕 沃格林：《天下时代》，第113页。

象，原本归属于参与性体验的历史意识也就可能被实体化为一个往往包含着对开端与终结的全盘思辨的封闭过程。这就是历史的教条化。如前所析，在参与性体验中，历史也是一个间际性实在，是一个其意义来自人对神显的参与式回应的过程性实在。一旦过于强烈的超越意识被扩展到只能通过中介性体验而获得的开端意识，那么，历史作为实在的过程就会被以思辨的方式刻画为一部"可理解的心理剧"，或者说是一出"想象中的解放游戏"，相应地，作为心理剧的最后一幕的解放也就被设想为历史所具有的一个现实的从而也是封闭的终点。由此可见，历史的教条化正是灵知主义所犯的错误，无论是古代的灵知主义还是现代的灵知主义。

由于主要聚焦于体验性意识的平衡，所以，在论及柏拉图如何为西方文明确立其平衡设准时，沃格林特别从理智的启示性质说起。只要理智将自身理解为来自超越者的启示，理智就能保持必要的谦卑；而正是凭借这种必要的谦卑，古典哲学才避免了走向现代哲学的脱轨之路。于此，古典理性的谦卑与现代理性的傲慢形成了鲜明对比。但即使如此，古典哲学仍存在因流连于反讽之路而忘返的问题，且不可避免地教条化为命题形而上学仍是其必然的命运。对中国文明而言，既然平衡问题是整体性的教化的平衡问题，那么，其平衡设准就不会只从体验性意识的平衡入手，而是体现于整个教化模式，也就是说，区别于哲学与启示的艺术教化模式本身就是应对平衡问题的产物，因而就全方位地体现了平衡的艺术。

让我们回到上引《中庸》赞美圣人之道的那一段话——实际上，就中国文明的平衡艺术而言，那是一段提纲挈领的话。既然之前我们已经说明了那一段话所包含的三层意思的递进关系，那么，现在让我们来进一步解释一下那三层意思的更深意蕴。

第一层意思讲圣人之道"发育万物，峻极于天"，此处的"天"虽以位置言，但必然指向有好生之德的天，亦即作为超越的主宰的天，因为"发育万物"正是圣人效法天有好生之德的表现，所谓"赞天地之化育"。如前所述，沃格林曾指出，柏拉图在《蒂迈欧篇》中没有将造物主德穆革设想为一个能够"无中生有"的更为超越的神，而且将宇宙本身作为德穆革的头生子，这都是他力求避免体验性意识的失衡的举措。不难看到，这一点也清晰地见诸儒教经典及其历史。作为超越的主宰的天始终是被承认的，尤其是在政治正当性的论述中，但这个作为超越的主宰的天又被紧紧地关联于宇宙万物的创生，从而构成了理解天有好生之德的体验基础。[22] 而且，直到北宋的二程，才发展出了类似于"无中生有"的宇宙创生论，即与"形化"相对而言的"气化"。[23] 我们当然可以按照沃格林的观点，基于体验性意识的平衡来

---

[22] 宋儒在"天地之心"的概念下发展了这一主题，参见唐文明：《朱子论天地以生物为心》，载《清华大学学报》2019年第1期。

[23] 参见唐文明：《气化、形化与德化——周敦颐太极图再论》，载《清华大学学报》2021年第4期。正如我在文中所分析的，"气化"虽然说可以被认为是从"感生"发展而来，但儒教经典中本来的"感生"思想并非一种遍及万物的宇宙创生论。

理解出现在儒教经典与历史上的这种节制的超越意识及其符号化表达，但是，关联于中国文明自身的特质，我们更应当从中国文明强烈的宇宙论关切——或者更精确地说，应当从其心性–宇宙论秩序——来理解这一现象。

第二层意思讲至德之圣制作礼乐从而有至道之凝。首先需要说明的是，礼乐教化是一种艺术教化，不同于哲学与启示。如前所析，以神显方式而论，哲学对应的是智性神显，启示对应的是灵性神显，艺术对应的则是感性神显。感性神显意味着不离宇宙万事万物呈现超越，即强调道在日用伦常中且道须臾不可离。[24] 而这就决定了礼乐教化的宇宙论风格。在《乐记》的如下表述中，我们能够非常清晰地看到礼乐教化的宇宙论风格：

> 大乐与天地同和，大礼与天地同节。和，故百物不失；节，故祀天祭地。明则有礼乐，幽则有鬼神，如此则四海之内合敬同爱矣。

> 乐者，天地之和也；礼者，天地之序也。和，故百物皆化；序，故群物皆别。乐由天作，礼以地制。

---

〔24〕 前述史华慈以"超越的内在化"概括中国文明的特质，即是此义。此处仍需指出，切不可将"超越的内在化"混同于现代新儒家的"内在超越"。另，孔子作《春秋》而有"我欲载之空言，不如见之于行事之深切著明也"之表白，也能从感性神显与智性神显的区别加以说明，从中发展出的是中国文明对历史的高度重视。

> 过制则乱，过作则暴。明于天地，然后能兴礼乐也。

> 天高地下，万物散殊，而礼制行也；流而不息，合同而化，而乐兴也。春作夏长，仁也；秋敛冬藏，义也。仁近于乐，义近于礼。乐者敦和，率神而从天；礼者别宜，居鬼而从地。故圣人作乐以应天，作礼以配地。礼乐明备，天地官矣。

圣人比配天地之秩序与节律而制作礼乐，其根本目的正是《中庸》首章所言"天地位，万物育"，从而表达出中国文明强烈的宇宙论关切和淑世情怀。由此我们也可以进一步思考礼乐与宗教的关联与差异。

如果将一般而言广义的宗教与对鬼神——包括天地在内的广义的鬼神——的信仰对应起来，从而以幽、明之教分别指涉宗教与礼乐，那么，我们就可以说，"明则有礼乐，幽则有鬼神"的表述就意在表明礼乐与宗教的关联与差异。具体来说，就其关联而言，对鬼神的信仰显然是礼乐的基础。如果我们将"对鬼神的信仰"作为对"宗教"的极简定义，那么，我们自然可以将这一点概括为礼乐的宗教性。不过，狭义的宗教，就其对鬼神的信仰而言，往往关联于对救赎的期待性体验，前提是对人的苦弱处境的深刻体验，而这是和礼乐根本不同的。礼乐教化中对鬼神的信仰并不预设对救赎的期待性体验，自然也就不以对人的苦命体验为前提。《系辞》曰："乐天知命，故不忧；安土敦乎仁，故能爱。"

这正表达了礼乐教化的核心体验。用黑格尔的话来说，这恰恰呈现了人的乐天意识（happy consciousness），而非人的苦命意识（unhappy consciousness）——黑格尔认为后者正是宗教意识的真正来源。[25]

与此相应的一个重要差别是，与宗教以救赎论为其教义的中心不同，礼乐教化以化育论为其教义的中心。[26]救赎论意味着寄希望于超越者的救赎从而人的目光在超越者的牵引下朝向了来世；化育论则意味着人必须承担起"赞天地之化育"的高贵责任从而人的目光始终流连于现世。与此相应的另一个重要差别是在礼仪上。"礼仪三百，威仪三千"的描述非常形象地表达出礼乐教化的文采灿然，这自然也是礼乐教化以"发育万物"为根本目的的显著表现。由此我们也应当注意到，礼乐教化中的礼仪与一般所说的宗教的灵性礼

[25] 黑格尔对苦命意识的论述，见黑格尔：《精神现象学》（上），贺麟、王玖兴译，商务印书馆，1979年，第132页以下。贺麟、王玖兴将"unhappy consciousness"译为"苦恼意识"，是考虑到这种意识包含着一种内在的分裂，但忽略了这种意识的主要内容是人对自我处于苦弱境地的深刻体验。也有人将之译为"不幸意识"，相对而言比"苦恼意识"更确切。我建议将之译为"苦命意识"，以与"乐天意识"相对照。关于黑格尔以苦命意识与乐天意识区分以色列人与希腊人的不同精神，并认为基督教并未克服苦命意识的详细分析，可参见 Jean Hyppolite, *Genesis and Structure of Hegel's Phenomenology of Spirit*, trans. Samuel Cherniak and John Heckman, Northwestern University Press, 1974, p.191。

[26] 如前所述，沃格林将希腊文明的特点概括为人类学秩序，将以色列文明的特点概括为救赎论秩序。基于沃格林的核心洞见，我们有理由将中国文明的特点概括为化育论秩序，其符号化表达方式的侧重点不在人，也不在神，而在宇宙。

仪（spiritual liturgy）存在着显著的差别，而更接近沃格林所说的宇宙性礼仪，或许也可以叫自然礼仪（natural liturgy）。在宗教的灵性礼仪中，除了直接以上帝为敬拜对象的礼仪，也有不少是关联于人生的不同阶段和一些重要时刻的礼仪，但在在都要表现唯一上帝的临在；而在礼乐教化的礼仪中，敬拜对象并非只是——多数情况下甚至不是——作为最高主宰的上帝，而是宇宙内的天地鬼神，在在都表现出明显的宇宙论旨趣或者说自然旨趣。

由此可见，就狭义的宗教而言，礼乐根本不是宗教，礼乐也没有什么宗教性；就广义的宗教而言，可以说礼乐属于某种类型的宗教，因为主导了礼乐教化的感性神显包含着清晰、深刻的灵性体验。如果说与灵性神显对应的教化模式的流弊是以变形为目的的灵性魔法的话，那么，与感性神显对应的教化模式的流弊则是同样以变形为目的的气功魔法。[27] 而且，不难想到，重新堕入宇宙论秩序从而导致偶像崇拜也是与感性神显对应的教化模式容易出现的问题，正如灵知主义是与灵性神显对应的教化模式容易出现的问题一样。由此我们也可以解释何以韦伯会用"巫术的花园"来描述中国文明的特点。

第三层意思讲贤人君子之学，即讲贤人君子应当如何效法圣人以成就自己的修为。对于"尊德性而道问学，致广大而尽精微，极高明而道中庸，温故而知新，敦厚以崇礼"

---

[27] 武侠小说作为中国文明中特有的现象，可以从此得到解释。

这个五联句，朱子在他的章句中标以"圣贤所示入德之方"而以存心与致知为纲解释之，同时就效验而言君子之学能够极尽乎道体之大与道体之细：

> 尊德性，所以存心而极乎道体之大也。道问学，所以致知而尽乎道体之细也。二者，修德凝道之大端。不以一毫私意自蔽，不以一毫私欲自累，涵泳乎其所已知，敦笃乎其所已能，此皆存心之属也。析理则不使有毫厘之差，处事则不使有过不及之谬，理义则日知其所未知，节文则日谨其所未谨，此皆致知之属也。盖非存心无以致知，而存心者又不可以不致知。故此五句，大小相资，首尾相应，圣贤所示入德之方莫详于此，学者宜尽心焉。[28]

基于对"尊德性"与"道问学"的理解，朱子以存心与致知为纲统论此处的贤人君子之学，凸显了其"涵养须用敬，进学则在致知"的工夫论。从经文自身所承载的义理来看，朱子的解释虽有洞见但仍有不少可议之处。

首先来看"尊德性而道问学"一句。无论是郑玄还是朱子，都把"德性"与"问学"作为一个单义词来理解。郑玄将"德性"解释为"性至诚者"，即指有德之圣人，因而

---

[28] 朱熹：《中庸章句》，见《朱子全书》第6册，第53页。

其解释侧重在"德"一边。[29]朱子则将"德性"解释为"吾所受天之正理",即指天命之性,因而其解释侧重在"性"一边。如果我们能够看到郑玄的解释与朱子的解释都有其合理性的话,那么,我们就能够想到,这里的"德性"可能并非一个单义词,而是一个复合词,即是指"德"与"性"的结合。这样一来,"尊德性"的意思就是既尊德又尊性,即既尊有德之圣人又尊人人所禀有的天命之性。而所谓尊圣人,也就隐含着尊圣人所确立的经典以及圣人所制作的礼乐教化(尊经与尊礼);而尊人人所禀有的天命之性,则正可以指向由子思、孟子所特别标榜、为宋儒所特意阐发的心性之学。[30]至于"德"与"性"何以能结合在一起而为一个复合词,可以这么来理解:圣为天纵,性为天命,二者都出于天,故可联为"德性"一词。

同样,"问学"在郑玄和朱子那里也都被理解为一个单义词。郑玄以"学诚者"来解释"问学",意即贤人君子当以圣人为问学的对象与榜样;而朱子则以"道体之细"来概括问学的内容,直接因应了其格物致知的工夫论。如果说"问学"也可能是两个单义词的复合,那又该如何理解其含

---

[29] 郑玄注、孔颖达疏:《礼记正义》,见阮元校刻《十三经注疏》(下),第1633页。

[30] 与此相关的是对《论语》中孔子所说"志于道,据于德,依于仁,游于艺"的理解问题。朱子将其中的"德"解释为"行道而有得于心而不失之谓",又将"仁"解释为"私欲尽去而心德之全",虽有效验程度上的区别,其实不免于重复之嫌。若将其中的"德"理解为圣人,而将"仁"理解为天命之性,则更通达而无重复之嫌。

义呢？不难想到，"问"对应的是师，"学"对应的是己，所以，"问学"也应当被理解为一个由"问"与"学"结合在一起的复合词，而"道问学"的意思就是同时强调师之教与己之学的重要性。[31] 既然圣人为师之典范，而己之所凭正在于己所禀有的天命之性，那么，"问"与"学"正与前面的"德"与"性"相对应。以"尊德性"为弘道之事，"道问学"为为学之事，"尊德性而道问学"一句就能够被理解为：对贤人君子而言，弘道当落实于为学，为学当归属于弘道。换言之，力求保持弘道与为学之间的平衡，这是《中庸》就贤人君子之学而提出的一个要求。

值得一提的是朱子以"大小相资"来统说"尊德性"与"道问学"、"致广大"与"尽精微"、"极高明"与"道中庸"、"温故"与"知新"、"敦厚"与"崇礼"的关系。朱子之所以有这一解释，是因为他首先将此章前面的内容理解为论道体之大小，然后又根据上下文而将对这个五联句中每一句前后两个短语的关系的理解关联于前面论道体之大小。具体来说，朱子首先认为，"发育万物，峻极于天"意味着"道之极于至大而无外也"；"礼仪三百，威仪三千"则意味着"道之入于至小而无间也"。于是，"尊德性"与"道问学"、"致广大"与"尽精微"、"极高明"与"道中庸"、"温故"与"知新"、"敦厚"与"崇礼"都被理解为大小关系，从而以"大小相资"统说之。在《中庸或问》中，我们能够

---

〔31〕 同样，"广大"、"精微"、"高明"、"中庸"其实都是复合词。

看到朱子对此更清晰的论述：

> 大抵此五句，承章首道体大小而言，故一句之内，
> 皆具大小二意。如德性也，广大也，高明也，故也，
> 厚也，道之大也；问学也，精微也，中庸也，新也，
> 礼也，道之小也。[32]

需要澄清的是，朱子此处的"小"是细、微之义，因此朱子也用"道体之细"来与"道体之大"对举，正如前面引文所示。有了这个澄清，我们不至于对朱子的解释产生误解，尤其是当我们看到朱子将中庸归为"道之小"、将礼也归为"道之小"时。道之体象有磅礴广大的一面，也有具体而微的一面，这类似于我们常常在充分肯定"道之大原出于天"的同时又特别强调"道在日用伦常中"一样。道之体象的两面，关联于圣人正体现在圣人中庸之德的平衡艺术，落实于贤人君子之学，就表现为对贤人君子修养上的一种平衡要求。由此可见，朱子关联于道之体象的两面而以"大小相资"来说明五联句每一句前后两个短语的关系，意味着他对我们正在讨论的教化的平衡这一重要议题有着深刻的体会。不过，就这一章的原文而言，以道体之大小来区分前两节容易忽略前两节的递进关系。

就五联句的第一句而言，平衡的要求不仅出现在"尊

---

〔32〕 见《朱子全书》第6册，第601页。

德性"与"道问学"之间，也出现在"道问"与"道学"之间，也就是师教与自修之间，以及相对应的"尊德"与"尊性"之间，也就是尊圣与尊天之间。关于师教与自修之间的关联，以及相对应的尊圣与尊天之间的关联，可以说，周敦颐《通书·师》提供了一个很好的解释：

> 或问曰："曷为天下善？"曰："师"。曰："何谓也？"曰："性者，刚柔善恶，中而已矣。"不达。曰："刚善：为义，为直，为断，为严毅，为干固；恶：为猛，为隘，为强梁。柔善：为慈，为顺，为巽；恶：为懦弱，为无断，为邪佞。惟中也者，和也，中节也，天下之达道也，圣人之事也。故圣人立教，俾人自易其恶，自至其中而止矣。故先觉觉后觉，暗者求于明，而师道立矣。师道立，则善人多。善人多，则朝廷正，而天下治矣。"[33]

人所禀有的天命之性虽就其本来面目而言纯然至善，但就其落入气质之中而言则难免有刚善刚恶、柔善柔恶之偏，于是，圣人制作礼乐教化而成师道，即是希望通过先觉觉后觉而使人变化其气质以自至其中。因此，否认圣人所制作的礼乐教化进而否认师道的意义，企图单靠自己个人的修养，与

---

〔33〕 此文中的"中"是指时中之中，即发而皆中节的中，而非在中之中，即状性之体段的不偏不倚的中。朱子对此有误解，可参考我在《气化、形化与德化》一文中的详细分析。

否认人人皆禀有纯然至善的天命之性，企图单靠礼乐教化的外在规范，都未能贯彻圣人之道在教化层面的平衡要求，因而都不是对儒教经典中君子之学的恰当理解。

现在来看"致广大而尽精微"一句。郑玄以"博厚"释"广大"，表明他对此句——以及下一句——的解释紧扣论"至诚无息"的前一章：

> 故至诚无息。不息则久，久则征，征则悠远，悠远则博厚，博厚则高明。博厚所以载物也，高明所以覆物也，悠久所以成物也。博厚配地，高明配天，悠久无疆。如此者，不见而章，不动而变，无为而成，天地之道可一言而尽也：其为物不贰，则其生物不测。天地之道，博也，厚也，高也，明也，悠也，久也。今夫天，斯昭昭之多，及其无穷也，日月星辰系焉，万物覆焉。今夫地，一撮土之多，及其广厚，载华岳而不重，振河海而不泄，万物载焉。今夫山，一卷石之多，及其广大，草木生之，禽兽居之，宝藏兴焉。今夫水，一勺之多，及其不测，鼋、鼍、蛟龙、鱼鳖生焉，货财殖焉。《诗》曰："惟天之命，於穆不已！"盖曰天之所以为天也。"於乎不显，文王之德之纯！"盖曰文王之所以为文也，纯亦不已。

既然"博厚配地"，那么，郑玄以"博厚"释"广大"就意味着，"致广大而尽精微"一句是在说贤人君子应当学习圣人，效法有广大之德的地从而做到"尽育物之精微"。[34]当然也可以这么说：贤人君子应当学习圣人尽育物之精微，从而使自己有像地一样的广大之德。以"致广大"为进德之事，"尽精微"为成功之事，"致广大而尽精微"一句就能够被理解为：对贤人君子而言，进德当落实于成功，成功当归属于进德。换言之，力求保持进德与成功之间的平衡，这是《中庸》就贤人君子之学而提出的一个要求。

接着来看"极高明而道中庸"一句。同样，前一章说到"高明配天"，这意味着"极高明而道中庸"一句是在说贤人君子应当学习圣人，效法有高明之德的天从而实现中庸之道。[35]当然也可以这么说：贤人君子应当学习圣人行中庸之道，从而使自己有像天一样的高明之德。以"极高明"为明体之事，"道中庸"为达用之事，"极高明而道中庸"一句就能够被理解为：对贤人君子而言，明体当落实于达用，达用当归属于明体。换言之，力求保持明体与达用之间的平衡，这是《中庸》就贤人君子之学而提出的一个要求。

另外，既然说圣人的中庸之道表现为礼乐教化，那么，"极高明而道中庸"还包含着这样一层意思：礼乐教化是君

---

[34] 孔颖达疏云："致广大而尽精微者，广大谓地也，言贤人由学能致广大，如地之生养之德也。而尽精微，谓致其生养之德，既能致于广大，尽育物之精微，言无微不尽也。"郑玄注、孔颖达疏：《礼记正义》，见阮元校刻《十三经注疏》（下），第1633页。

[35] 郑玄在注"极高明"时说："高明谓天也，言贤人由学极尽天之高明之德。"郑玄注、孔颖达疏：《礼记正义》，见阮元校刻《十三经注疏》（下），第1633页。

子学习圣人效法有高明之德的天的必由之路。因此，如果说力求保持明体与达用之间的平衡是《中庸》就贤人君子之学而提出的一个要求，那么，这个要求最终也落在了尊崇礼乐教化这一点上。而这当然隐含着，经历了存在的飞跃而"极高明"的圣人凭其中庸之德所制作的礼乐，本身就是一个充分体现了平衡艺术的教化。

圣人的中庸之德充分体现了教化的平衡，从而也对贤人君子之学提出了平衡的要求，这个意思其实也可以关联于上引前一章分析出来。关联于君子应当学习圣人效法地之厚德载物、天之自强不息这两层重要意涵，不难看到，本章讲贤人君子之学的"尊德性而道问学，致广大而尽精微，极高明而道中庸"与前一章论述至诚者的三个层次的效验——悠久、博厚与高明——有着明显的对应关系。[36]而值得注意的是，在前一章论述至诚者的三个层次的效验时，都是紧密关联于万物的生长发育而展开的："博厚所以载物也，高明所以覆物也，悠久所以成物也。"这种对物的强烈关切自然显示出圣人之道的宇宙论旨趣，从而也表明，圣人的中庸之德

---

[36] 这一理解的前提是："悠久"是"尊德性而道问学"的效验。朱子则反对以人德、地德、天德来对应"尊德性"、"致广大"与"极高明"三句，见于他在《中庸或问》中对持此说的游酢的批评："游氏分别至道至德为得之，惟优优大哉之说为未善，而以无方无体、离形去智为极高明之意，又以人德、地德、天德为德性、广大、高明之分，则其失愈远矣。"见《朱子全书》第6册，第600页。其实以人德、地德、天德来对应五联句中的前三句，可能更符合《中庸》的本义，而这一理解也与朱子以"相资"来说五联句每一句中前后两个短语之间的关联这一点并不相悖。

必须通过与物打交道而呈现。与此相关，圣人制作的礼乐也不例外，必然是一个道不离器、器不离道，能够充分体现平衡艺术的教化。既然五联句的第四句"温故而知新"正如朱子所揭示的是在说致知，第五句"敦厚以崇礼"是在说对礼乐的尊崇，那么，从前三句过渡到后两句的脉络就清晰地呈现出来了。

对于"温故而知新"一句，朱子与郑玄的理解差不多，但朱子既然以"致知"来解释这一句，那么，我们反倒是能从这一句获得对朱子特别重视的格物致知说的一个新理解。众所周知，这一句也出现在《论语·为政》中，其语境是孔子揭示为师之道："子曰：'温故而知新，可以为师矣。'"在回答弟子就这一句的相关疑问时，朱子说：

> 故者，昔之所已得者也；新者，今之所始得者也。昔之所得，虽曰既为吾有，然不时加反复寻绎之功，则亦未免废忘荒落之患，而无所据以知新矣。然徒能温故，而不能索其义理之所以然者，则见闻虽富，诵说虽勤，而口耳文字之外，略无毫发意见，譬若无源之水，其出有穷，亦将何以授业解惑，而待学者无已之求哉？[37]

将"格物"与"致知"连在一起，意味着所致之知是具体

---

〔37〕朱子：《论语或问》，见《朱子全书》第6册，第648页。

事物之知。这充分表明了格物致知说的宇宙论关切。如果说"温故而知新"是对格物致知说的一个本质性理解，那么，这将带来以下两方面的重要认识。首先是对知识的历史性的认识。既然新知的产生必须以旧知为依据，那么，历史性就是知识的一个本质特征。至于旧知的来源，自然要回溯到经过圣贤创作、解释过的经典与历史。朱子《鹅湖寺和陆子寿》有"旧学商量加邃密，新知培养转深沉"的名句，也表达出类似的意思。[38]其次是对新知发现作为一种艺术性活动的认识。既然历史性是知识的一个本质特征，那么，新知的发现就是一门艺术。何以如此？在上面的引文中朱子提到"义理之所以然"，看起来更侧重通过理性而从已知的真理中引出未知的真理；"温故而知新"若从其文意而言则主要指向另一种新知发现的方式，即，通过经验而从已知的真理中引出未知的真理。实际上，我们并不能将这两种新知发现的方式截然分开，尤其是说，在后一种新知发现的方式中，理性与经验都不可或缺。而能够将新的经验与旧的真知关联起来的，除了理性，还必须有生动的想象力。这是因为，只有在生动的想象力的作用下，我们才能将未知之事物与某些已知之事物的特性关联起来。正是在这个意义上，我们说，新知的发现是一门艺术。从而也可以说，格物致知其实是一种艺术活动，或者更具体地说，是一种伴随着审美体验的艺术

---

〔38〕 伽达默尔在《真理与方法》中指出，阐释学意义上的真理是历史性的真理，因而新的阐释需要视域融合，这正可以作为对"温故而知新"的一个理解。

性的认知活动。[39] 回到五联句的语境中，以"温故"为识旧之事，"温故而知新"一句就能够被理解为：对贤人君子而言，识旧当落实于知新，知新当归属于识旧。换言之，力求保持识旧与知新之间的平衡，这是《中庸》就贤人君子之学而提出的一个要求。

最后来看"敦厚以崇礼"一句。"敦厚"一词又出现在《礼记·经解》中："温柔敦厚，《诗》教也。……其为人也，温柔敦厚而不愚，则深于《诗》者也。"孔颖达疏曰："温谓颜色温润，柔谓情性和柔。"[40] 因此，"敦厚"的意思就是通过变化气质而使人的情性更为醇厚。既然"敦厚"指向与礼文相对而言的情质，那么，"敦厚以崇礼"从修养的角度看就相当于"文质彬彬，然后而君子"，从教化的角度看就是在说德教与礼教的相资为用。因此，以"敦厚"为尚质之事，"崇礼"为崇文之事，"敦厚以崇礼"一句就能够被理解为：对贤人君子而言，尚质当落实于崇文，崇文当归属于尚质。换言之，力求保持尚质与崇文之间的平衡，这是《中庸》就贤人君子之学而提出的一个要求。

---

〔39〕 这里的分析借鉴了沃尔夫关于"发现的艺术"的论述，参见拜泽尔：《狄奥提玛的孩子们——从莱布尼兹到莱辛的德国审美理性主义》，张红军译，人民出版社，2019年，第66—67页。

〔40〕 郑玄注、孔颖达疏：《礼记正义》，见阮元校刻《十三经注疏》（下），第1609页。另，《经解》中将六经之教概括为"温柔敦厚而不愚"、"疏通知远而不诬"、"广博易良而不奢"、"洁净精微而不贼"、"恭俭庄敬而不烦"、"属辞比事而不乱"，清楚地表明六经之教在人的美德的培养问题上本身就包含了平衡的要求。

弘道与为学之间的平衡、进德与成功之间的平衡、明体与达用之间的平衡、识旧与知新之间的平衡、尚质与崇文之间的平衡，一言以蔽之即超越与内在之间的平衡，全面概括了《中庸》基于圣人之道而就贤人君子之学所提出的平衡要求。这充分表明中国文明的平衡艺术是全方位的，且正是全方位的平衡追求决定了中国文明的宇宙论风格：如果说体验性意识与符号化表达层面的平衡表现为宇宙论风格的真理的话，那么，制度化方式层面的平衡就表现为同样具有宇宙论风格的礼乐教化。

以上解读旨在说明，我们应当且能够从教化的平衡艺术来理解呈现于中国文明中的强烈的宇宙论关切。而结论正如前面已经提到的，中国文明中强烈的宇宙论关切，并非像沃格林在韦伯的影响下所认为的那样，是精神突破不彻底、不完全的表现，而是出于教化的平衡这一重要考量有意保持的。当然，我们更不可因为注意到中国文明中强烈的宇宙论关切从而认为中国文明仍停留于在真理层级上低于心性论秩序的宇宙论秩序——至于那些因为看到了西方文明的现代危机从而试图否认宇宙论秩序在真理层级上低于心性论秩序的学者，他们的根本问题其实在于对沃格林的秩序哲学的核心洞见缺乏真切的把握。

至于教化的平衡艺术在中国历史上的不同表现，我们在此仅限于做一最简要的提示。从教化史的视野看，孔子以后的中国历史，汉代与宋代无疑是最具有典范意义的两个重要时代。汉代最重要的教化史事件当然是教化的制度化重建以及相应的经学的学科化确立。在著名的天人三策中，董仲舒向汉武帝着重阐明的，正是教化之于天下治理的意义：

> 夫万民之从利也，如水之走下，不以教化堤防之，不能止也。是故教化立而奸邪皆止者，其堤防完也；教化废而奸邪并出，刑罚不能胜者，其堤防坏也。古之王者明于此，是故南面而治天下，莫不以教化为大务。立太学以教于国，设庠序以化于邑，渐民以仁，摩民以谊，节民以礼，故其刑罚甚轻而禁不犯者，教化行而习俗美也。[41]

用沃格林提出的保护性扭曲的理念来理解汉儒的教化概念以及相应的经典概念与经学概念显然是恰当的，而且，也不难指出这些概念与天下时代的历史语境之间的密切关联，难的在于究竟该如何评价与这些概念相对应的教化的制度化方式。正如我们在第七章结尾时已经提到的，如果说董仲舒模式的政教关系意味着贯彻了教化的平衡从而避免了西方基督教文明——无论是天主教时代还是新教时代——的种种政教冲突的话，那么，对于历史上的儒教而言，其所付出的代价正是因教统依附于治统而被利用，乃至被滥用。

如果说汉代儒学表现出明显的宇宙论风格的话，那么，

---

[41] 班固：《汉书·董仲舒传》，见班固撰、颜师古注《汉书》第八册，第2503–2504页。

宋代儒学则以其明显的心性论风格而著称。但绝不能忘记，宋代儒学的心性论是紧密关联于宇宙论的心性论，这一点在当时往往被刻画为与佛学的差异：不同于佛学那种唯识论底色的心性论，儒学的心性论必须紧密关联于其目的论底色的宇宙论才能得到恰当的理解。[42]因此不难看到，宋代儒学对于超越的上帝的体验，也是紧扣宇宙论问题而被呈现、被表达。其中最明显的莫过于宋代儒学中极为重要的"天地之心"这个符号，无论是从其体验性意识的层面还是符号化表达的层面看，都等价于柏拉图《蒂迈欧篇》中的"宇宙心灵"，而非《旧约》中那个更为超越的上帝，尽管正是在宋代儒学中才第一次明确出现了"无中生有"的宇宙论观念。[43]在程、朱那里，基于"理一分殊"的宇宙论架构，平衡的艺术还充分表现在对"分殊"的重视上。对"分殊"的重视表现于工夫即是对"格物"的重视。无须赘言，程朱理学对"格物"的重视正体现出中国文明本有的那种强烈的宇宙论关切。

在《明道先生行状》中，程颐引用了孟子描述舜的话

---

〔42〕 朱子的《伊洛渊源录》推崇濂溪、明道、伊川、康节、横渠五位先生，即北宋五子，其实也应当从心性论与宇宙论的统一性的角度去理解。朱子宗师二程，又将周敦颐列为道学之祖，且高度评价邵雍与张载之学，其中一个重要原因正在于他们对古典的目的论宇宙观的捍卫与阐发。尤其值得指出的是，张载明确提出"天人合一"的主张，正是为了说明宇宙论与心性论的统一性，而其原始语境，正是针对佛学非毁古典的目的论宇宙观而言。

〔43〕 参见我在《朱子论天地以生物为心》与《气化、形化与德化》两文中的详细分析。

"明于庶物，察于人伦"，然后以最简要的方式概括了他对儒学作为为己之学——或者说儒教作为成德之教——的全面认知。从我们现在所讨论的主题来看，程颐对儒学或儒教的概括正是对三才之道的平衡艺术的一个最简明扼要的表达。就让我们以他的概括作为本章的结束：

> 尽性至命，必本于孝悌；穷神知化，由通于礼乐。

参考文献

沃格林著作中文版

《以色列与启示》(《秩序与历史》卷一），霍伟岸、叶颖译，译林
　　出版社，2012年。

《城邦的世界》(《秩序与历史》卷二），陈周旺译，译林出版社，
　　2012年。

《柏拉图与亚里士多德》(《秩序与历史》卷三），刘曙辉译，译林
　　出版社，2014年。

《天下时代》(《秩序与历史》卷四），叶颖译，译林出版社，
　　2018年。

《求索秩序》(《秩序与历史》卷五），徐志跃译，译林出版社，
　　2018年。

《新政治科学》，段保良译，商务印书馆，2018年（另有孙嘉琪上
　　海三联书店译本）。

《记忆》，朱成明译，华东师范大学出版社，2017年。

《没有约束的现代性》，张新樟、刘景联译，华东师范大学出版
　　社，2007年。

《希特勒与德国人》，张新樟译，上海三联书店，2015年。

《自传体反思录》，桑多兹编，段保良译，华夏出版社，2018年。

《希腊化、罗马和早期基督教》(《政治观念史稿》卷一），段保良
　　译，华东师范大学出版社，2019年。

《中世纪（至阿奎那）》(《政治观念史稿》卷二)，叶颖译，华东
　　师范大学出版社，2019年。

《中世纪晚期》(《政治观念史稿》卷三)，段保良译，华东师范大
　　学出版社，2019年。

《文艺复兴与宗教改革》(《政治观念史稿》卷四)，孔新峰译，华
　　东师范大学出版社，2019年。

《宗教与现代性的兴起》(《政治观念史稿》卷五)，霍伟岸译，贺
　　晴川校，华东师范大学出版社，2019年。

《革命与新科学》(《政治观念史稿》卷六)，谢华育译，贺晴川
　　校，华东师范大学出版社，2019年。

《新秩序与最后的定向》(《政治观念史稿》卷七)，李晋、马丽
　　译，华东师范大学出版社，2019年。

《危机和人的启示》(《政治观念史稿》卷一)，刘景联译，华东师
　　范大学出版社，2019年。

《信仰与政治哲学：施特劳斯与沃格林通信集》，恩伯莱、寇普
　　编，谢华育、张新樟等译，华东师范大学出版社，2007年。

沃格林著作英文版

Eric Voegelin, *The Collected Works of Eric Voegelin*, eds. Paul
　　Caringella, Jürgen Gebhardt, Thomas A. Hollweck, Ellis Sandoz,
　　Louisiana State University Press (Vol. 1–3) and University of
　　Missouri Press (Vol. 4–34), 1995–2006. 引用时简称为 *CW*。

其他著作（按中、英文次序排列）

阿里斯托芬：《云》，罗念生译，上海人民出版社，2007年。

阿伦特：《爱与奥古斯丁》，J. V. 斯考特、J. C. 斯塔克编，王寅丽、
　　池伟添译，漓江出版社，2019年。

奥古斯丁：《上帝之城》，吴飞译，上海三联书店，2022年。

柏拉图：《蒂迈欧篇》，谢文郁译，上海人民出版社，2005年。

柏拉图：《会饮》，刘小枫译，华夏出版社，2003年。

柏拉图：《克里底亚篇》，《柏拉图全集》，王晓朝译，人民出版社，2017年。

拜泽尔：《狄奥提玛的孩子们——从莱布尼兹到莱辛的德国审美理性主义》，张红军译，人民出版社，2019年。

班固撰、颜师古注：《汉书》，中华书局，1962年。

蔡孟翰：《论天下：先秦关于"天下"的政治想象与论述》，《文化纵横》2017年第2期。

陈来：《古代宗教与伦理》，生活·读书·新知三联书店，1996年。

陈立：《白虎通疏证》，新编诸子集成本，中华书局，1994年。

程颢、程颐：《二程集》，王孝鱼点校，中华书局，2004年。

杜预注、孔颖达疏：《春秋左传正义》，阮元校刻《十三经注疏》，中华书局影印本，1980年。

范宁集解、杨士勋疏：《春秋谷梁传注疏》，阮元校刻《十三经注疏》，中华书局影印本，1980年。

冯友兰：《中国哲学史》，商务印书馆，2011年。

高明：《帛书老子校注》，中华书局，1996年。

葛兆光：《对"天下"的想象：一个乌托邦想象背后的政治、思想与学术》，《思想》第29期。

海德格尔：《康德〈纯粹理性批判〉的现象学阐释》，溥林译，商务印书馆，2021年。

何休注、徐彦疏：《春秋公羊传注疏》，阮元校刻《十三经注疏》，中华书局影印本，1980年。

何晏集解、邢昺疏：《论语注疏》，阮元校刻《十三经注疏》，中华书局影印本，1980年。

贺麟：《文化与人生》，商务印书馆，2015年。

黑格尔：《精神现象学》，贺麟、王玖兴译，商务印书馆，1979年。

黑格尔：《历史哲学》，王造时译，上海书店出版社，1999年。

黑格尔：《世界史哲学讲演录（1822—1823）》，刘立群、沈真、
　　张东辉、姚燕译，商务印书馆，2014年。

基尔克果：《恐惧与战栗》，赵翔译，华夏出版社，2013年。

孔安国传、孔颖达疏：《尚书正义》，阮元校刻《十三经注疏》，
　　中华书局影印本，1980年。

李隆基注、邢昺疏：《孝经注疏》，阮元校刻《十三经注疏》，中
　　华书局影印本，1980年。

李琪慧：《郑玄〈中庸注〉中的"孔子之德"》，《现代哲学》2022
　　年第2期。

李泽厚：《己卯五说》，中国电影出版社，1999年。

林国华：《灵知沉沦的编年史》，商务印书馆，2019年。

刘复生：《宋朝"火运"论略——兼论"五德转移"政治学说的
　　终结》，《历史研究》1997年第3期。

刘浦江：《"五德终始说"之终结——兼论宋代以降传统政治文化
　　的嬗变》，《中国社会科学》2006年第2期。

刘笑敢：《老子古今》，中国社会科学出版社，2006年。

罗纳德·贝纳：《公民宗教：政治哲学史的对话》，李育书译，人
　　民出版社，2018年。

毛亨注、郑玄笺、孔颖达疏：《毛诗正义》，阮元校刻《十三经注
　　疏》，中华书局影印本，1980年。

普鸣：《作与不作：早期中国对创新与技艺问题的论辩》，杨起予
　　译，唐鹤语校，生活·读书·新知三联书店，2020年。

普鸣：《成神：早期中国的宇宙论、祭祀与自我神化》，张常煊、
　　李健芸译，李震校，生活·读书·新知三联书店，2020年。

屈万里：《尚书释义》，中国文化大学出版部，1995年。

史华慈：《古代中国的思想世界》，程钢译，江苏人民出版社，
　　2004年。

司马迁：《史记》，中华书局，1982年。

唐文明：《隐秘的颠覆》，生活·读书·新知三联书店，2012年。

唐文明：《彝伦攸斁》，中国社会科学出版社，2019年。

唐文明：《乌托邦与古今儒学》，《读书》2019年第8期。

唐文明：《朱子论天地以生物为心》，《清华大学学报》2019年第
　　1期。

唐文明：《仁感与孝应》，《哲学动态》2020年第3期。

唐文明：《气化、形化与德化——周敦颐太极图再论》，《清华大
　　学学报》2021年第4期。

王弼注、孔颖达疏：《周易正义》，阮元校刻《十三经注疏》，中
　　华书局影印本，1980年。

王弼注、楼宇烈校释：《老子道德经注校释》，新编诸子集成本，
　　中华书局，2008年。

王夫之：《楚辞通释》，《船山全书》第十四册，岳麓书社，2011年。

王先谦撰，沈啸寰、王星贤点校：《荀子集解》，新编诸子集成
　　本，中华书局，1988年。

王先谦撰、刘武点校：《庄子集解》，新编诸子集成本，中华书
　　局，1987年。

王先慎撰、钟哲点校：《韩非子集解》，新编诸子集成本，中华书
　　局，1998年。

韦伯：《儒教与道教》，洪天富译，江苏人民出版社，2010年。

维柯：《新科学》，朱光潜译，商务印书馆，1989年。

尾形勇：《中国古代的"家"与国家》，张鹤泉译，中华书局，
　　2010年。

魏源:《老子本义》,《诸子集成》第三册,上海书店出版社,
　　1986年影印本。

吴飞:《心灵秩序与世界历史》,生活·读书·新知三联书店,
　　2019年。

谢林:《启示哲学》,王丁译,商务印书馆,2022年。

徐复观:《中国人性论史》,华东师范大学出版社,2005年。

雅斯贝尔斯:《论历史的起源与目标》,李雪涛译,华东师范大学
　　出版社,2018年。

亚里士多德:《尼各马可伦理学》,廖申白译注,商务印书馆,
　　2003年。

亚里士多德:《形而上学》,吴寿彭译,商务印书馆,1997年。

亚里士多德:《政治学》,吴寿彭译,商务印书馆,1965年。

叶颖:《普世秩序的多元表达——埃里克·沃格林与现代性背景
　　下的帝国问题》,北京大学博士论文,2007年。

伊利亚德:《神圣与世俗》,王建光译,华夏出版社,2002年。

余英时:《论天人之际》,中华书局,2014年。

张光直:《考古学专题六讲》,文物出版社,1986年。

张灏:《转型时代与幽暗意识》,任锋编校,上海人民出版社,
　　2018年。

张祥龙:《张祥龙文集》(16卷),商务印书馆,2022年。

赵逵夫:《〈天问〉的作时、主题与创作动机》,《西北师大学报》
　　2000年第1期。

赵岐注、孙奭疏:《孟子注疏》,阮元校刻《十三经注疏》,中华
　　书局影印本,1980年。

赵在翰辑,钟肇鹏、萧文郁点校:《七纬》,中华书局,2012年。

郑玄注、孔颖达疏:《礼记正义》,阮元校刻《十三经注疏》,中
　　华书局影印本,1980年。

周敦颐著、陈克明点校：《周敦颐集》，中华书局，2009年。

周洁：《努斯与秩序》，复旦大学博士论文，2013年。

朱熹：《四书章句集注》、《四书或问》，朱杰人、严佐之、刘永翔主编《朱子全书》第6册，上海古籍出版社、安徽教育出版社，2010年。

朱熹：《太极图说解》，朱杰人、严佐之、刘永翔主编《朱子全书》第13册，上海古籍出版社、安徽教育出版社，2010年。

朱熹：《楚辞集注》，朱杰人、严佐之、刘永翔主编《朱子全书》第19册，上海古籍出版社、安徽教育出版社，2010年。

Cooper, Barry. *Eric Voegelin and the Foundations of Modern Political Science*, University of Missouri Press, 1999.

Douglass, Bruce. "The Break in Voegelin's Program," in *Political Science Reviewer* 7 (1977).

Shmuel Eisenstadt (ed.). *The Origins and Diversity of Axial Age Civilizations*, State University of New York Press, 1986.

Duraj, Jarosław. *The Role of Metaxy in the Political Philosophy of Eric Voegelin*, Peter Lang Publishing, 2021.

Fabbri, Renaud. "At the Root of Evil? Eric Voegelin and India," in *Aditi II (2019)*, https://voegelinview.com/at-the-root-of-evil-eric-voegelin-and-india/.

Franz, Michael. "The Concept of Gnosticism and the Analysis of Spiritual Disorder," *The Political Science Reviewer* 34 (July 1, 2005).

Gebhardt, Jürgen. "The Vocation of the Scholar," in *International and Interdisciplinary Perspectives on Eric Voegelin*, eds. Stephen A. McKnight and Geoffrey L. Price, University of Missouri Press, 1997.

Hyppolite, Jean. *Genesis and Structure of Hegel's Phenomenology of Spirit*, trans. Samuel Cherniak and John Heckman, Northwestern University Press, 1974.

Idel, Moshe. "Voegelin's Israel and Revelation: Some Observations," in *Politics, Order and History: Essays on the Work of Eric Voegelin*, eds. Glenn Hughes, Stephen A. McKnight and Geoffrey L. Price, Sheffield Academic Press, 2001.

Kwon, Seon-Hee Suh. *Eric Voegelin and Lao-Tzu: The Search for Order*, Doctoral Dissertation of Texas Tech University, 1991.

Liu, Muen. *Interpretation and Experience: Eric Voegelin's Theory of Order as a Hermeneutic-Empirical Paradigm*, Doctoral Dissertation of Friedrich-Alexander-Universität Erlangen-Nürnberg, 2021.

Opitz, Peter-Joachim. *Lao-tzu: Die Ordnungsspekulation im Tao-te-ching*, Munich: List, 1967.

Roetz, Heiner. *Confucian Ethics of the Axial Age: A Reconstruction Under the Aspect of the Breakthrough Toward Conventional Thinking*, State University of New York Press, 1993.

Sebba, Gregor. "Prelude and Variations on the Theme of Eric Voegelin," in *Eric Voegelin's Thought: A Critical Appraisal*, edited with an introduction by Ellis Sandoz, Duke University Press, 1982.

Trepanier, Lee (ed.). *Eric Voegelin's Asian Political Thought*, Lexington Books, 2020.

Weber-Schaefer, Peter. *Oikumene und Imperium: Studien zur Ziviltheologie des chinesischen Kaiserreichs*, Munich: List, 1968.

"古典与文明"丛书

第 一 辑

义疏学衰亡史论　乔秀岩　著

文献学读书记　乔秀岩　叶纯芳　著

千古同文：四库总目与东亚古典学　吴国武　著

礼是郑学：汉唐间经典诠释变迁史论稿　华　喆　著

唐宋之际礼学思想的转型　冯　茜　著

中古的佛教与孝道　陈志远　著

《奥德赛》中的歌手、英雄与诸神　〔美〕查尔斯·西格尔　著

奥瑞斯提亚　〔英〕西蒙·戈德希尔　著

希罗多德的历史方法　〔美〕唐纳德·拉泰纳　著

萨卢斯特　〔新西兰〕罗纳德·塞姆　著

古典学的历史　〔德〕维拉莫威兹　著

母权论：对古代世界母权制宗教性和法权性的探究

〔瑞士〕巴霍芬　著

"古典与文明"丛书

第 二 辑

作与不作：早期中国对创新与技艺问题的论辩 〔美〕普 鸣 著

成神：早期中国的宇宙论、祭祀与自我神化 〔美〕普 鸣 著

海妖与圣人：古希腊和古典中国的知识与智慧

〔美〕尚冠文 杜润德 著

阅读希腊悲剧 〔英〕西蒙·戈德希尔 著

蘋蘩与歌队：先秦和古希腊的节庆、宴飨及性别关系 周轶群 著

古代中国与罗马的国家权力 〔美〕沃尔特·沙伊德尔 编

学术史读书记 乔秀岩 叶纯芳 著

两汉经师传授文本征微 虞万里 著

推何演董：董子春秋义例考 黄 铭 著

周孔制法：古文经学与教化 陈壁生 著

《大学》的古典学阐释 孟 琢 著

参赞化育：惠栋易学考古的大道与微言 谷继明 著

"古典与文明"丛书

第 三 辑

礼以义起：传统礼学的义理探询　吴　飞　著

极高明与道中庸：补正沃格林对中国文明的秩序哲学分析　唐文明　著

牺牲：子学到经学时代的神话与政治　赵丙祥　著

知其所止：中国古代思想典籍绎说　潘星辉　著

从时间来到永恒：《神曲》中的奥古斯丁传统研究　朱振宇　著

地生人与"雅典民主"　颜　荻　著

希腊人与非理性　〔爱尔兰〕E. R. 多兹　著

古代创世论及其批评者　〔英〕大卫·塞德利　著

自由意志：古典思想起源　〔德〕迈克尔·弗雷德　著

希腊神话和仪式中的结构与历史　〔德〕瓦尔特·伯克特　著

古代思想中的地之边界：地理、探索与虚构　〔美〕詹姆斯·罗姆　著

英雄的习性：索福克勒斯悲剧研究　〔英〕伯纳德·M. W. 诺克斯　著

悲剧与文明：解读索福克勒斯　〔美〕查尔斯·西格尔　著